经世济民

诚信服务

德法兼修

"十二五"职业教育国家规划教材

高等职业教育商贸类专业群
市场营销专业新目录·新专标配套教材

现代推销技术

（第六版）

主　编　黄金火　陈新武
　　　　靳　洪
副主编　邱红彬

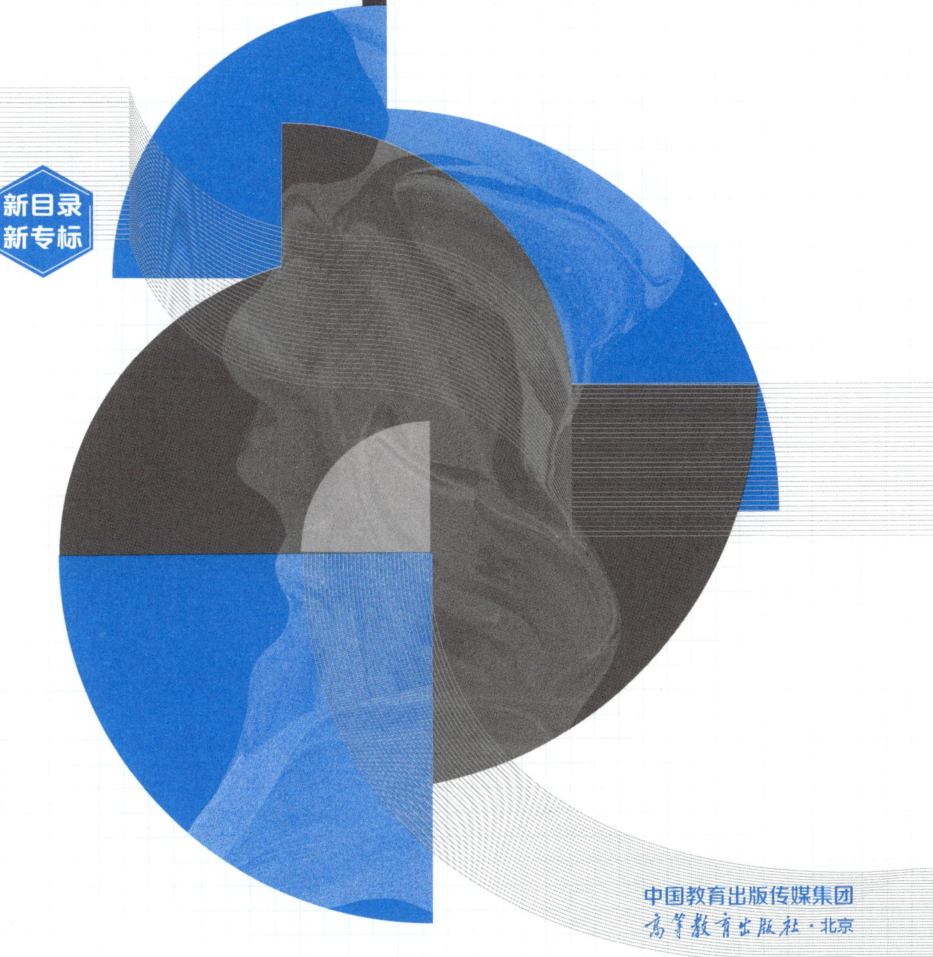

中国教育出版传媒集团
高等教育出版社·北京

内容简介

本书是"十二五"职业教育国家规划教材，也是高等职业教育商贸类专业群市场营销专业新目录·新专标配套教材。

本次修订体现了以职业能力为导向，以学生为本的原则，把职业能力与素养的培养放在首位，将现代推销的基本原理与生活、生产、经营中的实际应用相结合，注重实践技能的培养。教材总体设计体现"理实一体化、学做一体化"的编写模式，全书共十一章，推销概述、推销沟通礼仪、推销调查技术、寻找顾客技术、接近顾客技术、推销洽谈技术、异议处理技术、推销成交技术、顾客维系技术、推销管理和推销战略。

本书配套开发有 PPT、习题答案等教学资源，教师可登录"高等教育出版社产品信息检索系统"（xuanshu.hep.com.cn）免费下载。

本书可作为高等职业教育专科、本科院校，中等职业院校和应用型本科院校财经商贸类相关专业的教材，也可作为企业员工的培训用书，还可作为各类管理人员、推销人员学习推销技术的参考读物。

图书在版编目（CIP）数据

现代推销技术 / 黄金火，陈新武，靳洪主编 . 6 版 . -- 北京 ：高等教育出版社，2025.8. --ISBN 978-7-04-063294-1

Ⅰ. F713.3

中国国家版本馆 CIP 数据核字第 20241S5F23 号

现代推销技术

XIANDAI TUIXIAO JISHU

策划编辑 康　蓉　　责任编辑 康　蓉　　封面设计 贺雅馨　　版式设计 李彩丽

责任绘图 马天驰　　责任校对 吕红颖　　责任印制 赵　佳

出版发行 高等教育出版社

社　　址 北京市西城区德外大街4号

邮政编码 100120

印　　刷 涿州市星河印刷有限公司

开　　本 787 mm× 1092 mm　1/16

印　　张 17.5

字　　数 340 千字

购书热线 010-58581118

咨询电话 400-810-0598

网　　址 http://www.hep.edu.cn

http://www.hep.com.cn

网上订购 http://www.hepmall.com.cn

http://www.hepmall.com

http://www.hepmall.cn

版　　次 2011 年 5 月第 1 版

2025 年 8 月第 6 版

印　　次 2025 年 8 月第 1 次印刷

定　　价 45.80 元

物 料 号　63294-00

第六版前言

本书是“十二五”职业教育国家规划教材，也是高等职业教育商贸类专业群市场营销专业新目录·新专标配套教材。

党的二十大报告指出：“育人的根本在于立德。全面贯彻党的教育方针，落实立德树人根本任务，培养德智体美劳全面发展的社会主义建设者和接班人。”本书深入贯彻党的二十大精神，融入课程思政育人内容，以职业能力为导向、以学生为本，把职业能力与素养培养放在首位，将现代推销的基本原理与生产、生活、经营实际应用相结合。

本书的总体设计体现“理实一体化、学做一体化”的编写模式，其内容和要求充分考虑了职业教育理论“易学、够用”的原则，注重实际技能培养的要求。

新版教材坚决拥护“两个确立”、忠诚践行“两个维护”的政治自觉、思想自觉和行动自觉，在基本保持前五版精华的基础上进行了修订。本次修订删除了不适用的理论，更换了过时的案例；融入了以党的二十大精神为核心的课程思政元素，使其与各章知识内容相契合；考虑到学习效果评估的标准多样化，删除了每章后的“同步评估”。修订后的教材内容更加精练、简洁，在编写体系和知识内容上具有“新”“精”“实”的特点。

1. 体系新，方便教学

本书体系比较新颖，通过多次修订，整个教材分为“理论”“实务”和“管理”三大模块。首先，将第一章“推销概述”作为理论模块；其次，将实用性和操作性强、往往被称为“推销实务”的“推销沟通礼仪”“推销调查技术”“寻找顾客技术”“接近顾客技术”“推销洽谈技术”“异议处理技术”“推销成交技术”“顾客维系技术”这八部分作为本书的重点分章叙述；最后，将“推销管理”和“推销战略”这两章知识提升层次的内容作为管理模块。这样划分方便因材施教，教师可以按照不同院校、不同专业、不同层次的学生特点进行选择。

2. 知识精，通俗易懂

本书在理论、原理的叙述上力求精练，言简意赅，以“必需、够用”为度。尤其是将“推销环境”“推销要素”“推销方式”“推销模式”等有关推销理论的内容合并为一章，用“推销概述”进行归纳叙述，用 1 章来完成过去至少 5 章的内容，且完全“够用”，节约了课堂教学时间，提高了教学的效果。

3. 内容实，模拟训练具有可操作性

本书每章以思维导图直观展示知识结构，并用“案例导入”引出教学内容，章中根据需要穿插同步案例、知识链接、即问即答、边学边练和课堂活动等栏目，帮助学生学习；每章后安排有同步测试和专项模拟实训，大大加强可操作性。同时，将推销实务贯穿于推销行为全过程。这样构建教材体系符合高等职业院校人才培养要求，可操作性强，便于模拟实训，提高了学生的职业素养与综合能力。

本书编写团队由湖北经济学院工商管理学院、湖北经济学院法商学院、武汉中商集团股份有限公司、中国特种飞行器研究所等单位中长期从事营销专业教学和营销管理实务的教师和企业高管共同组成。本书由湖北经济学院黄金火、陈新武、靳洪任主编，邱红彬任副主编。本书编写人员还有湖北经济学院王琼、李唯，中商集团平价连锁超市有限公司副总经理、高级经济师朱良文，中国特种飞行器研究所（605 所）副所长、高级经济师陈达。具体分工：第一章由陈新武修订，第二章、第十章由黄金火修订，第三章由朱良文、陈新武修订，第四章由李唯、陈新武修订，第五章、第七章由邱红彬、王琼修订，第六章由邱红彬、陈达修订，第八章、第九章、第十一章由靳洪修订，最后由黄金火教授对全书进行了统稿和总纂。

在本书编写过程中，编者参考了国内外许多学者、专家的著作、教材和其他文献资料，在此一并表示诚挚的谢意！由于时间紧，修改和撰写工作量大，加之编者水平有限，本书难免有许多不足之处，敬请同行专家批评指正！

编　者

2024 年 9 月于武汉

第一版前言

本书是教育部高职高专规划教材。依据教育部最新制定的《高职高专教育市场营销专业培养方案》编写而成。本门课程是高职高专及成人院校经济、管理类专业的主要专业课程之一。

本书吸收了现代推销技术新的理论和实践研究成果，本着精练理论、强化应用、培养技能的原则，主要讨论和阐述推销实践中的各类技术性问题。教材内容涵盖面广、深入浅出、实例丰富，以社会经济领域的实际应用为归宿，对重点内容进行挖掘，突出了综合性、应用性和实践性。在内容处理上注重理论与实践有机结合，根据高职高专学生培养目标的要求和技术课程的特点，力求原理清晰、实务突出，着力于培养学生综合应用能力和实际操作能力；在体系编排上以推销活动过程为基本线索，环环相扣，前后衔接；对各项具体技术的阐释从原理出发，通过大量的对比、分析，引导学生思考问题并举一反三，注重学生创造性思维的开发和技术创新能力的培养；全书概念和结论的引入由特殊到一般，力求通俗易懂，言简意赅。

本书既考虑了现代推销技术本身的结构体系，又注意了与相关课程内容的衔接。从方便教师讲授和学生学习出发。各章均有学习目标、小结和思考题，第三章至第七章后附有案例分析，以帮助学生对内容的理解、消化和吸收。本书由郭奉元主编，设计全书框架，拟定编写大纲。参加编写的有：郭奉元（第一章）、孙晓红（第二章）、夏南涔（第三章）、陈新武（第四章）、陈林（第五章）、李铁敏（第六章）、王珑（第七章）、冯娟娟（第八章）、邱红彬（第九章）、黄金火（第十章）。最后由郭奉元对全书进行总纂、定稿。湖北大学经济学院严学军教授在百忙之中抽出宝贵时间，先后对大纲和书稿进行了全面、细致的审阅，提出了许多宝贵意见；高等教育出版社傅英宝、陈琪琳为本书的编写和出版给予了很大的帮助和支持；责任编辑元方老师为提高本书质量付出了辛勤的劳动；本书在编写过程中，还参阅了有关专家、学者的研究成果。在此，一并表示衷心的感谢。

由于编者的知识、能力及时间所限，书中难免存在不足之处，敬请读者批评指正。

编　者
2000 年 10 月于武汉

目 录

01

Chapter

第一章

推销概述

【学习目标】

※ 素养目标

- 培养推销人员的职业道德和职业素养，树立诚信推销的正确意识
- 培养职业认同感和使命感，塑造正确的职业价值观

※ 知识目标

- 了解推销技术发展的阶段和基本方法
- 熟悉推销环境的概念及分析方法
- 熟悉推销要素的划分及影响因素
- 掌握推销方式的组合以及推销模式的运用方法和技巧

※ 技能目标

- 能够分析推销环境
- 能够找准人员推销、广告推销、网络推销的关键点，掌握其技巧
- 能够熟练运用爱达模式等主要推销模式

【思维导图】

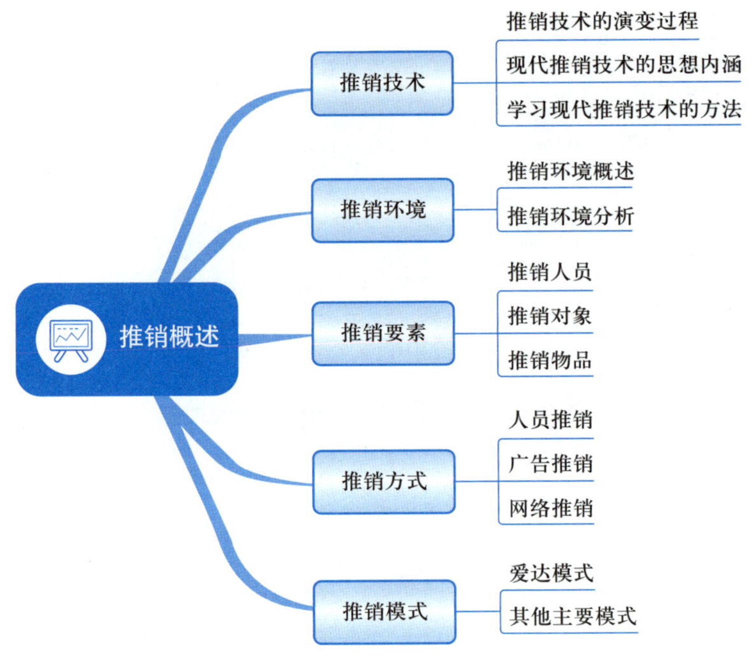

案例导入

因人而异的推销计划

林方生是一位保险推销员，他有一位客户周先生。周先生从事社会工作，原本对保险并不感兴趣，那么林方生是如何将其发展为客户的呢？

“最近申请的一笔基金一直下不来，这对我们残疾人教育推广计划影响实在太大！”在一次偶然的交谈中，周先生谈到了最近的苦恼。林方生突然灵机一动：“周先生，社会工作面临的最大困难是财务问题，对不对？其实，保险就是一项社会福利，只是把社会工作企业化经营而已，如果每个残疾人都有一大笔钱能解决他们的生活问题，那么他们自然能够再学习、再教育了，不是吗？”这番话吸引了周先生的注意，林方生顺势为他展示了投保建议书，周先生同意考虑这个计划，但因为他再过三个星期要出国考察，所以想等回来后再办。

而林方生则希望周先生能早一点投保，于是试图劝道。“周先生，是这样，您早一天办，早一天得到保障，对您的家庭不是更好吗？”

“可是，我现在需要准备一些钱出国，两个季度的保险费太高了！”周先生面有难色，也说出了自己的困难。

“周先生，我知道您的困难，但是您有没有想到，出国考察的这两个季度正是危险性比较大的时候？如果您现在办，可以提前两个月得到保障，也使您能安心出国。这样吧，您先交这一季度的保费，等回来后再把余额交完，如何？”林方生又说。

这个提议得到了周先生的认可，林方生为他算了一下保费，也填好了投保书，约定第二天上午10：00去办理。

第二天9：10林方生突然接到周先生的电话：“昨天我回家同妻子商量，她还是认为回来后再办，为了这件事，我们吵了架，我实在很抱歉，等我回来后再说吧！”

林方生心中有些失望，但仍立即同周先生约定当面谈谈，随即赶去了周先生的办公室。

林方生一进入办公室，周先生就给了他一个苦笑。“不好意思了，答应你的事又……”。

“不要这么说，我也觉得不好意思，害得你们夫妻吵架，我知道您是很尊重妻子的，不过，您知不知道，这份保险除了为您妻子买以外，更是为您三个孩子买的？您不是说过您要全力培养您的小孩吗？”林方生接着说。

这番话打动了周先生，他犹豫了一下，然后露出了坚定的微笑：“好吧，现在就办！”于是，他交了第一季度的保费，成了林方生的客户。

这件事情对林方生有很大的启发，因为他对周先生有了深入的了解，所以能急中生智说出具有针对性的话来。这件事使林方生悟出一个推销要领——对不同的顾客，要强调不同的商品利益。

现在，林方生对所有的拜访对象，都会提出同样的问题：为什么你特别需要这份（保险）计划？除了一般的家庭生活费、子女教育费、医药费及退休金外，还有什么需要考虑？

就这样，林方生针对不同的客户提出了不同的计划，既促成了很多保单，也与许多客户成了朋友。

案例思考：林方生是如何运用现代推销技术的？现代推销技术有哪些特点？这个案例对我们有何启示？

第一节 推销技术

推销既是“说”的技术，也是“做”的技巧。推销技术可以划分为广义的推销技术与狭义的推销技术。广义的推销技术是指把自身的观点、主张、建议、形象、仪表、风格、信誉等推销出去的方法和技巧；狭义的推销技术是通过寻找和接近顾客，把企业的产品或劳务推销出去的方法和技巧。

推销技术也可以分为传统推销技术与现代推销技术。传统推销技术是以单纯的推销术、广告术为手段，只推销现有产品，不考虑消费者需要的推销方法和技巧；现代推销技术是运用各种现代化、信息化工具和手段，针对消费者需求所采用的各种推销方法和技巧的总称，它要求产品的生产从工艺设计、原料购进开始，就服从于最终销售的要求和消费者需求。

一、推销技术的演变过程

商品的生产与推销是一对孪生兄弟，从有商品生产的那天起，推销活动就产生了。研究推销技术的发展历史是为了掌握推销技术的发展规律。推销技术的发展先后经历了古典式、生产型、销售型、市场型、系统工程研究型、全渠道等不同的发展阶段，各阶段的推销技术与当时的生产力水平和科技发展水平相一致，具有不同的表现形式和特点。

（一）古典式推销技术（19 世纪中叶以前）

这个时期，自给自足的自然经济占统治地位，商品经济还不发达，市场狭小、分散、封闭，从事推销活动的人主要是个体生产者和商人，推销技术水平因人而异。古典式推销技术就是在这样的条件下形成的，它表现出偶然性、短期性、原始性等特点。

（二）生产型推销技术（19 世纪中叶到 20 世纪 20 年代）

这一时期，商品经济逐步取代了自给自足的自然经济，企业如果不能把产品卖出去，就不能使再生产顺利进行，也不能弥补成本的消耗并获得利润，甚至有破产的可能。这就要求推销必须摆脱偶然性和短期性，要利用推销技术解决企业当时面临的紧迫问题。随着资本主义兴起，需求的发展快于生产的发展，因此市场处于供不应求的状态。在这种状态下，企业生产的产品不愁销路，只需要充分利用现有的设备、技术、原材料来生产更多的产品并降低成本，就可以获得较高的利润。这种以生产为中心，以产定销的格局，使推销技术的发展较为缓慢。

（三）销售型推销技术（20 世纪 20 年代到 50 年代中期）

这一时期，严峻的市场形势要求推销理论和技术有较大的突破，以解决当时企业主最头痛的销售问题。在这种压力和动力的驱使下，推销成为整个社会普遍关注的问题，推销技术得到了一定的发展。但是总的看来，这个时期的推销技术主要有三个特点：

（1）企业中开始设立销售部门，销售作为一种职能从企业活动中独立出来，推动了推销技术的发展。但是，要求销售服从生产的指令给推销技术的发展设置了障碍。

（2）企业在进一步重视降低产品成本的同时，开始注意产品的质量差异。并且，推销从过去等客上门的消极方式逐步转变为走出去推产品、拉顾客的积极方式。

（3）传统推销技术中偶然性和短期性的弱点开始暴露出来，企业迫切要求从根本上改变旧的推销模式。在这种形势下，企业推销技术面临着革命性的转变。

（四）市场型推销技术（20 世纪 50 年代中期到 90 年代）

这一时期，经济得到了空前的发展，买方市场真正形成，企业竞争日益激烈，这使得市场型推销技术即现代推销技术的产生成为必然。市场型推销技术从思想到方法都与传统推销技术有着本质的区别，它具有以下几个特点：

（1）坚持以消费者为中心，把满足消费者需要放在企业全部活动的首位。

（2）企业所推销的不再是单纯的产品实体，而是将产品实体与产品服务融为一体的整体产品。

（3）企业推销活动是一种整体活动。企业推销活动的整体性表现在两个方面：一是营销机能的整体性，即产品、定价、渠道、促销的整体配合；二是职能部门的整体性，即企业各个部门的协同配合。

（五）系统工程研究型推销技术（20 世纪 90 年代到 21 世纪初）

20 世纪 90 年代以后，系统论思想以及系统工程的原理方法被广泛应用于推销实践，从而形成了系统工程研究型推销技术。这种全新的推销技术把推销看成一个由各种要素与活动有机结合而形成的开放性系统，将推销的全部活动分门别类，并将各类活动看成推销工程的不同组成部分，其中特别需要注意的是推销工程的风险分析和可行性研究。系统工程研究型推销之前的分析和研究工作包括：

（1）市场分析。要分析特定产品现在和将来的用户是谁，这些用户在国内还是国外；该产品现在和将来的用途是什么，销量和市场容量有多大，市场占有率有多高；该产品的先进性怎样，发展趋势如何等。

（2）环境研究。要研究推销地区的人口情况，包括人口数量、结构及其分布；要研究推销地区的购买力及其投资意向，确定消费者购买能力以及可能在哪些领域投资；要研究市场竞争状况，确定竞争威胁多大以及来自何方；要研究当地居民的消费需求，掌握其购买动机、购买方式和购买习惯；要研究国家和当地的政策与法规，寻求有利条件，避开各种不利因素；此外，还要研究推销区域的地理环境、文化背景等。推销技术的系统工程研究，使推销活动更加周密、规范、科学，有利于最大限度地挖掘产品的销售潜力，避免各种推销风险。

（六）全渠道推销技术（21 世纪 10 年代至今）

全渠道零售是指企业为了满足消费者任何时候、任何地点、任何方式购买的需求，采取实体渠道、电子商务渠道和移动电子商务渠道整合的方式销售商品或服务，提供给顾客无差别的购买体验。随着数字经济的快速发展，新零售时代下的电子商务业和传统零售业之间在线上与线下不断进行竞争与融合。为了能够更好地在竞争激烈的市场上占有一席之地，许多跨界融合的全渠道新业态如雨后春笋般涌现出来。为此，将线下实体、线上电商、移动端应用等渠道全线融合并同步推销，成了现代推销技术的全新机遇与挑战；对此部分内容的研究与实践也在持续演进和快速迭代。

二、现代推销技术的思想内涵

由传统推销技术发展为现代推销技术，是多种因素共同影响的结果，这些因素主要有：社会经济的发展、生产力水平的提高、科学技术的进步、商品流通的发展、消费水平的提高、企业及推销人员素质的提高等。上述因素的发展状况决定了现代推销技术的两个基本思想。

（一）推销活动要以消费者需要为中心

现代推销技术首先建立在以满足消费者需要为出发点的思想基础之上，它具体包括以下几个要点：

（1）消费者需要是企业经营活动的出发点。

（2）消费者需要必须在产品和服务中得到充分体现，即企业生产的产品和提供的服务必须充分满足消费者需要。

（3）消费者需要的满足程度是衡量企业全部活动优劣的根本标准。

（二）推销活动过程是一项系统工程

现代推销技术的另一个基本思想是用系统论的观点来看待推销技术和推销活动，把推销活动过程作为一项系统工程。系统论的思想主要包括以下几点：

（1）系统的目的性。推销活动的目的十分明确，就是把企业生产出来的产品销售出去，实现产品的价值和使用价值，在满足消费者需要并使消费者满意的前提下获得企业利润。

（2）系统的整体性。用系统论的观点来看，推销不是一种孤立的活动，而是企业的整体活动，企业中的任何一个部门，推销活动中的任何一个环节，甚至一项具体工作、一位推销人员，都是这个系统的重要组成部分，它们构成了一个有机的整体，这个整体的力量大于各个独立部分的力量之和，这个整体要通过各个独立部分的共同努力来实现系统目的和特定功能。

（3）系统的关联性。既然推销活动是整体活动，那么其关联性就包括两个方面的内容：一是企业内部各个部门、各项活动、各个环节、各位员工之间的关联性；二是企业对环境的适应性。如果将企业置于整个社会环境这个开放性的大系统，企业就是这个大环境中一个相对封闭并有自身特定功能的子系统，与这个环境相关联。企业要获得推销活动的成功，必须具有较强的环境适应能力和应变能力，能够根据环境的变化及时调整生产与销售策略。

（4）系统的层次性。虽然企业中的任何活动之间都是相互联系和相互作用，并服从于统一目标的，但是各个部门、各项活动、各个员工都具有更为具体的目标，企业系统的目的和特定功能正是由这些具体目标及经济指标综合形成的。目标具有层次性，小目标必须服从于企业系统的总目标，这样就构成了一个有机整体，这个有机的目标体系使现代企业推销活动具有长期性、稳定性的特点。

三、学习现代推销技术的方法

学习现代推销技术应以现代市场营销理论作为指导，以唯物辩证法的基本原理作为根本方法。学习的主要方法有以下几种：

（一）调查法

对复杂的市场环境进行科学判断和估量是推销活动的起点，只有了解了目标市场的实际状况、消费者的购买力水平、消费需求的特点、竞争对手的策略等，才能掌握全面、准确的市场信息，继而有针对性地制定和实施有效的推销策略与技巧。运用调查法，就是把推销原理与具体技术放在一定的市场环境和推销活动中去考察，在复杂的具体事例中寻找带有普遍意义的规律。

（二）实验法

推销实验实际上是一种市场实验。市场实验不仅是检验产品的一种重要方法，也是检验推销策略与技术的一种手段。采用实验法学习推销技术，既有助于更好地掌握必要的推销理论及推销方法，又可以了解到在不同时间、地点条件下应用推销原理和方法会遇到的各种问题，避免原理与方法脱离推销实际。

（三）联系法

推销活动是一个相当复杂的过程，包括市场调研、顾客约见、推销洽谈、异议处理等，各个环节之间相互衔接、相互依赖，有着密切的内在联系。用联系法学习现代推销技术，就不会孤立地看待某一个环节或片面地强调某一个要素，而是从这些环节或要素的相互依存和相互作用中去探索它们之间的本质联系。联系法强调一种整体的观点，同时也要充分发挥各个环节的积极作用。

（四）比较法

推销人员要善于通过对推销产品质量、性能、价格、风险等方面的比较，寻找有利的交易条件，要学会用比较法去评定不同市场的消费水平、结构和方式，不同推销对象的需求、动机及行为特征。通过比较和分析，为特定推销产品确定最佳目标市场，为特定推销对象提供最符合其自身需要的产品。同时，比较法还有助于形成对推销主体双方都有利的推销方案。

第二节 推销环境

一、推销环境概述

（一）推销环境的概念

推销环境是指围绕并影响企业生存和发展的各种因素的总和，这些因素在不同程度上独立于企业而存在，是与企业推销活动相关的外部条件，它们影响着企业维持和拓展目标市场的能力，制约着企业的推销活动。企业的推销活动，从本质上来说是企业利用自身资源不断适应外界环境的一种营销推广过程。企业作为一个开放的系统，一方面，不断从外界吸收各种物质和信息资源；另一方面，通过自身的活动输出产品、服务和信息，不断对外界施加影响。

（二）推销环境的特点

推销环境是企业推销活动的基础和条件，具有以下特点：

1. 复合性

随着社会生活和经济生活的日益丰富，市场日趋复杂和多元化。任何一个市场都是各种环境力量共同作用的结果，只有综合分析影响市场的宏观因素和微观因素，才能了解市场的全貌，认清不同市场的差别，从而开展有针对性的推销活动。

2. 系统性

各种环境因素之间是按系统层次组合的，任何一个环境因素的变化，又会引起其他环境因素和整个环境系统的变化，因而环境系统具有内在运动的关联性。

3. 动态性

推销环境是一个动态概念，任何环境因素都不是静止的，企业所面临的宏观环境和微观环境无时无刻不在发生变化。例如，产业政策重点一度在重工业，而现在已向高科技产业、数字信息产业、环保产业倾斜，这种产业结构的调整对企业的推销活动产生了重要的影响。

4. 不可控性

推销环境是影响企业决策的外部力量，不受企业控制，推销目标能否实现，在于企业能否适应环境的变化，但认为企业只能被动地受环境制约的看法是极其片面的。企业对环境的适应，既是对环境的依赖，又是对环境的改造，企业可以借助科学的研究手段，预测市场环境变化的趋势，调整推销策略，促使推销环境中的某些因素向有利于企业的方向发展，创造一个有利于企业发展的空间。

二、推销环境分析

（一）政治法律环境

政治法律环境的影响主要体现在以下几个方面：

1. 政治局势的变化

政局稳定，推销活动就能正常开展。特定的政治局势，会刺激或抑制某种商品推销。在国际市场的商品销售中，一个国家政治局势的状况和变化会影响正常的商品推销活动。

2. 政治、经济体制的变化

在不同的政治、经济体制模式下，商品流通的调节方式、管理方法、决策体系各不相同，这必然会影响推销活动。

3. 各种法律、法规的制定、颁布和实施

市场经济是法治经济，各种法律、法规的制定、颁布和实施，特别是有关经济方面的立法，规范和制约着企业的活动。推销活动必须依法行事。

4. 政府方针、政策的变化

政府的方针、政策是随着政治、经济形势的变化而变化的，并具有较强的针对性，对商品推销活动产生各种直接或间接的影响作用，尤其是财政、金融、税收、价格、购销等各项政策，对商品推销具有更加显著的直接作用。

5. 群众利益团体的发展

群众利益团体主要有保护消费者利益的团体和保护环境的团体，这些团体组织的发展状况对消费者的商品选择以及企业销售方案的制定和实施会产生重大影响。

（二）经济环境

经济环境的内容相当丰富，它对推销活动的影响可以从以下两方面来分析：

1. 消费者收入变化

消费者收入的高低，直接影响购买力的大小，从而决定了市场容量及消费支出模式。同时，消费者收入是不断变化的，随着实际收入的增加，消费者的支出模式和消费结构也会发生变化。

2. 经济发展状况

经济发展状况从根本上制约一国国民的消费水平和消费结构，是决定推销的核心因素。经济的发展并非直线上升，而是曲折前进，呈波浪式发展，表现出明显的阶段性特征。经济发展的不同阶段，对消费行为和推销活动的影响和制约状况也不相同，尤其应考虑通货膨胀时期与经济衰退时期的影响。

（三）社会文化环境

社会文化是人类在长期社会生产和生活中形成的独特的生活方式、行为规范、价值观念、对事物的态度和看法、审美观，以及世代相传下来的风俗习惯、语言文字等。每个人都生活在一定的社会文化环境中，不同的社会文化环境下，消费者的需求和行为会有很大差异，推销人员应做到“入乡随俗”，因地制宜地采取不同的推销策略。不同国家、不同地区有不同的文化背景，推销人员与外商洽谈生意时，必须了解对方的风俗习惯和商业习惯，避免造成误会，影响最终成交。

每种文化之间都有巨大的差异，在同一种文化的内部，也会因多种因素的影响，使人们的价值观念、风俗习惯和审美观表现出不同的特征，这就是亚文化。亚文化通常按民族、地理、年龄、性别、职业、语言、文化教育水平等标准来划分。在同一种亚文化中，人们必然有某些相似的特点，以区别于其他的亚文化。因此，推销人员在分析社会文化环境时，还要着重分析各种亚文化，以便于有针对性地采取推销策略。

（四）科学技术环境

科学技术是第一生产力，它对推销的影响主要体现在以下两个方面：

1. 新技术革命有利于企业改善经营管理，提高推销效益

现在，电子技术和信息技术已经得到广泛应用，大数据、人工智能、物联网、云计算等新技术也日臻成熟，电子商务、网络营销、各类管理软件应用，以及无纸化贸易等快速普及，对于改善经营管理，提高经营效益起到了很大作用。

2. 新技术革命会影响零售商业结构和人们的购物习惯、购买行为

随着科学技术的发展，传统的、古老的商业机构——百货商店的统治地位逐渐削弱，新的商业机构不断涌现，如新型超级市场、现代化购物中心、互联网销售平台等，这些新型零售机构的兴起与发展，大大方便了顾客的购买，优化了消费体验。新技术革命不仅影响着零售商业的结构，而且对消费者的购买习惯和购买行为也产生着积极的影响。线上服务、线下体验并与现代物流深度融合的新零售模式更是带来了重大变化。

同步案例

“中国锦鲤”创奇迹

2018 年，支付宝推出了“中国锦鲤”推销活动，使“中国锦鲤”一度成了推广热词，在网络上形成了“病毒式”传播。而吸引众多网友转发的最大原因是被抽中的这位“中国锦鲤”幸运儿可获得全球免单大礼包！礼包的合作商分布海内外，提供的礼品不仅种类丰富而且含金量还相当高，大致包括鞋包服饰、化妆品、美食券、电影票、SPA 券、旅游免单、手机、机票、酒店等。结果，该推广微博破了两项新纪录：不到六小时转发量破百万次，周累计转发破三百万次，成为企业营销史上最快达成百万级转发量的企业传播新范例。

问题：“中国锦鲤”是如何创造传播新纪录的？

分析提示：随着互联网营销的发展，新媒体技术层出不穷，在行业竞争愈发激烈的当代社会，企业营销人员只有转变思路，不断创新，才能打通品牌推广之路。

第三节
推销要素

现代推销要素是指构成推销活动过程的内在基本要素，包括推销人员、推销对象、推销物品三个方面的内容。在现代推销活动中，推销人员和推销对象是推销活动的双重主体，其中，推销人员是主动向顾客推销产品或服务的主体，推销对象是接受推销人员推销的主体；而推销物品则是推销活动的客体，即被推销人员推销和被推销对象接受的标的。推销人员、推销对象、推销物品三者之间相互依赖、相互联系又相互制约，共同构成了推销活动过程和推销矛盾统一体。就推销双重主体之间的关系来说，推销人员追求商品价值的实现，推销对象追求商品使用价值的实现。

一、推销人员

（一）推销人员的界定

1. 广义的推销人员

从广义上说，推销人员的范围较宽，包括工商企业中直接从事产品推销和商品推销的人员、直接参与销售决策和推销管理的人员、与销售工作直接联系的从业人员，以及直接从事商品采购及有关业务的人员。总之，一切与推销有关的业务人员，都是广义上的推销人员的组成部分。

2. 狭义的推销人员

从狭义上说，推销人员是指直接从事产品推销和服务推销的人员。这一界定与习惯上的看法基本相符。按照不同的分类方法，可将狭义上的推销人员做以下划分：按照销售方式的不同，可以分为推销员和营业员；按照企业性质的不同，可以分为生产企业推销员和商业企业推销员。

（二）推销人员的素质

推销人员的工作十分复杂，要求高、难度大、可塑性强，能否顺利达成交易在很大程度上取决于推销人员的个人素质。要做一名合格的推销员，应当具备相应的政治素质、业务素质、文化素质和法律素质。

即问即答

优秀的推销员应具备哪些素质?

提示：引导并归纳出推销员必须具备的政治素质、业务素质、文化素质、法律素质。

1. 政治素质

要当好一名推销员，首先应具备良好的政治素质。具体包括：拥有良好的推销职业道德；树立全心全意为顾客服务的意识；培养百折不挠的进取精神。

2. 业务素质

作为一个锐意进取、勇于创新的推销员，绝不能仅仅具备先进的思想，还必须具备过硬的推销本领。只有具备丰富的推销经验、高超的推销技能、敏锐的观察能力和厚实的业务知识，才能适应复杂多变的推销环境，创造良好的工作业绩。推销人员必须具备以下几个方面的业务素质：

（1）掌握业务技能。一个熟悉业务的推销员，应该掌握企业、商品、顾客、市场等方面的有关知识和技能。

（2）熟识行情。推销人员必须善于捕捉各种有效的市场信息，并通过对市场信息的识别与利用，掌握市场行情，对商品的兴衰、价格的涨落、竞争的强弱以及顾客兴趣的转移、消费倾向的变迁等情况了如指掌。

（3）善于观察。推销人员经常与顾客打交道，接触各种不同性格的顾客，因此必须善于察言观色，及时发现不同顾客的差异，随机应变，针对顾客的不同个性特点分别采取不同的推销策略。

（4）善于言辞。推销人员应善于言辞，具有较好的表达能力，这是推销相关职业的基本要求。

3. 文化素质

推销员具有多重身份，既是企业产品的营销者，又是顾客的购买参谋，还是企业与外界的联络员，应当具备较好的文化素质。具体地说，推销人员必须具备以下几个方面的文化素质：

（1）基础文化知识。推销人员要掌握相应的语文、数学、外语等基础文化知识。

（2）专业知识。推销人员应当掌握一定的专业知识，以及哲学、政治经济学、市场营销、现代推销、商务谈判、企业管理、经济法、商品学等学科的基本知识，这些专业知识是推销人员通向成功之路的桥梁。

4. 法律素质

要做一名合格的推销员，还要有比较强的法律意识和法治观念，要清醒地认识到，与任何企业或个人发生商品或劳务的买卖关系或协作关系，都必须严格守法、依法办事。因此，作为一名推销员，必须具备强烈的法律意识和丰富的法律知识，要遵守国家各项经济法规。

同步案例

我的财富

某知名大公司欲招聘 5 名人才。经过三轮淘汰后，11 位应聘者胜出，他们将参加由总裁亲自面试的最后角逐。而面试当天出现了第 12 位应聘者。“先生，第一轮我就被淘汰了，但我想参加今天的面试。”坐在最后一排的男子站起身说。在场的人都笑了，包括站在门口闲看的一位满头白发的老奶奶。总裁颇有兴趣地问：

“你第一关都没过，来这儿有什么意义呢？”

男子说：“我掌握了很多财富，我本人也是财富。虽然我只有本科学历，中级职称，但我有10年的工作经验，曾在3家公司任过职……”总裁打断他说：“先后跳槽3家公司，我并不欣赏。”

男子说：“先生，我没有跳槽，是那3家公司先后倒闭了。我很了解那3家公司，也曾与大伙努力挽救它们，虽然不成功，但我从它们的错误与失败中学到了许多东西。我只有32岁。我认为这就是我的财富！……”站在门口的老奶奶这时走进来，给总裁泡了杯茶。男子离开座位，边走边说：“这10年经历的3家公司，培养、锻炼了我对人、对事、对未来的敏锐洞察力，举个小例子吧——真正的考官，不是您，而是这位泡茶的老奶奶……”

其他11个考生哗然，惊愕地盯着泡茶的老奶奶。老奶奶乐了：“很好！你被录取了，顺便问一下，我的表演‘失败’在哪里？”

问题：“我的财富”在哪里？

分析提示：一名优秀的推销员不是天生的，他需要经过不断的磨炼。案例中这位男子经历了多年的沉淀和积累，各方面的素质，特别是业务素质得到了很大的提升，故能敏锐地观察出“真正的面试官是谁”。因为，面试官在与应聘者对话的过程中，不时用眼神留意门口的老奶奶，尤其是当老奶奶过去倒茶时，面试官显得很拘谨和不安……这些都没逃过这位男子的眼睛。

二、推销对象

（一）推销对象的界定及分类

推销对象是推销活动的主体之一，即接受推销人员推销的主体，包括生产者、中间商、消费者三种身份的顾客。按其购买产品或服务的最终用途来分，顾客有消费者和用户两个特定表述。一般来说，购买产品或服务用作生活消费的个人或者组织，称为消费者；为了生产和经营上的需要而购买产品的个人或组织，称为用户，主要包括生产者和中间商。无论是生产者、中间商，还是消费者，对某个具体的企业来说，都有可能成为准顾客、常顾客、潜在顾客或现实顾客。

（二）影响顾客购买决定的因素

在推销活动中，推销人员必然和顾客发生联系，这就需要了解和掌握顾客的消费需要、购买心理、购买动机和购买行为，分析影响顾客做出最后购买决定的各种因素。影响顾客作出最后购买决定的因素主要有：

1. 顾客的决策能力

具有购买能力的顾客往往会十分关心推销人员的推销行为，但是具有购买能力的顾客未必一定会购买所推销的产品或服务，还要看顾客有没有购买的决策能力。因此，顾客最终是否采取购买行动，除了必要的购买能力外，还取决于他的决策能力。

2. 顾客的需求欲望

顾客对销售物品的需求欲望程度各不相同，这与他们需求的迫切程度以及推销物品满足其需要的能力等因素有关。顾客购买的主要是满足特定需要或解决特定问题的产品或服务。推销产品或服务越是能够解决顾客的问题，顾客的购买欲望也就越大。

3. 顾客的产品知识

顾客因所取得的产品资料及其来源不同，加上他们本身的差异，其产品知识也会存在很大差异。如果信息资料有误，顾客就很可能产生各种误解；如果顾客对产品或服务非常了解，他们就会对产品或服务直接表达出喜爱或者憎恶的感情态度；如果顾客对产品完全没有认识，他们就不会对产品或服务产生兴趣；如果顾客同时认识同类竞争产品或服务，他们就会全面比较这些产品或服务的优劣，进行综合评价。

4. 顾客的购买期望

顾客购买不同的商品时，存在不同的期望值。就消费品来说，购买一般日用品只有对产品本身的期望，即对其性能、质量、功能、效用方面的基本要求；购买高级消费品时除了对产品本身有较高的期望外，还对产品附加值存在较高的要求。期望越高，购买时越慎重。对推销人员来说，最重要的是使产品或服务满足顾客需要的程度与顾客的购买期望相一致。

即问即答

顾客在购买过程中关注哪些因素？

提示：顾客的决策能力、需求欲望、产品知识、购买期望是其关注的主要因素。

三、推销物品

推销物品作为推销活动的客体，在各种推销要素中居于十分重要的地位。一方面推销客体依赖于推销双重主体力量的推动，另一方面它的运动变化又会形成自身的规律和特点，反过来要求推销主体遵循自己的运动规律和特点。正是因为推销主体和推销客体的这层关系，才构成了所谓的推销。推销客体是产品、服务、观念三个方面的综合体。按照不同标准，推销物品可以分成多种类型，但从大的方面划分，可分为生活资料和生产资料两大类。

（一）生活资料

1. 日用品

日用品是消费者日常生活经常需要的生活资料，如香皂、纸巾、牙膏等。

日用品的主要特点是：单价低、体积小、使用范围广、生活必需。

2. 选购品

选购品是消费者需要对其质量、规格、花色、式样、价格等属性进行慎重挑选之后才作购买决定的生活资料。

3. 特殊品

特殊品是至少在某个方面有独到之处的生活资料。我国目前市场上流通的特殊品大致有两类：一是满足各种特殊顾客需要的产品，如特殊体形服装、残疾人用品等；二是有独特性能的高级消费品，如高级照相机、豪华音响、高档汽车等。

如果按消费者的需求层次进行分类，生活资料又可以分为生存资料、享受资料、发展资料三类。根据一般的消费模式，人们对这三类生活资料的需求是逐层发展的，即满足了生存需求之后必然产生享受需求，继而又产生发展需求。

（二）生产资料

生产资料是对人们在生产物质财富过程中使用的劳动手段和劳动对象的总称。生产资料的推销被称为中间产品的推销，它与生产的关系比生活资料更直接。生产资料的范围广泛，门类众多，品种繁杂，涉及各种生产企业进行生产所必需的生产设备、原材料、燃料、辅助材料等。生产资料按其最基本的属性划分，有工业生产资料和农业生产资料两大类。

1. 工业生产资料

工业生产资料包括进行工业生产所需要的一切物质要素，包括主要设备、次要设备、原材料、半制成品与零件、燃料、辅助材料等。

2. 农业生产资料

农业生产资料是进行农业生产的物质要素，是农业生产者从事农林牧副渔各业生产所需要的物质资料的总称，包括农业机械、改良工具、中小农具、耕畜、种子、种苗、化肥、农药、农用薄膜等与农业生产密切相关的农业投入品，这是进行农业生产最基本的要素。

第四节 推销方式

推销方式是指企业或推销人员为推销活动所确定的行为方法和形式。

现代的推销方式伴随着社会的进步、科技的发展而日益丰富，通常按照推销手段的指向性可以分为推式、拉式和互动式三种。由于具体的推销方式非常多，本节将分别以人员推销、广告推销和网络推销作为三种方式的代表进行讲解。

一、人员推销

（一）人员推销的概念

人员推销是指企业派推销员直接向用户推销产品和提供服务工作。这里的推销员是指广义的推销人员，包括生产企业的推销员、批发企业的供货员、零售企业的售货员、服务企业的服务员等。

（二）人员推销的特点及局限性

1. 人员推销的特点

与广告、品牌、包装、公共关系、营业推广等推销方式相比较，人员推销具有以下特点：

（1）人员推销在推销宣传的同时促成买卖活动，可以直接实现商品价值的转移。这一点不同于广告、公共关系和营业推广等间接的商品推销方式。

（2）人员推销具有较强的适应性。推销人员直接访问或接触顾客的过程，实际上是一种双向信息交流和买卖双方洽谈的过程。

（3）人员推销具有较强的针对性。与其他促销方式相比，人员推销具有较强的针对性，可以将不必要的浪费降到最低限度。

（4）人员推销具有多功能性。推销员除了直接推销产品或服务外，还有下述功能：一是能收集市场信息，了解市场动态及其发展趋势，为企业产品的更新换代、经营战略的调整，以及新市场的开拓提供依据；二是能及时为顾客提供各种服务，包括技术服务、修理服务、送货上门、代客包装和托运等；三是一个素质好的推销员还能把自己和本企业的形象“推销”出去，使社会对该企业有深刻了解，有利于改善企业与公众的关系，为企业获得长期稳定的利益打下良好基础。

2. 人员推销的局限性

人员推销也有一定的局限性，主要表现在：

（1）范围有限。人员推销不能像其他推销方式，诸如广告、公共关系等宣传手段那样，同时向许多顾客传递销售信息。

（2）费用开支较大。在市场广阔而分散的情况下，企业需要派出许多推销人员，这会使企业的推销成本增加。

（3）优秀推销人员的培养难度大。推销人员的素质决定着推销工作的成败，而要培养一个锐意进取、勇于开拓、知识面广、有所作为的推销人员，不仅耗费大，而且难度也大。

（三）人员推销的方法

人员推销的具体方法多种多样，但常用的方法主要有以下几种：

1. 直接推销法

直接推销法又称面谈推销法，是指生产企业或经营单位派出推销人员面对面地向各类用户或消费者推销本企业生产或经营的产品和服务，并承接订货的推销方法。

直接推销法具体包括派人上门推销、设店推销、设站推销、交流会推销、订货会推销、开设专门网站推销、展览会推销等形式。

2. 关系介绍法

关系介绍法是指推销人员利用各种人际关系和商务关系所进行的一种推销方法。

关系介绍法的方式有很多，如利用即时通信软件、电话、名片、便笺、书信代为介绍，也可使用代送资料、代为传话等方式。

3. 合作推销法

合作推销法是指不同的企业分别指派推销人员共同组成合作推销小组进行推销的方法。

合作推销法适合用于推销金额大，客户人数多，商品具有关联性，以及社会关系和商务关系比较复杂的推销任务。

4. 团体推销法

团体推销法是指由两名或两名以上的推销员组成集体进行推销的方法。这是企业在推销较为复杂的产品时或客户对象在企业市场目标中比较重要时所使用的方法。

采用团体推销法应注意两点：一是团队中各成员的职责权限要明确，在推销过程中，既可各司其职，又能互相策应，以帮助说服潜在用户认购所推销的商品；二是团体中人员构成比例要恰当，如果专业人员过多，不仅不利于推销业务的开展，还会增加推销费用，影响推销效果。

二、广告推销

广告是指通过大众媒体向消费者或各类潜在顾客介绍产品性能、特点和服务内容的一种宣传推广方式。广告作为宣传推销商品的手段，其主要功能在于传递信息、创造需求。

（一）广告在企业推销活动中的作用

在现代推销条件下，企业所需要的不仅是组织生产或经营物美价廉的商品，而且要有高效率的促销活动相配合。广告则是促销活动中效率最高、最能吸引消费者并影响其购买决定的重要媒体之一。一般说来，广告具有以下的作用：

（1）传递信息，沟通情报。

（2）创造需求，扩大销售。

（3）指导消费，方便生活。

（4）突出重点，增加购买。

（5）活跃经济，促进竞争。

（二）广告媒体的选择

正确合理地选择广告媒体是广告推销的重要内容。在选择广告媒体时，应对商品特性、消费者习惯、媒体的范围和成本等因素进行全面比较，力求做到花钱少、速度快、影响深、效果好。因此，应用广告媒体进行推销时需要考虑以下因素：

（1）产品特性。要考虑商品与媒体的适应性，按照产品的不同特性选择相应的广告媒体，有效地传递信息。

（2）消费者接触媒体的习惯。应选择目标市场的消费者经常能接触的广告媒体。不同媒体可将广告信息传播给不同对象，只有能触达目标市场的购买者，才是最有效的媒体。

（3）媒体的传播范围。不同媒体的传播范围有大有小，接触的人口有多有少。选择媒体时应结合市场的地理范围和媒体的传播范围综合考虑。

（4）媒体的灵活性及频率。灵活性即媒体在广告宣传中可以应广告主的要求及时改变和调整内容的程度。频率即广告在一定的时限内提供信息的次数。各种媒体的灵活性和频率不同，进而会影响广告主的选择。

（5）媒体的质量和费用。广告媒体的质量，主要是指某种媒体已经建立起来的影响和声誉。在影响很大和享有很高声誉的媒体上发布广告，效果会更好。

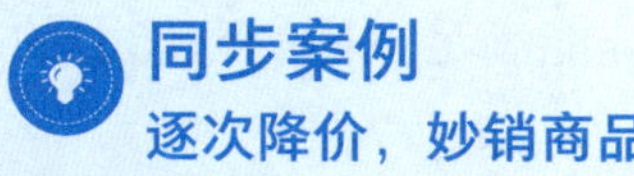

同步案例

逐次降价，妙销商品

商品积压是许多商店经营过程中的痛点，对此，一位著名商人想出了一个办法。

他在市中心的繁华区开了一家商店，并在网上发布广告，声称该店有一套与众不同的经营方法：商店标出价格的头 12 天按全价出售，从第 13 天到第 18 天，降价 25%；第 19 天至第 24 天，降价 50%；第 25 天至第 30 天，降价 75%；第 31 天至第 36 天，如果仍然有剩余商品，就送给慈善机构。

这家商店的开办立即成了人们议论的话题，所有人都想去这个商店看一看。大部分人认为："这家伙将倾家荡产。"因为如果顾客都等到商品价格降到最低时才买，商店岂不吃大亏？

然而，事实却是该商店的商品十分畅销。即使是积压了很长时间的产品，不久后也销售一空。

这个方法的高明之处在于推测顾客的心理：我今天不买，明天就会被他人买走，还是先买下为强。

问题：案例中该商人使用了怎样的推销方式？

分析提示：聪明的推销需要适合的推销方式，此案例中很好地利用了人们的心理，巧妙地进行了促销，充分地说明了"推销无定式"。

三、网络推销

（一）网络推销的含义与特点

网络推销是指企业或推销人员使用因特网或其他网络向消费者和用户提供销售服务的一种现代化交易方式。如目前较为流行的直播推销，推销人员通过直播带货进行销售。网络推销的特点是：

1. 书写电子化，传递数据化

网络推销会尽可能地采用电子单据，进行电子化传递，无论身在何处，推销人员均可与世界各地的消费者和用户进行交流、订货、交易，突破了地域和时间限制，方便、随意、快捷。

2. 无店面租金成本，规模不受场地限制

网络推销只需要一台连在网络上的网络服务器，或租用网络服务器的部分空间即可进行操作，节省了传统店面的昂贵地价成本，而且经营者在"店铺"中摆放商品的数量几乎不受限制，电子商务系统能满足不同经营能力的需要。

3. 无库存压力，行销成本低

一个运营良好的网络店铺，不需要承担库存压力，同时，其"货架"上的商品又是广告宣传的样品，不需要再承担额外的促销广告费用，并且还可以利用服务器将多媒体化的商品信息动态储存起来，既可主动发布，又可随

时接受需求者的查询。

4. 便于收集客户信息

服务器在收到客户订单后，就会自动将客户信息汇集到客户数据库中，以便将来用于产品销售，还可以对收集到的客户信息进行分析，寻找突破点，引导新产品的生产、销售和消费。

5. 支付手段高度电子化

目前，信用卡、电子现金、智能卡、手机支付等支付形式已被越来越多的网上购物者认可和接受。

（二）网络推销应注意的问题

在网络推销活动的全部内容中，企业如何通过网络将自己的产品和服务推荐给消费者，使消费者在网络上做出购买决定，完成支付，等待送货上门是最关键的环节，因为只有完成交易，产品及服务的价值才能真正实现，企业才有生存的基础。因此，网络推销要注意以下几个问题：

1. 确定目标市场

网络推销要想取得成功，首先应确定自己在消费者心目中的位置，确定自己“卖什么、卖给谁、如何卖”。这就要求企业必须谨慎选择自己的服务领域，制定有针对性的网上销售战略，以区别于传统推销和网络推销的其他竞争者。

2. 精心设计网页

网络推销的网页设计，特别是网店主页的设计非常重要，如果主页具有高度的亲和力和吸引力，就能成功地引导消费者愉快购物。设计相关页面时需要谨慎策划，基本原则是以醒目为主，令人一目了然，同时注意保持网页的清晰度和新鲜感，善于重复利用现有信息等。

3. 积极宣传网址

网店设置好后，如果没有人点击，再好的内容也无人知晓，网络推销也就无从谈起，所以，宣传是开展网络推销的重要前提。可以利用广播、报纸、电视等传统媒体进行宣传，也可以利用互联网本身如移动网络、电子邮件、手机App、社交平台、分类广告等现代新媒体进行宣传。

4. 建立推销信誉

网络推销，取信于人至关重要，企业在虚拟空间中提供服务不仅要将产品的品质、规格、数量、报价和售后服务都落到实处，即虚拟服务现实化，还要特别注意快速回答客户的咨询，谨慎承诺，努力塑造诚信的企业形象，最大限度地获得客户信任。

第五节 推销模式

一、爱达模式

（一）爱达模式概述

“爱达”是AIDA的译音，AIDA则是英文Attention（注意）、Interest（兴趣）、Desire（欲望）、Action（交易）的首字母的组合。爱达模式是指一个成功的推销员必须把顾客的注意力吸引或者转移到产品上，使顾客对推销人员所推销的产品产生兴趣，这样，顾客的购买欲望也就随之而产生，然后再促使顾客采取购买行为。

爱达模式是著名推销专家海因兹·姆·戈德曼在其所著的《推销技巧——怎样赢得顾客》一书中提出的，爱达模式是被学界普遍认同的推销模式之一，是一种传统推销模式，其总结的四个步骤被认为是成功推销的四大法则。

（二）爱达模式的推销步骤

上述这四个英文单词代表了爱达模式的四个推销步骤：唤起注意；诱导兴趣；激发欲望；促成交易。

1. 唤起注意

注意是指人们心理活动对一定客体的指向和集中，以保证对客观事物获得清晰的反映。它是感觉、知觉、记忆、思维等心理活动过程的综合特征。唤起顾客注意的主观因素主要有欲望、情感、兴趣等；客观因素主要有强烈刺激、变化刺激和新异刺激，它们可以通过推销来进行唤起。

唤起注意的推销方法很多，主要有：

（1）出奇制胜法。所谓出奇制胜法就是在顾客的思维需要重新调整时，唤起顾客注意的方法。出奇制胜法在推销活动中主要运用在开头，这样能给顾客留下非常深刻的第一印象，有利于推销活动顺利进行。

（2）旁征博引法。所谓旁征博引法就是利用顾客熟悉可信且感兴趣的事物（或事件）来验证并唤起顾客注意的方法。这种方法适用于开拓市场或企业扩大市场规模。

（3）实物招徕法。所谓实物招徕法就是利用商品本身及其包装、商标等招徕顾客，唤起顾客注意的方法。这种方法加深了顾客对商品的感性认识，使其快速地对商品产生注意。

（4）气氛渲染法。所谓气氛渲染法就是帮助顾客感知周围的事物，包括气味、照明、音响、空间等外界刺激，唤起注意的方法。这种方法在服务行业的推销上非常有效。

（5）计谋引导法。所谓计谋引导法就是利用商品突出的色彩和特色唤起顾客注意的方法。这种方法适合于有一定科技含量的商品或商业活动，通过制造悬念来达到推销商品、引起注意的目的。

2. 诱导兴趣

所谓兴趣是指一个人对特定事物所抱有的积极态度。在购买过程中，顾客的兴趣与注意有着密切的联系，顾客注意的发生往往以一定的兴趣为先决条件，而顾客购买兴趣的大小又常常为注意程度所左右。

在推销活动中，顾客的购买兴趣具有较大的自发性和可诱导性。自发性购买兴趣一般不能解决推销过程的全部问题，因此推销人员必须探索一定的技巧和方法去激发顾客的购买兴趣。诱导兴趣的方法主要有：

（1）展示表演诱导法。所谓展示表演诱导法，就是通过摆设商品样品以唤起顾客注意，当顾客注意后进一步显示商品的主要部分的功能、特点，采用推销产品（或服务）展示表演的技巧来促使顾客产生购买兴趣的方法。

（2）感情联络诱导法。所谓感情联络诱导法，就是通过感情的联络使顾客体验到积极的情感，并通过积极的情感又反作用于兴趣的方法。

（3）排除干扰诱导法。所谓排除干扰诱导法，就是当顾客对推销的积极情感产生后，为避免其他某些外界刺激干扰顾客的情绪，通过排除干扰源的方式来保持顾客的兴趣的方法。

（4）应变诱导法。所谓应变诱导法，就是在顾客对推销产生兴趣时，根据顾客的各种变化来灵活调整推销活动，让推销活动适应顾客的购买活动，即围绕购买而变化的方法。在推销活动中，会遇到各种各样的推销异议，这时推销员应根据具体情况来激发顾客的购买兴趣。

（5）对比诱导法。所谓对比诱导法，就是分析和综合两件事物或一件事物的两个方面的特征，找出其中的相同之处和不同之处，并以此来突出自己，激发顾客兴趣的方法。

（6）顾客亲身体验诱导法。所谓顾客亲身体验诱导法，就是让顾客亲身接触商品或身临其境感受商品所带来的利益，从而引导兴趣的方法。这种方法在推销能让顾客产生直观感受的商品时非常有效。

同步案例

苹果《三分钟》微电影

2018年，苹果公司联手知名导演，发布了春节营销微电影《三分钟》。在正式发布前，这部微电影的影响力就已经在微博、微信等各大社交平台发酵，引起了社会的广泛关注。该微电影以中国春节为主题，以春运列车员的视角，展现她和孩子在火车站相聚的“三分钟”，这种情节本身具备的情感共鸣在掳获大量人心之际也展示了拍摄工具苹果手机的产品特性，成功树立了苹果的品牌形象。“苹果品牌的高流量 + 陈可辛的知名导演的关注度 + 容易产生共鸣的情感营销”成功引起了社会的广泛关注。类似的以情感内容传达品牌价值理念的推销方式，成了很多品牌争相效仿的对象。

问题：苹果公司的微电影《三分钟》是如何激发顾客兴趣的？

分析提示：通过新媒体的形式进行推广，改变了传统媒体的“硬曝光”方式，通过可互动、可引起主动传播的内容形式，形成了影响力事件，从而提升了信息传播的层级，形成了大范围的跨平台转发。

3. 激发欲望

所谓购买欲望是指人们想通过购买某种商品或服务给自己带来特定利益的一种要求。一般来说，顾客对商品发生兴趣后就会进行买与不买的利益比较，对是否购买处于犹豫之中。这时，推销员必须要从认识、需要、感情和理智等方面入手，根据顾客的习惯、气质、性格等个性特征，采取多种方法和技巧，促使顾客相信推销员和商品，不断强化顾客的购买欲望。

激发欲望的方法主要有：

（1）利益直陈法。所谓利益直陈法，就是通过直接对顾客购买后的利益进行充分的陈述来激发顾客购买欲望的方法。这种方法使用时要实事求是，对顾客要晓之以理、动之以情，不断激发和强化顾客的购买欲望。

（2）因势利导法。所谓因势利导法，就是推销人员通过精心设计的一系列提问或优惠的方法，引导人们逐渐悟出某些道理的方法。这种推销方法运用得好，能得到事半功倍的效果。

（3）突出优势法。所谓突出优势法就是指推销员和企业通过产品、服务和价格等方面的优势来吸引顾客并形成持续兴趣的方法。这种方法可以使顾客对产品产生忠诚度，一般适合于产品和服务形象好、有独特竞争优势的企业的产品和服务。

同步案例

推销新世界：电商直播

2021 年 11 月，第四届中国国际进口博览会（简称“进博会”）在上海盛大开幕。

在进博会这个“全球购”现场，洽谈合作，签约订单，“买买买”成为主旋律。进博会旨在让展品变商品、让展商变投资商，交流创意和理念，联通中国和世界。与此同时，为了让中国百姓对全球精品有更加清晰的认识和了解，主办方选用近年来发展迅速的直播推销的方式以提升进博会的热度。

于是，11 月 6 日晚，新华网、央视主持人分别搭档淘宝主播，带来了东亚、欧洲、非洲、南美等地区二十国进口好物，进行专场直播，与欧洲多国大使和领事一起为中国消费者推荐商品。南非、韩国、塞尔维亚、阿富汗、斯洛文尼亚、法国、英国等 20 国的商品轮番登场。在四个多小时的直播中，总计有超过 1.1 亿人次围观这几场特殊的“云上进博会”，阿富汗松子、塞尔维亚咖啡豆和奶酪等商品被一抢而空。

据了解，这不是央视第一次尝试直播带货模式。2021 年 5 月，由商务部、海南省人民政府主办的“首届中国国际消费品博览会”在海口举行，5 月 9 日晚 8 点，央视新闻联合拼多多推出的“海南‘博’览 · 多多拼单”百亿补贴带货直播专场，央视主持人在拼多多官方直播间内带领网友拼购海南农（副）产品和特色商品。

事实上，早在 2020 年，央视就发起了一系列帮助湖北经济复苏的直播推销活动，为湖北经济复苏贡献了一份力量。

如今，在“全民直播”的浪潮之下，直播平台通过创新推销形式，不断拓宽行业边界，新的行业入局者不断涌入，这是时代前进的趋势和走向。

数字化时代，直播推销在新业态、新模式发展方面起着不可或缺的作用，表现出强大的营销能力。而随着国家对互联网产业的重视与规划，未来直播行业会更深入地融入日常生活中。

问题：电商直播如何激发购买欲望？

分析提示：企业通过价格及资源优势为直播间引流，将最终利润分配给品牌方和经销商，这种共赢的方式让经销商与厂家一起大力引流、宣传。

4. 促成交易

所谓促成交易，是指推销员运用一定的成交技巧和策略来敦促顾客采取购买行为的过程。

二、其他主要模式

（一）迪伯达模式

迪伯达模式是国际推销大师海因兹 · 姆 · 戈德曼根据自身推销经验总结出来的一种行之有效的推销模式。“迪伯达”是 DIPADA 的译音。DIPADA 则是英文 Definition（发现）、Identification（结合）、Proof（证实）、Acceptance

（接受）、Desire（欲望）、Action（行动）的第一个字母的组合。这六个英文字母表达了迪伯达模式的六个步骤：① 准确地发现顾客有哪些需要与愿望；② 把顾客的需要与要推销的产品结合起来；③ 证实所推销的产品符合顾客的需要和愿望；④ 促使顾客接受所推销的产品；⑤ 刺激顾客的购买欲望；⑥ 促使顾客采取购买行动。

与传统的爱达模式相比，迪伯达模式被认为是一种创造性的推销方法，是现代推销学在推销实践活动中的突破与发展，一度被誉为现代推销法则。按照海因兹·姆·戈德曼的观点，推销的要诀是先谈顾客的问题，后谈所推销的商品。在推销过程中，推销人员必须先准确地发现顾客的需要和愿望，然后把它们与自己推销的商品联系起来。推销人员应向顾客证明，他所推销的商品符合顾客的需要和愿望，顾客确实需要该商品，并促使顾客接受，这个要诀就是迪伯达模式所要表达的。

从迪伯达模式的六个步骤中可以看出，迪伯达模式的特点是紧紧抓住了顾客的需要这个关键性的环节，使推销工作更能有的放矢，因而具有较强的针对性。

与爱达模式不同，迪伯达模式适用于生产资料市场产品的推销；适用于对老顾客及熟悉顾客的推销；适用于保险、技术服务、咨询服务、信息情报、劳务市场上无形产品的推销以及开展无形交易；适用于单位（或集团）购买者的推销。迪伯达模式比爱达模式更复杂，层次更多，但其推销效果较好，因而受到推销界的重视。

（二）埃德帕模式

埃德帕模式是迪伯达模式的简化形式。“埃德帕”是 IDEPA 的译音，IDEPA 是英文字母 Identification（结合）、Demonstration（示范）、Elimination（淘汰）、Proof（证实）、Acceptance（接受）的第一个字母的组合。这五个英文字母表达了埃德帕模式的五个步骤：① 把推销的产品与顾客的愿望结合起来；② 向顾客示范合适的产品；③ 淘汰不合适的产品；④ 证实顾客的选择是正确的；⑤ 促使顾客接受推销的产品，做出购买决定。

埃德帕模式适用于有着明确的购买愿望和购买目标的顾客，适用于零售品推销，当顾客主动来到零售商店，提出他要购买哪些产品；或者顾客手里拿着购货清单意欲购买时，推销人员应使用埃德帕模式进行推销。

同步测试

1. 选择题

（1）推销环境的特点为（　　）。

A. 复合性　　B. 系统性　　C. 动态性　　D. 不可控性

（2）推销要素包括（　　）。

A. 推销环境　　B. 推销人员　　C. 推销对象　　D. 推销物品

（3）推销对象是接受人员推销的主体，包括（　　）。

A. 生产者　　B. 中间商　　C. 消费者　　D. 服务者

（4）下列属于广义推销员的有（　　）。

A. 采购员　　B. 信息员　　C. 保管员　　D. 财务人员

（5）网络推销应注意（　　）。

A. 确定目标市场　　B. 精心设计网页

C. 积极宣传网址　　D. 建立推销信誉

（6）被誉为现代推销法则的推销模式是（　　）。

A. 爱达模式　　B. 吉姆模式　　C. 迪伯达模式　　D. 埃德帕模式

2. 判断题

（1）现代推销是以满足顾客和企业双方的需求为出发点的。（　　）

（2）推销异议是由于推销要素之间的不协调而产生的。（　　）

（3）包装推销最根本的作用是促进销售。（　　）

（4）推销心理具有互动性、趋同性、差异性和不对等性的特点。（　　）

（5）寻找一个新客户的成本是维护一个老客户的 5~8 倍，故推销人员只要搞好善后服务就可以了。（　　）

（6）营业推广是为了刺激需求而采取的能迅速鼓励购买的长期性措施。（　　）

（7）推销物品的功能越多越容易推销。（　　）

（8）推销渠道越短越好。（　　）

3. 简答题

（1）简述推销技术的演变过程。

（2）推销环境包括哪些内容？

（3）推销员应具备什么样的业务素质？

（4）简述影响顾客购买决定的因素。

（5）人员推销的主要方法有哪些？

（6）哪些因素影响广告媒体的选择？

（7）爱达模式的主要内容包括什么？

（8）简述迪伯达模式的主要内容。

专项模拟实训

1. 实训目标：体验爱达模式中唤起注意、诱导兴趣和激发欲望的方法。

2. 实训内容：按以下 4 个情境进行模拟。

3. 实训背景：

（1）小张是某化妆品柜的营业员。一天，有位顾客要买“百雀羚”晚霜，而恰好“百雀羚”晚霜卖完了，如果你是小张，你该怎么办？

（2）假如你是手机推销员，在向一对夫妇推销手机时，丈夫坚持要买功能多、价格贵的名牌产品，妻子则坚持要买价格便宜、实用的产品，这时你该如何处理？

（3）假如你是一名推销人员，到某公司去推销商品，而该公司的门口有“推销人员免进”的标牌，你该怎样办？

（4）小吴去某商场购物，有一位营业员请他帮忙试一件衣服，说有位顾客和他的身材差不多。那位顾客看中了这件衣服，因为有事来不了，请他帮忙试试。结果小吴试过后很满意，也买了这件衣服。这位营业员运用了什么样的推销技巧？

4. 实训要求：课外分组初步模拟，每组挑选一对代表正式模拟，设置相应场景，其他同学认真观摩，围绕模拟演示，从中发现相关问题，写出总结。

5. 实训步骤：课外分组模拟选拔→确定正式模拟代表→情境模拟及观摩→观摩启示汇总→教师总结点评。

6. 成果评价：通过模拟，让学生初步掌握唤起注意、诱导兴趣和激发欲望的方法。

02

Chapter

第二章

推销沟通礼仪

【学习目标】

※ 素养目标

- 引导学生注重推销沟通的仪容、仪表，规范谈吐举止和商务礼仪
- 树立文明和谐的社会主义核心价值观，强化文明意识

※ 知识目标

- 了解推销沟通的作用和内容
- 熟悉推销沟通的方式
- 掌握推销沟通的基本礼仪和过程礼仪

※ 技能目标

- 能够在推销活动中与客户顺畅沟通
- 能够遵守推销沟通中的礼仪要求

【思维导图】

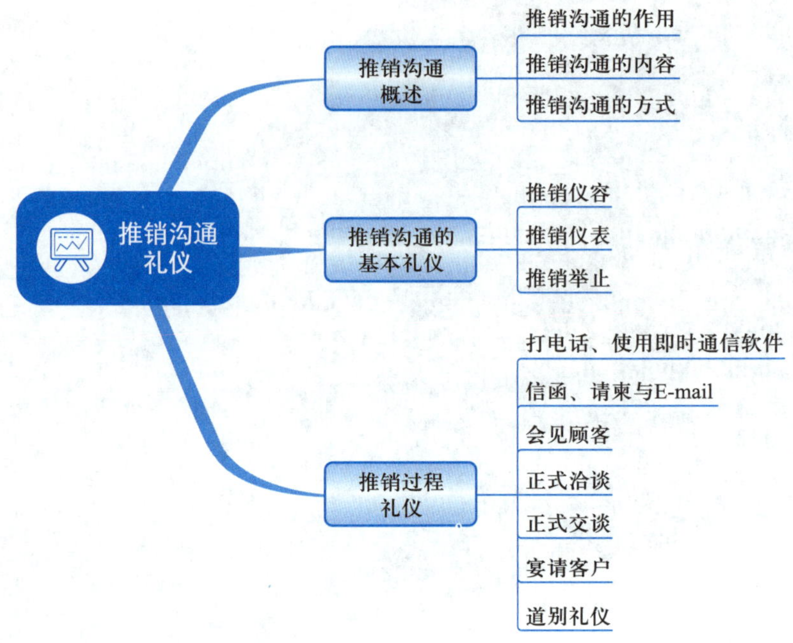

案例导入

松下幸之助改习惯

松下幸之助年轻时不修边幅，他所经营的松下电器公司也不注重企业形象。

一天，松下幸之助在理发时，理发师毫不客气地批评他不注重仪表，说：“你是公司的代表，却这样不注重衣冠，别人会怎么想？连人都这样邋遢，所经营的公司会好吗？”

松下幸之助听后大受触动，从此一改过去的习惯，开始注意自己在公众面前的仪表仪态，同时也要求公司员工懂礼貌、讲礼节、注重商务礼仪和个人形象。有人说，在松下电器的发展中，松下幸之助长期率先垂范，要求员工注重沟通礼仪也是公司赢得客户好感的重要因素之一。

案例思考：松下电器的成功与松下幸之助改习惯有关系吗？作为推销人员，应该注意哪些礼仪规范？

第一节
推销沟通概述

一、推销沟通的作用

从推销的角度来看，沟通是传递和领会推销信息的行为。因而，沟通是一个强调买卖双方互动的过程。在推销活动中，顾客对企业及产品的态度与信念主要取决于沟通的效果，这里既有媒体的宣传，也有面对面的推销洽谈时的形体与语言交流。

沟通是人生实践和探索的重大课题之一。推销能否成功受到众多因素的影响，推销人员的沟通能力是首当其冲的。在推销工作中，特别是在与客户交往过程中，有效沟通扮演着极其重要的角色。然而，推销人员的沟通并不总是有效的，无效沟通是阻碍推销成功的最大障碍。只有与顾客进行有效沟通，才能成功达成交易，才能使顾客满意，才能最大限度地留住顾客。

二、推销沟通的内容

（一）形体沟通

形体沟通是指有意识和无意识的反应、动作和表情等，是除了语言之外的思想表达方式，包括眼睛和面部的表情，手、胳膊、头和腿的放置与运动，躯体倾向，人与人之间的距离，声音的变化等。在推销过程中，潜在顾客首先感受到的是推销员的外表形体，如妆容、服装及配饰等，这是构成推销员整体形象吸引力的重要方面；其次是推销员的形体运动及其揭示出来的信息，即形体语言。

1. 人际距离

人际距离是指人际交往中双方之间的距离。人际距离对推销人员而言相当重要，因为在没有得到顾客同意的情形下擅自接近，会引起顾客的不快，造成沟通的障碍，甚至引起顾客的抵触，这时无论推销员怎么陈述，顾客都会产生排斥感。

推销员与顾客之间的距离必须要适当，离得太近会侵犯、惹怒顾客，离得过远会被顾客认为太冷漠和僵硬。通常认为存在以下四种人际距离：

（1）亲密距离（Intimate Space），指为最亲密的朋友和爱人预留的距离。在 0.6 米（胳膊肘与身体平行时手臂与手掌伸出的距离）或一只手臂的距离内，是最为敏感的区域。某些潜在顾客可能会拒绝推销人员与其保持亲密距离，或认为这种行为具有攻击性。

（2）私人距离（Personal Space），指一个陌生人或商业伙伴可以进入的最近距离，一般是 0.6~1.2 米。有些潜在顾客可能也会对推销人员进入这样的区域感觉不自在，经常用像办公桌之类的东西作为隔离物，以阻止其进入这个区域。

（3）社会距离（Social Space），指新顾客可以接纳推销员进行推销洽谈的距离，一般是 1.2~3.6 米，购买者经常用一张桌子来保持这个距离。当推销员与对面坐着的潜在顾客进行交谈时，如果选择站姿可能会使潜在顾客觉得其太咄咄逼人，因此推销员通常应保持坐姿来创造一种轻松的交谈氛围，一般距离顾客 1.8~2.4 米即可。

（4）公众距离（Public Space），指推销员可以用于对一个群体进行推销的距离，一般在 3.6 米以上，如教室中老师与学生之间的距离。这个距离可以使潜在顾客感到轻松，不会感受到来自推销员的威胁。

在潜在顾客的办公室，由于潜在顾客预先设置的缘故，推销员大都只能坐在办公桌的对面。如果可以在办公桌的对面和侧面进行选择时，应该选择侧面，这样可以减少桌子所形成的障碍；如果推销员与购买者是老朋友，还可以适时把椅子搬到桌子旁，以创造友好合作的环境氛围。

即问即答

人际距离有哪几种？

提示：记住亲密距离为0.6米，私人距离、社会距离和公众距离的上限分别是亲密距离的2、4、6倍。

2. 面部表情

推销员不仅要注意自身的面部表情，向顾客表达友善的态度，而且要善于观察顾客面部表情的变化，判断顾客的心理反应，找出解决问题的对策。

顾客面部表情的变化主要传递以下信息：

（1）下巴松弛并伴有微笑，表示听众赞同和有兴趣。

（2）下巴绷紧，则表示怀疑和生气。

（3）皱眉、噘嘴、眯眼表示不确定、不同意甚至完全不相信。

（4）咬紧嘴唇意味着不确定。

（5）在考虑问题或评价商品时，扬起眉毛表示吃惊。

3. 眼神

俗话说，眼睛是心灵的窗户。眼神可以传递和表达许多信息。

（1）推销员与客户进行短时间的眼神接触，并保持自然的状态，意味着诚实和自信。

（2）推销员的眼睛如果直盯潜在顾客，会使潜在顾客觉得很不自在，甚至有一种被威胁和不安全的感觉；如果潜在顾客眼神呆滞，目光环顾左右，则表示对所谈问题不感兴趣和厌烦。

（3）潜在客户不停地看表，注意力分散，则表示希望尽快地结束会谈。

4. 体姿

在洽谈过程中，潜在顾客的身体姿态及其运动，不断地传递着相关的信息，推销员应善于识别这些信息。

（1）身体前倾暗示对所讨论的问题越来越感兴趣，推销员应停止事先准备好的推销陈述，直接请求成交。

（2）潜在顾客远离推销员，并把双手放在脑后，象征着沾沾自喜和优越感。

（3）僵硬的姿势表示不容置疑，随便的姿势意味着对话题不感兴趣。

（4）张开双臂和双腿意味着坦率、自信与合作，双臂和双腿交叉、清嗓子、揉鼻子则暗示有抗拒的倾向。

（5）抬着头，手托着下巴，暗示潜在顾客存在积极的评价与思考，进一步地点头则表示赞同。

（6）敲手指或轻轻地跺脚表示不耐烦。

边学边练

将学生分成若干组，每组 2 名同学，各自扮演推销员和客户，围绕某产品进行推销，模拟一次客户拜访，完成产品的推荐介绍。

每组同学依次表演，其他组同学观察并记录表演者的面部表情、眼神和体姿；表演完毕后，由其他同学进行评论：好在哪里，不好在哪里。各组依次进行，最后，由老师进行总结点评。

在推销沟通过程中，一方面要把推销员强有力的视觉形象传递给潜在顾客，另一方面要注重潜在顾客肢体所传递和表达的信息。在解读身体语言时一定要谨慎，不要误解了顾客所表达的真实信息。因为形体表示的信息并不标准，也不完全统一，可能要受到社会文化的制约。有时，一个手势就是一个手势，它没有别的什么意思，也许仅仅是为了更加舒服而已。

（二）语言沟通

推销员建立了良好的第一印象之后，相继或同时要做的就是与顾客进行有效的沟通。由于顾客注意的可能是推销员而不是他推销的产品，因而要用语言沟通技巧和非语言沟通技巧促成顾客关注自身的需求，使之有兴趣继续进行洽谈。因此，沟通是一个将信息从一个人或群体传递到另一个人或群体的过程，包括语言表达、形体动作及展示物（如推销品等）三个要素。沟通效果的好坏直接影响后续推销活动的开展，关系到能否达成交易。

从本质上说，推销活动就是一种沟通过程。因而，推销人员必须懂得沟通的基本原理，掌握必要的沟通技巧。如果不及时地运用人际沟通的各种技能将良好的第一印象与推销产品进行有效的连接，那么之前给顾客形成的好印象也会渐渐淡化，从而无法达到推销活动所期望的效果。

1. 提问

推销人员要达成交易，必须先弄清楚顾客需要什么，沟通过程中的提问是进一步掌握潜在顾客需求状况的主要手段。精心设计的问题能帮助推销员探测出顾客的需求，分析已经掌握的信息与现实信息之间的差距，从而有针对性地为顾客设计出解决问题的方案，最大限度地满足顾客的需要。

（1）提问的作用。主要体现在：

① 通过提问可以了解购买决策对于顾客的重要程度；

② 通过提问可以了解顾客的态度；

③ 设计问题并提出问题，有助于推销人员和顾客双方了解问题，明确可能的解决方案；

④ 良好的提问方式能引发潜在顾客的注意和兴趣，引导顾客的积极参与；

⑤ 巧妙的问题设计能促成潜在顾客做出购买决策。

（2）提问的目标。主要包括：

① 引导参与。推销人员可以用事先设计好的有针对性的问题来鼓励潜在顾客的参与，而不是控制整个推销洽谈。

② 唤起思考。战略性问题能促成购买者和推销人员共同考虑解决特定问题的方方面面。

③ 收集信息。通过提问可以进一步收集信息，找到已经掌握的信息与所需要的信息之间的缺口，矫正推销人员与潜在顾客之间认识上的偏差并获得证实。通过总结性的提问来复述顾客的主要观点，证实对购买决策方案的理解。

④ 推进销售。恰当的提问方式能顺其自然地促成交易。

2. 倾听

倾听是成功沟通的基础，有些问题的提出是洽谈过程中倾听的结果。为了更好地服务于顾客，识别和响应顾客的需求，建立、培养合作的关系推销，推销人员必须学会聆听，尽量多地去理解顾客所陈述的意思和传递的信息。

要做到有效倾听，推销人员必须善于倾听和理解顾客都说了些什么，隐含或暗示的意思是什么。有效倾听的要点包括：

（1）集中注意力。倾听是为了理解顾客的意图，而不是为了回答，不要打断顾客的陈述，以获取完整的信息。

（2）洞察形体语言。与潜在顾客进行有效的眼神接触，核实顾客的形体语言与口头陈述是否一致。

（3）复述或转述。复述或转述所听到的要点，可以让顾客感觉到推销人员正在努力地去理解自己的需要，也可以让顾客判定推销人员的理解是否有偏差。

（4）不做假设。让顾客充分陈述他们的想法，必要时可通过提问来了解顾客的真实意图，不要臆断和猜想。

（5）鼓励交流。通过给顾客积极的信号（如微笑等）和提问，帮助顾客保持积极的交流状态，鼓励顾客尽量多地交流信息。

（6）思索判断。在听的过程中，还要积极地思考，以判断顾客在说什么。

3. 表述信息

推销人员必须在设计问题、仔细聆听后，辨明顾客的需求，准确有效地传递信息，以实现成功销售。为此，必须在语言沟通中注意方式、技巧、顺序。

（1）利用图片、证书等材料把文字信息视觉化，这样更容易为顾客所接受，也能在顾客脑海中展现可以长期存在的“心理图像”。

（2）向顾客解释图片等视觉化的促销工具，以增强其对信息的理解和记忆。

（3）把推销品的效能具体化，不要使用专业术语去描述。

（4）按照逻辑顺序组织材料，直接与顾客沟通。

（5）将产品、优势和概念宣传融入沟通过程。

知识链接

推销人员应忌“七嘴”

推销人员在和客户的沟通过程中，不仅要使用文明的语言，保持谦和的态度，而且在沟通和谈话的方式方法上，需要注意一些细节性问题。在和客户谈话时，忌以下“七嘴”。

1.“闭嘴”

所谓的“闭嘴”，就是一言不发，从而使交谈变相地冷场，导致不良的后果。在客户侃侃而谈的过程中，自己始终保持沉默，会被视为对客户所谈的话题不感兴趣。本来双方洽谈甚欢，一方突然“打住”，则会被理解成“抗议”，或对话题感到厌倦。

2.“插嘴”

所谓的“插嘴”，就是在客户讲话的过程中，自己突然插上一句，打断客户的话。在一般情况下，推销人员不应该打断客户讲话，从中插嘴，这样会喧宾夺主，让客户感觉不被尊重。如果确实想对客户表达自己的不同见解，也需要静待客户把话讲完。

如果打算对客户所说的话加以补充，应先征得客户同意，先说明“请允许我补充一点”，然后再讲话，而且时间不宜过长、次数不宜过多，以免打断客户的思路。有急事打断客户的谈话时，要先讲一句“对不起”。

3.“脏嘴”

所谓的“脏嘴”，就是说话不文明，满口都是“脏、乱、差”的语言。作为一个有素质的销售人员，必须要忌“脏嘴”。

4.“油嘴”

所谓的“油嘴”，就是说话油腔滑调，毫无节制地胡乱幽默。谈吐幽默是一种高尚的教养。在适当的情境中，使用幽默的语言讲话，可以使人们摆脱拘束不安的感觉，变得轻松而愉快。但幽默的运用也需要区分场合与对象，需要顾及自己的身份。要是到处都是“幽默”，这种“幽默”就有可能“沦落”为油腔滑调，从而招致客户的反感。

5.“贫嘴”

所谓的“贫嘴”，就是多说废话，乱开玩笑，动不动就拿客户来调侃、取笑、挖苦。耍“贫嘴”的人，容易让客户讨厌。

6.“争嘴”

所谓的“争嘴”，就是喜欢跟别人争辩，喜欢强词夺理。爱“争嘴”的销售人员，自以为“真理永远在自己手中”，自己永远正确，“没理争三分，得理不让人”。这种人不受客户的欢迎。

7.“刀子嘴”

所谓的“刀子嘴”，就是说话尖酸刻薄，喜欢恶语伤人。每个人都有自己的隐私，当客户有意回避不谈时，作为销售人员不该再“打破砂锅问到底”。每个人都有自己的短处，都不乐意将之展示于人，所以不应该在交谈时“哪壶不开提哪壶”。俗话说：“良言一句三冬暖，恶语伤人六月寒。”其口似刀的人，往往处处树敌，时时开战，触犯了生意人“和气生财”之大忌，终将会因自己的缺点酿成不良后果。

三、推销沟通的方式

一个人的沟通方式是保持相对稳定的，每个人都有他最偏爱和惯用的沟通方式，但也会在不同环境、不同社会关系面前表现出不同的沟通风格。

推销员可能要面对不同沟通风格的顾客，不能总按照自己喜欢的沟通方式去选择顾客，因此必须具备与各种沟通风格的顾客打交道的能力，主动地调整自己以适应顾客的沟通方式。风格调整就是通过自觉的努力来改变自己的沟通方式以适应他人的需要，使自己按照他人的方式来交流。

在推销接近过程中，应尽可能地观察并确定客户的类型，然后实施推销。

（一）针对情感型客户的沟通方式

（1）要非常热情，不要过于木讷。

（2）花时间与其建立良好的关系，不要太注重一些事实和细节。

（3）用自己的行动去迎合顾客的观点、主意和梦想。

（4）在交流过程中保持眼神的接触，做一个好的听众。

（二）针对领导型客户的沟通方式

（1）高效、守时。

（2）提供合适的数据资料，陈述成功的可能性。

（3）努力发现他们的目标，提供各种方式来支持和帮助他们实现目标。

（4）保持商业关系，而不是个人友情关系。

（三）针对反应型客户的沟通方式

（1）推销沟通前要做充分的准备，出席洽谈要准时。

（2）多数情况下，无须花大量时间来建立社会关系。

（3）直接提出要求客户说明意图的问题，不要说无谓的废话。

（4）掌握潜在客户需求信息后，要用深思熟虑的方法来表达建议，不要急于成交，也不要给反应型的客户施加要求其快速决定的压力。

（四）针对支持型客户的沟通方式

（1）事先了解支持型客户的家庭、消遣和兴趣爱好，仔细倾听他们的观点，与之建立良好的社会关系。

（2）在了解客户的技术和商业需求前，应先研究他们的感情需要。

（3）表现出充分的自信，同时支持客户的观点。

（4）推销人员不同意支持型客户的观点时，也要极力克制自己，因为支持型的客户不喜欢冲突，要留够时间让他们理解推销建议。

第二节 推销沟通的基本礼仪

在推销工作中，礼仪是推销人员的名片，顾客由推销人员的礼仪而知其修养，产生信任与否、喜爱与否、接纳与否的意向，从而决定是否购买推销产品。

为了树立良好的形象，利于推销工作的开展，推销人员应注重推销沟通的基本礼仪。“要想推销产品必须先推销自己”所谓推销自己，就是要推销自己的言谈举止、仪表风度、个性品质、态度信心、处事原则和价值观念等。

一、推销仪容

在推销沟通中，仪容首先会通过人的感官作用于人的心理活动，形成肯定或否定的判断，并由此产生愉悦或讨厌的情感活动。

（一）面容相貌

虽说一个人的容貌是天生的，但作为推销人员对于面容的后天修饰却是必不可少的。首先要保持乐观的情绪和充足的睡眠，这样才会有饱满的精神面貌。

男性推销人员一般无须化妆，但是需要保持健康、整洁的仪容；胡须、头发等都应保持干净，力求将整洁大方的仪容展现给顾客。发式以线条简洁、流畅、自然为好，给人以健康舒适的感觉。

女士应着优雅的淡妆，切忌浓妆艳抹；妆容应该和自己的气质相近，这样才能更好地表现出自己的“神”和内在的“雅”来；妆容应展示出典雅而又不失清新的职业女性气质，表现出成熟、干练而又亲切的职业形象，让顾客感到值得信赖。推销日用化妆品的女性销售代表不妨把自己装扮得靓丽一些，令自己显得神采飞扬，以此来感染顾客，但不要显得俗气，要时尚又兼具个性。

总之，仪容修饰要讲究协调，要与销售人员自身的外貌、气质、身份以及外部的环境相协调，给人以“淡妆浓抹总相宜”的感觉。

推销人员需要注意的仪容要求具体有：

（1）头发。头发最能表现出一个人的精神状态，专业销售员的头发需要经过精心的梳理和护理，发型不能太前卫，不得染鲜艳的色彩。男性不得留长发。

（2）耳朵。耳朵内必须保持干净。男性不能佩戴任何耳部饰品。女性的耳环与耳饰也不能过于夸张，应该体现端庄、大方的风格。

（3）眼睛。不能有任何不干净的东西留在眼睛附近。女性的眼部化妆不能过于夸张，眼周不能有晕出的眼线、睫毛液。眼镜也要保持干净。

（4）鼻子。要适当修剪鼻毛不可使其露出鼻孔。

（5）嘴巴。牙齿要干净，口中不可有异味。女性的口红应该用淡雅的颜色。

（6）手部。指甲要修剪整齐，指甲边缝中不得存有脏东西，不得涂有色指甲油。双手要时刻保持清洁。

（7）脸面。女性可以化淡妆，但粉底不能打得太厚，要保持均匀，与其皮肤底色相协调。

（8）不得佩戴过多的饰物。

（9）香水不宜喷洒过多，气味不宜过浓。

（10）在客户面前，不得修指甲、剔牙、掏鼻孔、挖耳朵、打饱嗝、伸懒腰、化妆等。

边学边练

按照课程设计，在学习此部分内容之前布置练习内容：请同学们分 4 组按照推销员的职业要求着装和打扮。

请每组推选出有代表性的两名同学（男女各一名）到讲台前走台展示，其他同学观察记录；展示完毕后各组进行交叉点评。

老师总结点评。

（二）表情

表情是人内心的情感在面部、声音或身体姿态上的表现。推销人员的表情应做到亲切自然，切忌做作。

微笑是保持面部表情亲切自然的永恒法宝。惬意而自然的微笑是外表语言中不可缺少的重要组成部分；微笑会化解冷漠，微笑会吸引客户注意，微笑会拉近与客户的情感距离，而且立竿见影。因此，可以说微笑是人际关系中最佳的润滑剂，它传达友善、亲切、礼貌与关怀；微笑不但能使销售员自己从内心产生快乐的情绪，而且能够改变气氛，缩短人与人之间的距离，营造一个快乐、洒满阳光的氛围。销售员应先主动地对别人微笑，告诉对方“我很高兴见到你”。

此外，推销人员还应注意眼睛的运用。眼睛是心灵的窗户，炯炯有神的目光是智慧的象征，可以有效地提升自己的说服力。

同步案例

“价值百万美元的笑容”

美国推销大师威廉·怀拉拥有一张让他年收入高达百万美元的笑脸。威廉原是知名的棒球好手，40 岁退役后去应聘当推销员。他认为凭借自己在棒球界的知名度，理应被录取，没想到却遭到淘汰，理由居然是他没有一张迷人的笑脸。威廉并不泄气，反而立志苦练笑脸。每天在家里练习时，为了避免邻居误会，他躲在卫生间里大笑。练习一段时间后，他又去应聘，结果还是不尽如人意。威廉不认输，继续努力。他搜集了许多公众人物迷人的笑脸照片，贴满房间，以便随时观摩学习。另外，他买了一面与身体同高的大镜子放在卫生间内，每天进去练习三次。隔了一阵子他又去应聘，这次得到的答复好一点，但还是不够吸引人。威廉并不放弃，回去加紧练习。就这样又几经磨难，威廉最后终于成功。

问题：为何笑容能价值百万美元？

分析提示：推销人员在与顾客交往时，第一印象十分重要。第一印象，即和他人初次见面进行几分钟谈话后，对方可在推销人员身上发觉的一切现象，包括仪表、礼节、言谈举止、对他人的态度、表情、说话的声调、语调、姿态等诸多方面。推销人员给顾客的第一印象往往会决定交易的成败。顾客一旦对推销人员产生好感，自然也会对其推销的产品产生好感。

二、推销仪表

由于推销人员跟客户接触有限，客户首先是通过推销人员展示的外表来了解他的，并据此判断自己应对推销员持肯定态度还是持否定态度。在此过程中，推销人员留给客户的第一印象就变得非常重要，如果印象不佳，推销人员不仅会受到冷遇，甚至可能会被扫地出门，这样就不会有第二次机会。

（一）服饰礼仪

得体的衣着是仪表的关键，因此推销员必须注意其服饰与装束。服饰没有固定的搭配模式，应该根据预期的场合、所推销的商品类型等灵活处理。

一般来说，推销人员应穿白衬衣，打领带，配深色西装。切忌故意穿奇装异服，试图以此给推销对象留下深刻的印象。

推销人员的服饰风格应与推销对象的服饰风格基本吻合，如果反差太大，推销对象将难以接受推销人员及其推销的商品，从而无法形成适宜的推销氛围。

推销人员的服饰还应与推销对象所在的场合相一致。如果推销对象是在工作场所，推销人员的穿着应较为正规；如果推销对象是在家庭，则推销人员的穿着可以随便一些；如果推销对象是高层管理员，推销人员应注重服饰的品牌、质地。

例如，向旅行社推销产品时，推销人员的服饰就应该与向政府机关、学校、研究机构推销产品时的服饰不同。在前者的场合下，可以穿着销售部的工作制服；而在后者的场合下，可以穿着其他西服套装。而当拜访企业时，服饰不仅要庄重、华贵，而且款式要新、质地要好。

研究资料表明，客户更青睐那些穿着得体的推销员，穿西装、打领带的推销员所创造的业绩要比不拘小节、穿着便装的推销员高出约 60%。推销员除了要注意自己的穿着之外，同时还要关心自己的配饰，必须精心选择，力求与环境相配，令客户感觉协调舒适。

推销人员应非常得体地装饰自己，不要因为自己的仪表、面容等某个方面存在疏忽而给客户留下不好的印象。对推销人员而言，服饰就像一种聪明的投资，它会带来丰厚的回报。

知识链接

推销员的着装

著名的时装设计师约翰·T. 莫洛伊（John T. Molloy）在他的《成功的衣着》（*Dress for Success*）一书中，对推销员的衣饰问题做了较详尽的论述，现摘录如下：

（1）可能的话，推销人员应该穿正统西装或轻便西式上装；

（2）衣服应该烫平；

（3）除在某些特殊场合外，推销人员的衣着式样、颜色应该慎重选择，尽量保持大方、稳重；

（4）推销人员绝对不要穿绿色衣服；

（5）不要抹太多的发油，以免让人觉得油腻恶心；

（6）不要戴太阳镜或变色镜，只有让顾客看得见推销人员的眼睛，才能使顾客相信推销人员的言行；

（7）不要佩戴过多的珠宝或首饰；

（8）可以佩戴某一种能代表公司的标记，或者穿上某一种与产品形象相符合的衣服，使顾客加深对本公司和产品的联想；

（9）可能的话，推销人员可以携带一个大方的公文包；

（10）要带一支高级的圆珠笔或钢笔；

（11）可能的话，打一条质地优良的领带；

（12）尽可能不要脱去上装，以免削弱推销人员的权威或尊严；

（13）在走访前，应该对镜检查头发是否梳理好，领带是否整齐，扣子是否扣好，衣服是否整洁，胡须是否刮净等。

（二）修饰礼仪

修饰方面，推销人员首先应当注意自己的仪表整洁，注意常修指甲，勤洗澡，勤理发，塑造自己的良好形象。

在佩戴饰品方面，一般来说，男士不要佩戴任何首饰之类的装饰品。但是，适当的首饰有时也可衬托男士的阳刚之美，不失为一种“不经意”的选择。女士则可精心选择适合自己的各种配饰。饰品的搭配不要多，选取一两件饰品进行精巧的装饰和点缀即可，尽量不要多于三件。饰品只起点缀作用，用于调节着装，使之与自己所要展现的气质更为合拍。

知识链接

仪表修饰的通常原则

一是要注意适体性。修饰要与容貌、体形、个人气质等相适应；要与自己的身份和职业协调统一，合乎和体现自己的身份特点和表现内在的素质。

二是要注意整体性。各部位的修饰要与整体协调一致。

三是要把握适度性。无论在修饰程度，还是饰品的数量和修饰技巧上，都要把握分寸，自然适度，追求雕而无痕的效果。

四是要适应 TPO 原则。就是要求仪表修饰因时间（Time）、地点（Place）和场合（Occasion）的变化而相应地变化。

现将部分饰品的注意事项介绍如下。

1. 领带夹

领带夹的主要作用是把领带固定在衬衣上，免得领带摆动、晃荡。使用领带夹要求色彩与领带大致协调。例如，红领带可以搭配红宝石或无色锆石领带夹；绿领带则可以搭配翡翠或碧玺领带夹；黑领带色彩较为深重，可以搭配黑欧泊石或黑曜石领带夹。蓝领带夹可以在海蓝宝石或者绿松石中选择。无色透明的钻石、锆石、黄玉、水晶，则可以搭配任何一种服饰色彩。

2. 腰带扣

腰带扣是男性首饰的重要物件。作为陪衬性首饰，关键问题是与服装配色协调。穿黑色西装，色彩庄严厚重，宜配 K 金或者镀金腰带扣，这样显得潇洒而别致。穿白色西装，色彩简洁清新，宜配白色腰带扣。穿灰色西装，腰带扣只能在白色和黑色之中选择，既可使用仿黑大理石浮雕腰带扣，也可以使用白银镂花腰带扣。

3. 手表

手表是一种品位的象征。推销人员佩戴手表尤其要注意选择一些能适应场合需要并体现自我风格的款式。有些男士喜欢带手链，但这样做并不能显示出高雅或者粗犷，反倒可能让人觉得很媚俗。相对而言，还是佩戴一只别致的手表更好一些。

4. 皮带

皮带不可过于华丽，应以小巧、简单的传统样式为佳。男士的皮带应和他的服装颜色相配。例如，推销人员至少应有黑色、咖啡色、白色三种颜色的皮带。

5. 项链

项链要与脸形相搭配。脸部清瘦且颈部细长的女性，戴单串项链，脸部就不会显得太瘦，颈部也不会显得太长了。脸圆而颈部粗短的女性，最好戴细长的项链，如果项链中间有一个显眼的大型吊坠，效果会更好。椭圆形脸的女性最好戴中等长度的项链，这种项链在颈部形成椭圆形状，能够更好地烘托脸部的优美轮廓。颈部漂亮的女性可以戴一条有坠的短项链，突出颈部的美丽。

6. 耳环

身材矮小的人，宜戴蝴蝶形、椭圆形、心形、圆珠形的耳环，显得娇小可爱。方形脸适宜佩戴圆形或卷曲线条吊式耳环，可以缓和脸部的棱角。圆形脸戴上“之”字形、叶片形、垂吊式耳环，在视觉上可以造成修长感，显得秀气。心形脸宜选择三角形、大圆形等纽扣式样的耳环。三角形脸最好佩戴上窄下宽的悬吊式耳环，以使瘦尖的下颌显得丰满一些。

7. 手镯与手链

手镯与手链是套在手腕上的环形饰品，在一定程度上可以使女性纤细的手臂显得更加美丽。选戴手镯时应注意，如果只戴一只手镯，应戴在左手上；戴两只时可一手戴一只，也可都戴在左手上，这时不宜戴手表。手链一般只戴一条。手镯与手链不是必要的装饰品，因此建议女性推销人员在工作时最好不戴。

8. 皮包

皮包是推销人员在各种场合都不可缺少的饰物，它既有装饰价值，又有实用价值。肩挂式皮包轻盈、便捷，为更多的推销人员所选用。平拿式皮包豪华、时尚，使用这种皮包能够充分体现出推销人员的职业、身份、社会地位及审美情趣。平提式皮包中，普通休闲式的适合一般外出使用，比较考究的皮包多为推销场合使用。选用皮包时需要注意皮包的款式、颜色要与服装相配。

9. 戒指

戒指无论男士、女士都可佩戴。戒指的戴法很有讲究：通常情况下，戒指戴在左手。戴在食指上表示无偶求爱；戴在中指上表示正在恋爱中；戴在无名指上表示已订婚或结婚；戴在小拇指上则是表示独身的含义。另外，商务人员需要注意一只手只能戴一枚戒指，戴两只或两只以上是不太适宜的。

10. 胸针

胸针是女士修饰中不可或缺的配饰，无论是艳丽的花朵胸针，还是精致闪烁的彩石胸针，只要搭配合理，就可以给人留下深刻印象。

边学边练

按照课程设计，在学习此部分内容之前布置练习内容：发放统一购买的教学道具——领带（男女款）、领带夹、腰带扣、手表、皮带、项链、耳环、手镯或手链、皮包（男女款）、戒指、胸针等，请同学们分成若干组按照推销员的职业要求进行现场装饰。

装饰完毕后，请每组推选出有代表性的两名同学（男女各一名）到讲台前走台展示，其他同学观察记录；展示完毕后交叉点评。

老师总结点评。

三、推销举止

如果说整洁的仪表是推销人员与顾客交谈的“钥匙”，那么合适的言谈举止就是征服顾客心灵并取得其信任的“推进器”。

（一）谈吐

人与人的沟通是从心开始的。现代社会交往过程中，推销人员不仅要敞开自己的心扉，而且要善于解读他人的思想、情感和信息，捕捉成交的意向和信号。这种沟通是推销工作取得成功的一个不可或缺的环节。有效地沟通是事业成功的关键，掌握沟通的技巧可以使人在工作、学习中游刃有余。谈吐是沟通中最重要的技巧之一。

交谈艺术与技巧尤为重要，尤其是现代化通信工具的出现和运用，使得许多按传统方式需要花费较长时间才能达成的交易，在极短的时间内就有望达成。这就要求推销人员加强自身的语言训练，提高表达水平，积累交谈技巧，掌握谈话艺术。在拜见顾客和其他一些交际场合中，推销人员态度要诚恳热情，措辞要准确得体，语言要文雅谦恭，不含糊其词、吞吞吐吐，不信口开河、出言不逊，要注意倾听，要给顾客说话的机会，“说三分，听七分”，这些都是交谈的基本原则。

1. 交谈的基本要求

（1）发音准确。

（2）条理清楚，逻辑性强，不能前言不搭后语，自相矛盾。

（3）有理有据，不能强词夺理。

（4）与顾客交谈时，应双目注视对方，不要东张西望、左顾右盼，可适当使用些手势辅助，但幅度不要太大。

（5）与顾客保持适当距离，讲话时不要唾沫四溅。

（6）富有热情，充满活力，使人倍感亲切，有渴望交流的冲动。

（7）给对方说话的机会，不要轻易打断或插话，应让对方把话说完。如果要打断对方讲话，应先用商量的口气问一下，如：“请等一等，我可以提个问题吗”“请允许我插一句话”等。

2. 交谈过程中的注意事项

（1）要注意语音、语调、语速及停顿等语言基本功的训练。

（2）使用规范化语言。一般与顾客交谈时宜使用纯正的普通话。特殊场合下，如果确认客户使用方言且对此方言也较为纯熟时，用方言交流效果可能会更好。

（3）尽量避免使用专业术语。

（4）切忌随意讽刺挖苦别人，攻击竞争者，这样会给顾客留下不好的印象。

（5）不要与顾客争辩。

（6）不要开粗俗的玩笑，使人觉得俗不可耐，而且容易刺伤顾客的自尊心。

（7）不要手舞足蹈，不要用手指人，更不能拉拉扯扯、拍拍打打。

总之，在接近过程中，给顾客的第一印象是非常重要的，它决定了顾客能否与推销员继续进行交谈，也是顾客能否给推销人员机会实施其推销洽谈的关键。而推销管理者在挑选推销人员时不仅要考虑人的身材、外表等自然条件，更要加强言谈、举止的实际训练，要求推销人员依据与顾客会面的环境来考虑穿什么服装、怎样进行修饰及如何使用肢体语言等。

交际用语

初次见面应说：幸会	请人解答应说：请问
看望别人应说：拜访	赞人见解应说：高见
等候别人应说：恭候	归还原物应说：奉还
请人勿送应说：留步	求人原谅应说：包涵
对方来信应称：惠书	欢迎顾客应说：光顾
麻烦别人应说：打扰	对老年人应称：高寿
请人帮忙应说：烦请	好久不见应说：久违
求给方便应说：借光	客人来到应说：光临
托人办事应说：拜托	中途先走应说：失陪
请人指教应说：请教	与人分别应说：告辞
他人指点应称：赐教	赠送作品应用：雅正

（资料来源：吴健安.现代推销理论与技巧［M］.4版.北京：高等教育出版社，2018.）

（二）举止

良好的行为举止可以给客户留下良好的印象，推销人员一定要避免做出有损自己形象的行为举止。例如，不要嘴里叼着香烟、烟斗等走进客户的办公室，如果客户不喜欢抽烟，那么推销人员将会给他／她留下一个极其讨厌的形象，再想挽回就很难。

在行为举止方面，推销人员应该注意养成良好的习惯。不合时宜的小动作、习惯和举止会刺激顾客，使顾客反感；同时也可能反映出推销人员缺乏经验，还容易分散顾客对推销员的注意力。

以下的行为举止准则可供参考。

（1）推销人员进门前，无论门是关闭还是开启的，都应先按门铃或轻轻敲门，然后站在离门稍远一点的地方耐心等候。

（2）看见顾客时，应该点头微笑示意。

（3）在顾客未坐定之前，推销人员不应该先坐下。

（4）用双手递送或接受名片。

（5）绝对不能任意抚摸或玩弄顾客桌上的物品，更不能把顾客的名片当玩具玩。

（6）用积极关心的态度和语气与顾客谈话。

（7）落座要端正，身体稍往前倾。

（8）认真听取顾客的意见，眼睛要看着对方，不断注意对方的神情，不要不给顾客预留说话的机会，只按自己的兴趣一味地讲下去。

（9）不卑不亢，不慌不忙，举止得体，彬彬有礼。

（10）站立时上身稳定，双手垂放两侧，不要背手或将双手交叉抱在胸前。

（11）顾客起身或离席时，应该同时起立示意，遵守进退礼节，尽量避免出现各种不礼貌、不文明的行为。

（12）回答时，以“是”为先。

（13）当与顾客告辞时，应向对方表示打扰的歉意，感谢对方的交谈与指教。

除遵守以上准则外，推销人员还要养成良好的习惯，克服各种不雅举止。这些虽然是细节，但它们组合起来将构成推销人员的整体形象，所以应引起注意，做到举止文雅得体。

同步案例

赞美是最好的开场白

推销大师原一平有一次去拜访一家商店的老板。

“先生，您好！”

“你是谁呀？”

“我是明治保险公司的原一平，今天我刚到贵地，有几件事想请教您这位远近出名的老板。”

“什么？远近出名的老板？”

“是啊，根据我调查的结果，大家都说这个问题最好请教您。”

“哦！大家都这么说啊！真是不敢当，请问是什么问题？”

“实不相瞒，是……”

“站着说话不方便，请进来吧！”……

就这样，原一平轻而易举地通过了第一关，也由此取得了准客户的信任和好感。

问题：原一平是如何取得准客户的信任和好感的？对你有何启示？

分析提示：每个人，包括准顾客，都渴望得到别人真诚的赞美。以赞美对方开始推销工作，可以拉近双方的距离，尤其适用于商店铺面，一般可以请教商品的优劣、市场现况、制造方法，等等。使用赞美时应注意避免千篇一律，要谦虚、自然、得体，不要夸大其词。

边学边练

将学生分成若干组，每组 2 名同学，各自扮演推销员和客户，完成一次上门拜访客户的开局过程。

第一组同学表演，其他同学观察并记录表演者的表现情况；表演完毕，其他同学进行评论：好在哪里，不好在哪里。其他各组依次进行。

其他同学观看后谈感想。

老师总结点评。

第三节 推销过程礼仪

推销过程礼仪是指推销人员在推销活动中必不可少的言行方式及行为规范等，包括在不同时间、场合、地点得体的着装、优雅的仪态、落落大方的举止、彬彬有礼的谈吐、亲切友好的态度等内容。

一、打电话、使用即时通信软件

推销人员的工作与打电话、使用即时通信软件（如微信、QQ 等）密不可分，对老客户而言，可能某些业务是一个电话、一条微信或 QQ 留言就能敲定的。即使是上门推销，走访前也有必要先和客户取得联系，约定交谈的具体时间等一些细节问题。如今，由于人员推销的成本越来越高，电话销售、网络营销已作为人员推销的补充，越来越受到更多公司的重视。因此，可以毫不夸张地说，打电话、发微信或 QQ 信息成了推销人员最重要的工作内容之一，移动通信设备也成了推销员使用频率最高的工作设备。

打电话、发信息看似平常，却大有学问，很多生意没做成就是源于不会沟通。也许顾客并不会要求推销人员必须有礼貌，更不会主动提醒，但他们会用是否成交表明态度。因此，要注意通信方面的一些礼节。

（1）通话前，要考虑时间是不是适宜，接通后，应主动说明自己的身份、目的。

（2）接听电话时应及时拿起听筒，一般在铃响两声后拿起听筒，无论电话是找自己还是别人，都应热情，不要冷冰冰的。

（3）无论语音通话还是发送信息，内容都要简洁，声音大小要适度。

（4）打错电话，应表示道歉。

（5）固定电话旁或公文包里应常备专用的笔、纸或小本，以便随时记录电话内容，若在打电话时手忙脚乱地找纸和笔，就显得没有诚意。

（6）接到顾客的抱怨电话或信息时，绝不能让自己的情绪受到顾客的影响，要尽量去化解顾客的不满；在顾客冷静下来时，要根据情况对顾客的抱怨做出处理，不要让老顾客轻易流失。

（7）使用“请”“谢谢”“不客气”等礼貌用语，通话完成后应等对方先行挂断；发出信息后，要学会适时等待，不宜马上或频繁催促。

二、信函、请柬与 E-mail

在推销工作中，经常要使用正式的书面文件进行沟通。如推销访问前，除了打电话、发信息预约客户外，也可通过信函和 E-mail 的方式与顾客进行联系；有时还需要向顾客发送各种请柬，如新产品发布会、参展会、研讨会及宴会等。生意成功，要向顾客写信致谢；过年过节等喜庆日子，要向顾客发送信函、电子贺卡等表示祝贺。写好这些“文件”，对于推销产品、维系顾客、扩大顾客及保持顾客忠诚度起着很重要的作用。

信函是传统的、最常用的联系顾客的有效方式，但近年来随着互联网的普及，信函已日趋减少。E-mail 由于其传输快捷、经济实惠的特点，成为人们书面交流的重要工具之一。

信函、请柬与E-mail写作的礼仪主要有：

（1）写清收件人的通信地址或E-mail地址，以免邮件不能正确传递到目标人手中。

（2）作为推销预约或销售访问，应简明扼要地提炼出一个主题（标题），要让收件人看到主题（标题）就大致能判断是什么内容，是谁发给收件人的。

（3）信件正文同样要使用恰当的称谓。如果对收件人身份很清楚，可以按长幼、职位、职称相称；对陌生人可大致按名字判断其性别，称呼女士或先生等，没把握时就不要称谓。

（4）文字要简练，避免使用晦涩难懂的专业术语。

（5）态度要诚恳、热情，通过字里行间给顾客留下好印象。一篇好的推销信函，除了要传达一定的信息外，还要融进热情，增加感染力，给顾客精神上的快慰。

（6）末尾写上祝福语，留下落款和时间。

（7）如果有相关的表格，如购销合同等可在E-mail的附件里一齐发送。

（8）写完后，要仔细地检查，确认无误后才能发出，不要给顾客留下一个不负责任的形象。

课堂活动
给老师写一封明信片

目标：通过写明信片，考核学生信函请柬方面应掌握的基本技巧和礼仪。

内容：围绕“教师节”为老师写一封祝福问候的明信片。

要求与步骤：授课老师事先准备好明信片，在课堂现场发放给学生；限定完成时间为15分钟；明信片完成后由老师当场收回，以备考核。

组织形式：在教室随堂进行。

考核要点：教师收回明信片批阅，按信函写作礼仪规范的8个方面（地址、主题、称谓、字句、感染力、落款、附件、准确）进行考核评分。

三、会见顾客

推销人员每天都要接洽许多的顾客，而接洽顾客的第一件事就是与顾客见面，恰到好处的问候、握手可以使顾客易于接受其推销品。

（一）握手礼仪

握手是人与人交际的一个部分。握手的力量、姿势与时间的长短往往能够表达出不同的礼遇和态度，显露出自己的个性，给人留下不同的印象，也可通过握手了解对方的个性，从而赢得交际的主动。

1. 握手的顺序

主人、长辈、上司、女士主动伸出手，客人、晚辈、下属、男士再相迎握手。长辈与晚辈之间，长辈伸手后，晚辈才能伸手相握；上下级之间，上级伸手后，下级才能接握；主人与客人之间，主人宜主动伸手；男女之间，女方应先伸出手相握；如果男性年长，是女性的父辈的年龄，在一般的社交场合仍以女性先伸手为主，除非男性已是祖辈年龄，或女性年龄在20岁以下，则男性先伸手是适宜的。但无论什么人，如果他忽略了握手礼的先后次序而已经伸了手，对方都应不迟疑地回握。

2. 握手的方法

握手时，距离对方约一步，上身稍向前倾，两足立正，伸出右手，四指并拢，拇指张开，向对方握手。掌心向下握住对方的手，显示着一个人强烈的支配欲，无声地告诉别人，他此时处于高人一等的地位，应尽量避免这种傲慢无礼的握手方式。相反，掌心向上的握手方式显示出谦卑、毕恭毕敬的态度，如果伸出两手去捧接，那更是谦恭备至了。平等而自然的握手姿态是两手的手掌都处于垂直状态，这是一种最普通也是最稳妥的握手方式。

在任何情况下拒绝对方主动握手的举动都是无礼的。但手上有水或不干净时，应谢绝握手，同时必须解释并致歉。

恰当的握手，可以向对方表现自己的真诚与自信，也是接受别人和赢得信任的契机。

握手时要注意以下礼节：

（1）一般情况下，握手要用右手，应由主人、年长者、身份地位高者及女性先伸手。

（2）当两个陌生人在握手互致问候时，眼睛要看着对方，主动热情，自然大方，不要东张西望。

（3）握手的力度要恰到好处，不能太重也不能太轻。

（4）握手的时间不要超过一到两次呼吸的时间，通常较长时间的握手表示对对方的关心和感兴趣。

（5）千万不要戴着手套与人握手，这是极不礼貌的行为。

（6）几个人同时握手时，注意不要交叉，应等别人握完手后再伸手。

（二）接递名片的礼仪

名片是推销沟通活动中必不可少的东西，名片既是身份的说明，也是收集资料的来源之一，同时还是加深彼此印象和相互了解的一种手段。

初次见面时往往要互相交换名片，应注意交换名片的礼节。

（1）最好用双手递接名片。

（2）递名片时，名片的正面要对着对方，名字要向着顾客。

（3）接名片时，要点头致谢，不要立即收起来，也不要随意玩弄和摆放，要轻声地认真读一遍，对没有把握念准的姓名，要向顾客请教，以免念错，引起难堪。

（4）对方有两个人以上时，可将名片按照顺序排好，再按顺序商谈。

（5）结束商谈后将置于桌上的名片收起，向对方轻轻点头致意后告辞。

四、正式洽谈

（一）站立洽谈的姿势

站着与客户商谈时，两脚平行打开30厘米左右，这种姿势不易疲劳，同时头部前后摆动时比较能够保持平衡，气氛也能较为缓和。

（二）站立等候的姿势

双脚微分，双手握于小腹前，视线可维持较水平略高的幅度，神态安详稳重，表现出自信的态度。

（三）入座的方法

一般从椅子的左侧入座，拜访生客时，应坐在座椅前1/3的位置；拜访熟客时，可坐在座椅前2/3的位置，不得倚靠椅背，应微微前倾，双手轻握于腿上或两手分开放于膝上，双脚的脚后跟靠拢，膝盖可分开一个拳头宽，平行放置。若是坐在较软的沙发上，应坐在沙发的前部，如果往后仰，则容易显得对客户不尊重。

（四）洽谈的距离

通常与熟悉客户保持的距离是0.7~0.8米，与较不熟悉的客户的谈话距离是1~1.2米。站着商谈时，一般合适的距离为两个手臂长。一站一坐时，距离可以稍微拉近，约一个半手臂长。双方都坐着时，距离约为一个手臂长，要避免自己的口气吹到对方。

（五）视线的落点

面对面交谈时，视线应落于对方的鼻间，偶尔可注视对方的双目。诚心诚意恳请对方时，两眼可以注视对方的双目。

（六）手的指示方式

当需要用手指引样品、模型或接引客户指示方向时，食指以下应靠拢，拇指向内侧轻轻弯曲，指示方向。

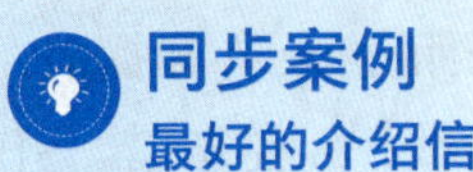

同步案例

最好的介绍信

一位先生在报纸上登了一则广告，要雇一名勤杂工到他的办公室做事。有 50 多人前来应聘，但这位先生却选中了一个男孩。他的一位朋友问道：“为什么选中了那个男孩？他既没有介绍信，也没有人引荐。”这位先生说：“他带来了许多‘介绍信’：他在门口蹭掉脚上的泥土，进门后随手关上了门，说明他做事小心仔细。当看到那位残疾老人时，立即起身让座，表明他心地善良，体贴别人。进入办公室后他先脱去帽子，回答我提出的问题时干脆果断，证明他既懂礼貌又有教养。其他应聘者都从我故意放在地板上的那本书上迈了过去，只有他俯身捡起了那本书，并放回桌子上。当我和他交谈时，我发现他衣着整洁，头发梳得整整齐齐，指甲修得干干净净。这难道不是最好的介绍信吗？”

问题：这位男孩是怎样推销自己的？

分析提示：这位成功推销自己的男孩，靠长期培养形成的礼仪行为习惯给雇主留下了良好的印象，为自己开出了一份出色的介绍信，难道不值得我们学习吗？

五、正式交谈

正式交谈时，应注意以下礼仪规范：

（1）交谈时，用柔和的目光注视对方，面带微笑，并通过轻轻点头表示理解客户谈话的主题或内容。

（2）他人讲话时，不可整理衣装、拨弄头发、敲桌子等。

（3）在客户讲话时，不得经常看手表。

（4）多人交谈时，要使用大家均能听懂的语言。

（5）不得模仿他人的语言、语调、手势及表情。

（6）讲话时，应经常使用“请”“您”“谢谢”“对不起”“不用客气”等礼貌语言。不能讲粗言秽语或使用蔑视性和侮辱性的语言，不开过分的玩笑。

（7）不得以任何借口顶撞、讽刺、挖苦、嘲弄客户，不得与客户争辩，更不允许举止粗莽和言语粗俗。不管客户态度如何都必须以礼相待，不管客户情绪多么激动都必须保持冷静。

（8）称呼客户时，要多称呼客户的姓氏，称其为“某先生”或“某女士”，不知姓氏时，可称其为“这位先生”或“这位女士”。

（9）几人在场，在与对话者谈话涉及在场的其他人时，不能用“他 / 她”来指代，应呼其名或称其为“某先生”或“某女士”。

（10）无论任何时候从客户手中接过任何物品，都要说“谢谢”，对给客户造成的任何不便都要说“对不起”，将证件等递还给客户时应予以致谢，不能将证件一声不吭地扔给客户或是扔在桌面上。

（11）对客户的问询不能回答“不知道”，对的确不清楚的事情，要先请客户稍候，再代客询问，或请客户直接与相关部门或人员联系。

（12）在服务或打电话时，如有其他客户，应用点头和眼神示意欢迎、请稍候，并尽快结束手头工作，不得无所表示、冷落客户。

（13）如确有急事或接电话而需离开面对的客户时，必须说“对不起”“请稍候”，并承诺尽快处理完毕。回头再次面对客户时，要说“对不起，让您久等了”，不得一言不发就开始服务。

（14）如果要与客户谈话，要先打招呼。如正逢客户在与别人谈话时，不可凑前旁听。如有急事需立即与客户沟通时，应趋前说“对不起，打扰一下可以吗？我有急事要与这位先生（女士）商量”，如蒙客户点头答应，应表示感谢。

（15）说话时声调要自然、清晰、柔和、亲切、热情，不要装腔作势，音量要适中。

（16）客户或同事相互交谈时，不可以随便插话，有特殊需要时必须先说“对不起，打搅您”。

（17）客户提出过分要求时，应耐心解释，不可发火、指责或批评客户，也不得不理睬客户，任何时候都应不失风度，并冷静妥善地处理。

（18）做到讲“五声”，即迎客声、称呼声、致谢声、致歉声和送客声，禁止使用“四语”，即蔑视语、烦躁语、否定语和斗气语。

（19）凡进入房间或办公室，均应先敲门，征得房内主人的同意方可进入。未经主人同意，不得随便翻阅房内任何东西（文件）。在与上司交谈时未经批准，不得自行坐下。

课堂活动

模拟公司洽谈前的接待

目标：通过模拟接待，训练学生与客人接洽、交谈时应掌握的基本礼仪。

内容：将班级分为若干组，每组 6~8 人，分别模拟若干个模拟公司的相关人员，交叉分别扮演主客方，完成一次推销洽谈前的接待工作。

要求：事先设计好模拟公司和洽谈的背景内容；交叉轮换进行，尽可能使每个成员能模拟不同角色；事先准备录音录影设备，对模拟活动即时记录，以备考核。

步骤：双方出场→见面握手寒暄→邀请客人入座→相互介绍→主方开场白→进入主题。

组织形式：在模拟谈判实验室分组进行。

考核要点：在上述步骤中分别考核模拟双方的仪容仪表、站立姿势、握手礼仪、入座规范、称呼及递接名片规范、语言规范等。

六、宴请客户

推销工作中，可能少不了必要的招待和应酬，推销员在进餐时不应铺张浪费，要注意进餐礼节。请客户进餐时，应注意以下问题。

（1）正式的宴请要提前一周发请柬，一般的宴请也应提前几天告知所邀请的人，以便客人提前做好安排。

（2）确定宴请地点时要考虑客户心理。

（3）席位安排原则是：同一桌上，席位高低以距离主人的座位远近而定，右高左低。

（4）菜肴要适合客户的口味，可以由客户点菜。

（5）上菜后，主人应招呼客人进餐，要与同桌的人逐一交谈。

（6）陪客人数要适度，一般不要超过客户人数。

（7）尽量不劝酒，不能醉酒，应打破酒桌陈规陋习。

（8）最好自己单独去结账。

（9）宴毕，应请客户走前面。

七、道别礼仪

一定要为商务会面画一个完美的句号，好的结局会留有令人回味的韵味。在谈完公事以后不要立刻掉头离去，必须有礼貌地告辞，以行动表示诚意，以留给对方一个良好印象。

同步测试

1. 选择题

（1）在人际距离分类中，相隔 1.2 米的距离称为（　　）。

A. 亲密距离　B. 私人距离　C. 社会距离　D. 公众距离

（2）提问的目标是（　　）。

A. 引导参与　B. 唤起思考　C. 收集信息　D. 推进销售

（3）沟通对象的类型主要包括（　　）。

A. 情感型　B. 领导型　C. 反应型　D. 支持型

（4）推销仪容主要包括（　　）。

A. 面容相貌　B. 眼睛　C. 表情　D. 嘴巴

（5）推销员的服饰穿着虽没有固定的模式，但一般应（　　）。

A. 穿白衬衣　B. 打领带　C. 穿奇装异服　D. 配深色西装

（6）握手时主动伸手的是（　　）。

A. 主人　B. 客人　C. 长辈　D. 晚辈

（7）握手时被动相迎伸手的是（　　）。

A. 上司　B. 下属　C. 男士　D. 女士

（8）拜访生客时，应坐在座椅前（　　）的位置。

A. 1/3　B. 1/2　C. 2/3　D. 1/4

2. 判断题

（1）推销员与顾客之间的距离必须要适当，离得太近会侵犯、惹怒顾客，离得过远会被顾客认为过于冷漠和僵硬。（　　）

（2）短时间的眼神接触并保持自然的状态，意味着散漫。（　　）

（3）与顾客交谈时要让顾客充分陈述他们的想法，必要时可替顾客进行假设。（　　）

（4）推销员不同意支持型顾客的观点时，可以直接提出不同意见。（　　）

（5）微笑是保持面部表情亲切自然的永恒法宝。（　　）

（6）一般来说，男性推销员绝对不要佩戴任何首饰之类的装饰品。（　　）

（7）推销员与顾客交谈时，应尽量避免使用专业术语。（　　）

（8）交换名片时一般用右手递送或接受名片。（　　）

3. 简答题

（1）针对情感型顾客的沟通方式有哪些？

（2）推销人员需要注意的仪容要求具体有哪些？

（3）简述与顾客交谈的基本礼仪要求。

（4）握手时要注意哪些礼仪？

（5）简述正式接洽时需要注意的礼仪规范。

（6）简述正式交谈时需要注意的礼仪规范。

专项模拟实训

1. 实训目标：通过模拟推销主体双方的接触，认识和掌握推销沟通的基本技能。

2. 实训内容：按背景材料解决后面的模拟问题。

3. 实训背景：

王先生从某大学市场营销专业毕业后，在一家办公用品公司从事生产管理工作，最近被派到H省做销售代表。陈先生是某大学办公室主任，想采购一批办公用品，包括计算机、打印机、打印纸、复印机、档案柜等。王先生到达H省后，该地区的负责人要他去拜访陈先生。他身穿一套灰色西装走进了陈先生的办公室。他观察到陈先生年龄约四十岁，正坐在一张很大的木质写字台后面，手臂和双腿都交叉着，以下是他们的交谈过程：

王先生：（走进陈先生的办公室，伸出手去）早上好，陈主任。见到您真高兴，今天好吗？

陈主任：好，挺好。你迟到一会儿了。

王先生：也就五分钟，在银行耽搁了一下。

陈主任：（用食指摸着鼻子，手臂和双腿仍交叉着）那么好吧，我能做点什么？

王先生：我是想告诉您我们公司的一些新式办公用品。我想您会喜欢的。

陈主任：在你介绍之前，我想告诉你，我们刚刚向你们的竞争对手下了一份订单。

王先生：（手臂和两腿交叉，语速加快，语音提高）听到这个消息，太遗憾了。你们应该等我们来的，我们的价格要低10%~20%呢。

陈主任：（手臂和双腿不再交叉，手托下巴）是吗？

王先生：（解开大衣纽扣，站起身来）好吧，我想大概太迟了。既然你们已经下了订单，下次把机会留给我们，好吗？

当王先生离开时，陈主任坐在写字台后面，双肘放在桌子上，两手掌放在嘴前。

模拟问题：

（1）选出两位同学分别扮演王先生和陈先生，可以不拘泥于对话中的内容。要求设置相应的场景，其他同学认真观摩两个同学的表演，从中发现相关的问题。

（2）请指出王先生在非语言行为中犯了什么错误？

（3）请问陈主任有何非语言暗示？王先生识别出来了吗？

4. 实训要求：课外分组初步模拟，每组挑选一对代表正式模拟，设置相应场景，其他同学认真观摩，围绕沟通礼仪，从中发现相关的问题，写出启示。

5. 实训步骤：课外分组模拟选拔→确定正式模拟代表→情景模拟及观摩→观摩启示汇总→教师总结点评。

6. 成果评价：通过模拟让学生初步掌握沟通的基本礼仪和技巧。

03

Chapter

第三章

推销调查技术

【学习目标】

※ 素养目标

- 提升通过推销调查解决推销活动中所遇到的复杂问题的能力
- 培养数字思维，提升推销调查的数据敏感性

※ 知识目标

- 了解推销调查的类型、功能、步骤
- 熟悉推销调查的主要内容
- 掌握推销调查的方法

※ 技能目标

- 能够独立进行抽样调查
- 能够设计推销调查问卷

【思维导图】

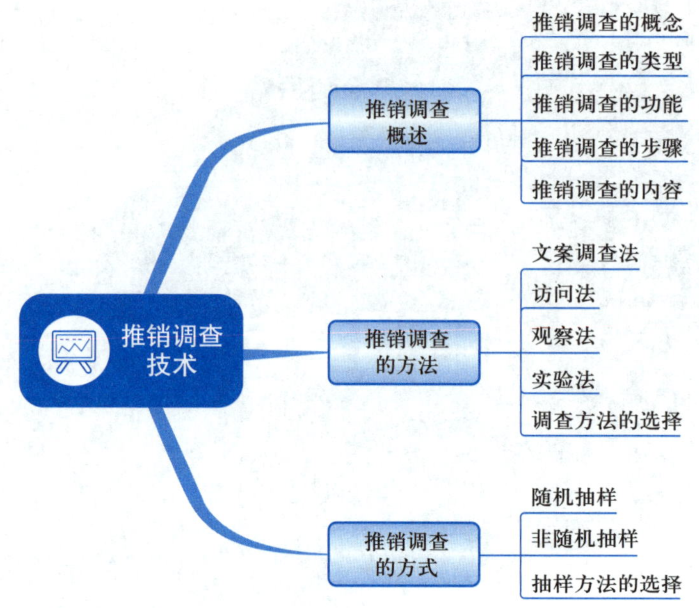

案例导入

比亚迪

“用技术创新，满足人们对美好生活的向往。”据有关资料统计，以此为企业使命的比亚迪股份有限公司（以下简称“比亚迪”）的新能源汽车产品，如今遍布世界各地，占世界新能源汽车市场销售量的比例很大。

比亚迪的成功，取决于科学合理的推销调查和预测。“凡事预则立，不预则废。”比亚迪公司深谙此道。比亚迪通过调查预测到：随着经济的发展，人们收入水平的提高，新能源汽车将逐步普及，取代传统的燃油汽车；随着社会资源的过度开发利用，必然导致能源危机；各国将为新能源汽车提供政策支持和资金投入，甚至直接补贴相关车企或新能源汽车消费者……于是，比亚迪的经营方向转向开发经济、节能的新能源轿车并进行市场推广和人员推销。

事实证明，比亚迪所走的路是正确的。科学的推销调查和预测，为比亚迪汽车成功地在全球顺利推销打下了良好的基础。

案例思考：比亚迪汽车是依靠什么取得成功的？查找相关资料，它是如何做推销调查的？

第一节
推销调查概述

一、推销调查的概念

推销调查，是指运用科学的方法，系统地收集、记录、整理和分析有关推销的信息资料，从而了解推销发展变化的现状和趋势，为企业推销活动决策提供科学依据的过程。

推销调查与推销信息有着极为密切的联系。一方面，推销信息直接构成市场调查的内容和作用对象，推销调查往往是围绕获取某一方面的市场信息而展开的；另一方面，推销调查是发挥推销信息效用的必要条件。

二、推销调查的类型

根据推销调查的目的和功能，可以把推销调查分为四种基本类型。

（一）探索性调查

探索性调查指企业对出现的某一问题的原因尚不清楚，无法确定问题的性质与应调查的内容，而只能收集一些有关的资料进行分析，从而识别出需要进一步调查的信息。

探索性调查一般是通过对问题的假设，对二手资料的调查和经验判断等，从中提炼、理清下一步要调查的主要问题和方向，使调查人员对问题更清晰和熟悉。

（二）描述性调查

描述性调查指企业对已经发生或正在发生的营销活动所表现出来的信息资料进行收集、整理，利用图、表以及分析说明，如实地记录并描述其总体特征。例如，通过描述性调查，了解到某产品最主要的消费者是谁以及占多大比重，从而为进一步市场细分和开展促销活动提供信息。

描述性调查是一种对营销方案运行情况所做出的事实性、结论性回答，如企业的市场份额和市场潜力等，它是营销决策的基本信息。

（三）因果性调查

因果性调查指企业为了搞清原因与结果之间的关系而开展的调查。因果性调查是调查一个变量是否引起或决定另一个变量的研究，目的是识别两个变量间的因果关系，说明导致研究对象存在和变化的内部因素与外部因素的相关关系，指出调查对象产生的原因以及形成的结果。例如，某商品降价是否会使销售量上升等。

（四）预测性调查

预测性调查指企业为了进行市场预测而对市场的发展趋势及未来变化诸因素进行的调查。预测性调查着眼于未来，如市场潜在需求、市场销售变化、消费者购买行为变化趋势等。

此外，推销调查还可以按推销调查的时间不同，分为经常性调查、定期性调查和一次性调查；按推销调查的具体方法不同，分为文案法调查、访问法调查、现场评估法调查和试验法调查等。不同的调查类型可以获得不同的信息，企业应根据营销活动的需要，确定调查类型，以保证能获取所需要的有价值的信息资料。

三、推销调查的功能

所谓功能，是指事物或方法客观上所具有的、可发挥的有利作用。推销调查的主要功能是通过信息把消费者、顾客和公众与营销者连接起来，具体表现为：

（一）信息功能

信息功能是推销调查最基本的功能，是指通过调查，收集以数量描述为特征的各种企业营销活动信息资料，向管理者决策提供可靠依据的作用。

（二）评价功能

评价功能是指通过调查，对已经采取的营销策略的可行性及其效果进行诊断、评估，提出修改意见和建议的作用。例如，一种名牌饮料为了吸引新的消费者，打算启用新配方，现对老顾客的反应进行调查。这是企业管理者对营销策略的运用和调整所经常需要了解和掌握的信息资料。

（三）预测功能

预测功能是指通过调查，对市场发展变化动向和趋势所呈现出来的信息资料进行分析、论证，提出预见性的意见和建议，从而有助于管理者及时掌握企业活动可能出现的问题，能动地驾驭市场和利用市场机会的作用。

四、推销调查的步骤

推销调查是一项具体、复杂、细致的工作过程，为了提高调查活动的质量和效率，必须明确调查工作的步骤和程序，科学的推销调查首先是建立在严格的程序之上的。一般来讲，推销调查可以分为四个主要步骤，如图 3-1 所示。

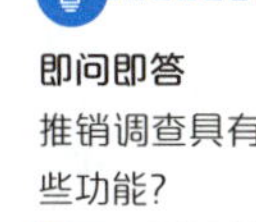

即问即答

推销调查具有哪些功能？

提示：引导并归纳出信息功能、评价功能、预测功能。

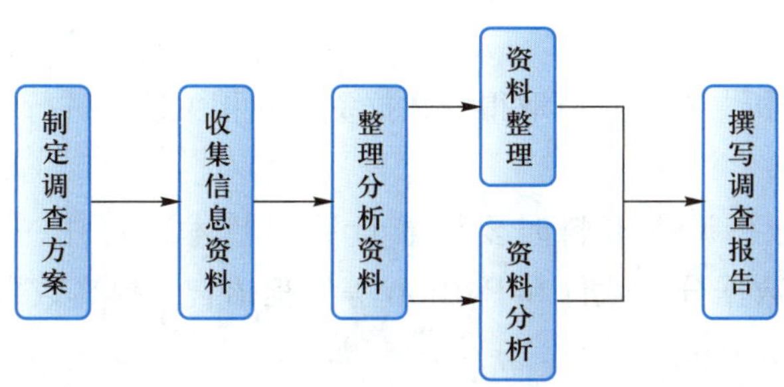

图 3-1　推销调查的步骤

（一）制订调查方案

调查方案是根据推销调查的目的和要求，对整个调查活动过程所做的全面策划与设计，使整个调查活动能有目的、有组织、有计划地进行，它是进行实地调查之前不可或缺的准备工作。

制订调查方案，主要是要明确调查目的，界定调查活动的范围和对象，确定调查方法，拟定调查项目和设计表格，以及对整个调查工作过程进行策划等。

（二）收集信息资料

收集信息资料是调查工作的重点。企业获取所需市场信息的能力越强，获得成功的可能性越大。企业要有很强的市场信息收集能力，就要依赖于收集市场信息的渠道质量和收集市场信息采用的技术手段。

（1）为了保证资料质量，收集资料要根据营销活动的需要，采用科学的方法，有目的、有计划、有组织地进行，要遵循及时性、准确性、全面性、完整性原则。

（2）调查资料既包括第一手资料，即统计学所称的原始资料，一般是由调查人员实地调查获取的资料；又包括第二手资料，亦称次级资料，是经整理过的资料。

（3）调查资料既有历史资料，是指已发生过的市场营销活动过程的资料，亦称描述性资料；又要注意收集有关营销活动发展动向和发展趋势的资料，亦称预测性资料。

（三）整理分析资料

整理分析资料，是将调查阶段所收集得到的零星的、分散的各项资料进行整理、统计和分析的过程。收集到的信息再多，如果不能按照经营活动需要加以处理或者处理速度太慢，那么这些信息也不能起到相应的作用。

（1）整理资料。一般包括对资料的筛选、甄别、分类、编码、汇总计算和统计表制作，以保证资料的系统性、完整性、可靠性，以便于进一步分析运用。

（2）资料分析。对调查所取得的数据资料和相关情况进行综合分析，并提出结论或建议。

（3）整理分析调查资料时要注意计算机技术的运用，充分运用SAS、Excel、SPSS等数据分析软件和Python等编程语言，提高数据资料的分析速度、质量和效果。

（四）撰写调查报告

在资料整理完毕之后，调查人员要根据已有资料和分析得出的结论，完成调查报告撰写，提交给决策者。

五、推销调查的内容

推销调查的内容十分广泛，从广义上讲，凡是与企业推销活动有关的因素，都是推销调查的对象。但由于推销调查主要是围绕企业推销活动展开的调查，因而其调查内容主要包括以下几个方面。

（一）推销环境调查

任何企业的推销活动都是在一定的环境中进行的，那些与工商企业推销活动相关的外部因素和条件，对企业推销活动的成败有着较大的影响力。因此，对环境的调查是企业推销活动管理的一项重要工作。

（二）市场需求调查

现代市场营销观念的核心是以顾客需要为企业经营活动的中心，确定企业的经营方向，不是以生产为中心，而是以顾客为中心。对市场需求的调查是推销调查的核心内容。

（三）市场竞争调查

市场经济充满了竞争，任何企业、任何产品在市场上都会遇到竞争，一个企业要想始终立于不败之地，就必须充分了解竞争对手。

（四）推销效果调查

推销的目的是通过与消费者的直接联系，引导消费，激发购买欲望，促进产品销售。因此，推销效果调查主要是从促销效果方面进行的调查：一是推销方法的效果调查，如调查登门推销、洽谈会推销、网络推销等活动的效果；通过调查，了解不同的商品应该采取什么样的推销活动为最佳。二是推销所产生的反响和实际经济效果的调查，即评价人员推销目标的实现程度。

以上各项内容，是从推销调查的一般情况来讲的，各个企业的市场环境不同，推销活动的出发点不同，因而所要调查的问题也不同。企业应根据自身具体情况，有针对性地选择其推销调查内容，用最少的时间、费用、人力以及最佳的效果把调查工作做好。

即问即答

推销调查主要包括哪些内容？

提示： 引导并归纳出推销环境调查、市场需求调查、市场竞争调查、推销效果调查。

第二节 推销调查的方法

推销调查的方法，是指调查者在调查过程中，收集各种信息资料的具体方法。推销调查所需要的资料主要有两类：第一手资料和第二手资料。第一手资料是指直接向被调查者收集的资料，一般是以观察、实验和问卷调查方法第一次收集的信息。第二手资料是指从文献档案中收集的资料，也称间接资料。取得第二手资料的方法称为文案调查法。

一、文案调查法

文案调查法，是根据现成的资料和数据进行调查的方法。这种调查方法的基本做法是运用本企业内部或外部与市场有关的历史资料和真实数据，分析研究市场情况及其发展趋势。这些资料的内容是多种多样的，主要包括网页、书籍、报刊、档案、照片、图片、录音、摄像、电影、幻灯片等。

文案调查法的优点是：便于取得那些不可能直接接近或通过其他方法不能取得的资料；对所查阅的文献有较高的选择性；研究时间有较大的弹性。其缺点是：需要花费很多的精力和时间；向有关机关、部门、单位查阅资料时，有时因保密性而不能取得所需要的资料。此方法可作为推销调查的辅助方法选用。

二、访问法

访问法又称采访法、询问法，是收集第一手资料中常用的一种方法。它是调查机构派出人员，通过口头、书面或电信等方法，向被调查者了解情况，取得资料的一种调查方法。

访问法的优点是调查者与被调查者直接见面和交谈，调查者可以清楚地向被调查者说明调查目的、要求和具体内容，被调查者有什么疑惑和不清楚的地方可以随时提出。由于调查者与被调查者是直接见面沟通，反馈性强，可以取得比较深入细致、丰富和准确可靠的资料，但所需人力、经费和时间较多，要求调查人员在谈话方法、提问技巧等方面都有较高素质和较强的调查工作责任心。常见的访问法有面谈法、邮寄法、留置问卷法、电话访问法和网络调查法。其中，网络调查法随着移动智能终端的普及而日益便捷。

三、观察法

观察法是指调查者在现场对调查对象的行为进行直接观察的收集信息资料的调查方法。它的特点是：不是直接向被调查者提出问题求得答案，而是利用感官视觉或器材（如照相机、摄像机、智能手机等）记录调查对象的言行，以达到收集所需要的信息资料的目的。

（一）观察法的类型

观察法基本有以下三种类型。

1. 参与性观察法

参与性观察法也称局内观察法，这种观察法要求调查者参与到被调查者之中，同他们共同进行所要调查的某些市场活动。这样，便于取得被调查者的理解和信任，所得的资料生动、具体、形象。但是，推销活动是复杂的，参与性观察法有一定局限性。

2. 非参与性观察法

非参与性观察法也称局外观察法，即调查者对被调查者以局外人的身份从旁进行观察调查，取得信息资料。非参与性观察法适用范围较广泛，既可用于连续的观察调查，也可用于一次性观察对象较多的市场调查。这种观察法要求事先制订较周密的观察计划，严格规定观察的内容和记录的方法。

3. 磨损观察法

磨损观察法也称使用状况观察法，是对并非发生在购买现场的市场信息进行收集的方法之一。这种方法常与访谈调查方法配合使用，通过观察调查现场的用品及其磨损的程度，推测调查对象的消费习惯、消费水平等信息，以及某类商品的消费使用、质量功能等情况。磨损观察法的最大优点是可以真实地收集到一些人们不愿说出或不易指明的信息。例如，商品更新频率、顾客的消费习惯和消费水平等。当然，这种调查方法要求调查人员有较高的观察能力和足够的商品知识。

（二）观察法的优缺点

观察法的优点主要体现为：① 具有较高的准确性，因为实地观察收集到的资料较客观，防止了某些主观的臆测和推断；② 大部分被调查者没有意识到自己正在接受调查，行为表现得正常、自然，收集到的资料就更为深入详细；③ 可以收集到访问法所不易得到的资料，因为避免了由于语言交流中的误解、暗示，以及人际交往中感情等因素对于市场信息真实性的干扰。

观察法的缺点主要体现为：① 只能看到表面的或局部的表象，所谓“知其然，而不知其所以然”，很难了解被调查事项的内部原因，如消费者的购买动机等；② 费用较高，还要求调查人员具有较高的业务知识和一定的调查技术，调查的时间也较长。

（三）观察法的应用

观察法的应用较为广泛，在运用其他方法调查时，也往往离不开观察调查。观察法一般运用在以下几个方面。

（1）在商品供应资源的调查中，可采用参与性观察法或非参与性观察法，也可对工农业生产状况进行观察。例如，观察某种产品生产厂家的技术设备、工艺流程、工人操作的熟练程度、产量、质量等。

（2）在商品需求调查中，可在消费者购买商品的现场观察其对商品爱好、花色、品种、式样、包装等的反应。还可以对消费者购买和实际使用某种商品进行点数观察，从不同的统计数据中分析消费者的购买行为。

（3）在调查企业的经营管理状况时，可以通过对店容、店貌，商品陈列，商品宣传，消费者流量，服务人员的工作态度、服务质量，规章制度，企业内外部的公共关系状况的观察，分析企业的经营管理水平。

（4）在了解市场竞争状况时，调查者通过参加各种展览会、展销会、物资交流会、订货会，观察各家厂商的产品质量、花色、品种、式样、包装以及与会人员的业务水平，分析各厂家的竞争能力。

四、实验法

实验法起源于自然科学的实验求证法，后来逐渐应用到一般调查方法中。它是在约定条件下，通过实验对比，对调查对象的某些因素之间的因果关系及其发展变化过程加以实验观察和分析，以取得调查资料的方法。实验法的应用范围也很广。凡是某种产品或商品在改变它的质量、包装、设计、价格、广告宣传、陈列方法等因素时，都可以使用实验法进行调查。在实验市场上推出改进后的产品，经与原产品加以对照之后，就可以清楚了解顾客对该变化的反应。

（一）实验法的特点

实验法的特点主要有以下三个。

一是实验结果的对比性，即必须将实验结果资料与实验对象纵向的、横向的或纵横综合的资料情况进行对照比较分析，通过比较，找出事物之间的因果关系。

二是实验事件的可控性，即调查人员可以有效地控制所选择的自变量，并测量这些自变量对因变量的影响。有意识地使调查对象在相同条件下重复出现，进行实验对比得到可靠资料。

三是实验条件的相同性。运用实验法选择的调查对象、进行实验的实验组情况与控制组或非控制组情况、推广应用范围的具体情况，在地理环境、政策要求、规模大小、结构内容等方面都应该做到基本相同，以保障实验调查法的成功和实验结果推广应用的有效性。因为多种因素的变动会导致实验结果出现不稳定的情况，因此对影响结果变动的各种因素必须严格控制，以做到在相同条件下不断实验、收集资料和推广应用。

实验法的优点是可以有控制地分析观察某些市场变量之间是否存在着因果关系，以及自变量的变动对因变量的影响程度；取得的情况和数据比较可靠，可以排除主观估计的偏差，在定量分析上具有重要作用。

不过，在市场调查中运用实验法也有一定的局限性：一是市场上的可变因素难以掌握，这些可变因素不可能像自然科学实验那样加以严格控制，因而在一定程度上就影响了对实验效果的评价；二是只限于对目前变量之间关系的观察分析，无法研究过去的情况以及对未来意见的了解；三是所需的时间长、费用高，所选择的实验市场不一定有典型性。

（二）实验法的应用

1. 实验室实验调查法

这种方法就是在室内进行实验法调查的方法。这在调查广告效果和选择广告媒体时常常被使用。例如，某企业为了了解使用什么样的广告信息最吸引人时，可以找一些受测者，给每人发一本杂志，让他们翻阅并回答，杂志里哪些广告最有吸引力，以便为其企业设计广告时提供一些有用的信息。

2. 销售区域实验调查法

这种方法就是把少量产品先拿到几个有代表性的地区或市场去试销，总结销售情况，从中得到一些实际资料，然后再分析把这种产品拿到全国去推销，可能有多大的市场占有率，需要多少时间、多少费用，值不值得，等等。这种实验法常用于消费品生产企业。

3. 模拟实验法

这种方法的基础是计算机建模。就是通过计算机，建立假设和方程并进行验证。模拟实验法必须建立在对市场情况充分了解的基础上。也就是说，它所建立的假设和方程，必须以市场的客观实际为前提，否则就会失去实验的意义。这种方法的好处是可以自觉地进行各种方案的对比，这是其他实验法难以做到的。

4. 前后连续对比实验法

这种方法是在同一企业中，在不同的给定条件下，对前后不同时期的实验对象加以对比观察，借以判定实验结果的一种调查方法。这种实验法简便易行，可用于企业采取改变花色、规格、包装、调整价格等措施是否有利于扩大销售，增加利润的实验。运用这种方法，必须消除不同而可能发生的其他非实验因素的影响。

5. 控制组与实验组对比实验法

这种方法是指在同一时间，两组不同给定条件的企业之间的对比实验。一组为实验组（企业），按一定的实验条件进行实验；另一组为控制组，即非实验单位（企业），按一般情况组织经济活动，用来同实验组进行对比，以测定实验的结果。这是一种横向的对比实验，可以消除不同时间的其他非实验因素的影响。

同步案例

四个商店的包装对比实验

某公司选择四个商店进行包装对比实验，办法是将邻近区域的四个商店分为两组：甲组是 A、B 商店，为控制组，试销无包装商品；乙组是 C、D 商店，为实验组，试销有包装商品。甲组在第一个月销售商品 2 420 千克，乙组在第一个月销售商品 3 800 千克。从实验结果看，甲组销售无包装商品的数量比乙组销售有包装商品的数量少了 1 380 千克。

问题：案例中的对比实验说明了什么？

分析提示：在客观环境和主观经营能力大体相同的条件下，两者销售量的差别可以比较准确地反映出实验的效果。不过，实验组与控制组难免会有一定差别，它们的主观条件难以完全相同。所以，在评价效果时，还应考虑由于条件差别所产生的影响。

6. 控制组与实验组前后对比实验法

这种方法是前两种实验法的结合，它将控制组和实验组前后不同时期内的某个经济变量统计出来，进行对比实验。

同步案例

四个商店的包装改进前后对比实验

某公司对所属四个商店进行某种商品的包装改进实验，控制组用原包装，实验组在实验期间用新包装，实验前后对比期各为三个月，实验前后的销售量如表 3-1 所示。

表 3-1　某商品实验前后销售量对比

单位：千克

组别	实验前三个月的销售量	实验后三个月的销售量	实验前后变量（+、-）
实验组（新包装）	20 000	30 000	+10 000
控制组（原包装）	19 500	26 000	+6 500

问题：四个商店的包装改进前后对比实验说明了什么？

分析提示：该公司实验结果表明，包装改进后可扩大该种商品的销售，增加销售量 3 500 千克，即 10 000-6 500=3 500（千克）。如果减去实验前三个月实验组比控制组的销售量大 500 千克的差额，尚增加了 3 000 千克。

五、调查方法的选择

选择和制定收集资料的方案，是推销调查者必须做出的重要决定之一，也是整个市场调查能否成功的关键环节。尽管大多数推销调查只采用某一种收集资料的方法，但是，将数种方法结合起来应用也是常见的。可以说，每种收集资料的方法都有其最适用的条件。在分别介绍了每种收集资料的方法之后，这里将收集资料过程作为一个整体，讨论收集资料过程与其他过程或环节的相互制约关系，研究选择调查方法或数种调查方法相互配合的基础和条件。

（一）调查对象对调查方法的制约

选择收集资料的方法首先受到调查对象的制约，主要表现在总体特征和抽样方法的影响。从总体特征上看，总体的文化水平，即读写能力，以及他们的一般合作和配合调查的态度，是在选择调查方法时必须考虑的两个因素。自填问卷的调查方法显然要求调查对象具有较强的读写能力，而访谈方法则对调查对象的受教育水平要求较低；而调查对象的合作倾向则是选择邮寄或网络调查方法必须认真考虑的问题。只有在调查对象具有较高的文化水平且较易合作的情况下，邮寄或网络调查方法才能产生最大的效果。

（二）调查内容和提问形式对调查方法的制约

调查内容对选择调查方法的影响是客观存在的，但由于调查内容种类太多，因而表达清楚这种影响并不十分容易。很多市场调查实践和实验表明，电话调查对于敏感性问题调查的能力较之邮寄、网络留置问卷方法或访谈调查方法要低得多，这与人们的常识不一致，需要特别注意。因而，当调查内容很敏感时，调查方法中至少应包括一次与被调查对象的面对面接触。而对大量一般性问题的调查，采用何种收集资料的方法则没有十分明显的影响。

调查内容对调查方法制约的另一种表现是调查项目的多少及复杂程度的影响。一般来说，电话调查由于调查时间短，因而适应性最弱；访谈方法以及观察法等其他调查方法的适应性则相对较强些。

与调查内容相比，提问方法或问卷的形式则对选择调查方法有较明显的影响。对于探寻原因的开放式问题，不要采用邮寄、网络留置问卷的调查方法；而选项很多的问题，以及需要对多项内容排列顺序的问题，则不宜采用电话调查方法；当提供必要的背景材料很关键的时候，或提问方法为“投射式”即补充完成某些提问时，留置问卷调查方法是较适合的选择。

（三）收集资料过程本身要求对调查方法的制约

当把收集资料的过程作为一个整体对待时，怎样才能很好地将数种方法有机结合起来呢？一般说来，要综合考察以下几个方面，并根据实际情况做出正确选择。

1. 回答率

回答率是调查方法选择最先应注意的问题。没有一定的回答率，任何收集资料的过程都不会成功。因此，收集资料的方法不应拘泥于某一种，而应采用数种方法以保证必要的回答率。

2. 真实性

真实性也是收集资料过程最为重要的问题，如果失真，资料再多也没有任何意义。观察法收集资料的真实性取决于访查人员的素质；而邮寄问卷或网络调查方法相对而言最容易从调查对象那里得到真实资料。

3. 调查周期

每种资料收集方法都需要一定的时间，但周期的长短不同。以调查周期为分析起点，同样可以得出调查周期最为重要的结论，因为现代市场调查要讲求时效性，没有时效性也就失去了推销调查的全部意义。

4. 调查费用支出

每次推销调查的费用都有限。因此，提高调查效益也是至关重要的因素，必须给予足够的重视。

第三节 推销调查的方式

推销调查的方式主要是指可以采用的抽样调查的种类。抽样调查是相对于普查而言的。通常情况下，把所要调查对象的全体称为总体或全及总体。普查是指对总体的全部基本单位逐一进行普遍、全面的调查。抽样调查是从总体中抽取部分个体或单位作为样本，对样本进行调查研究，然后根据样本信息，推算总体情况的方法。普查的优点在于对总体进行普遍、全面的调查，可以获得正确反映客观实际的结果，得到的信息资料价值最高。抽样调查的优点在于工作量小，调查费用低，花费时间短。由于人力、物力、财力、时效性等多方面的原因，只有很少的调查采用普查的方法（如人口普查），大多数的推销调查都采用抽样调查的方法。

选择抽样方法取决于研究目的、研究对象的特点、调查经费及时间。抽样方法可以分为两大类：随机抽样与非随机抽样。每大类中又有许多可供选择的具体抽样方法。

一、随机抽样

随机抽样又称概率抽样，是按随机原则抽取样本，排除了人们有目的地主观挑选的作用，然后依据样本调查结果推算总体，并且可以计算出抽样误差的大小。在随机抽样调查过程中，在总体中的每个个体都有同等被抽中的机会。为了达到随机抽样的目的，人们创造了多种多样的抽样方法，其中主要有单纯随机抽样、系统抽样、分层随机抽样和分群随机抽样。

（一）单纯随机抽样

单纯随机抽样亦称简单随机抽样，就是抽样时不作任何有目的的选择，用纯粹偶然的方法从总体中抽取若干个个体的样本。单纯随机抽样亦称简单随机抽样，这是指对总体中的所有个体单位不进行任何分组、排队，而是完全随机地抽取样本。单纯随机抽样一般是利用抽签法或随机数表法来得到样本。

抽签法是先将总体中的每个单元都编上号，写在签上，将签充分混合均匀，每次抽取一个签，签上号码所对应的单元即入样，抽中的签不放回，再接着抽取下一个签，直到抽够所需样本量为止。

单纯随机抽样的优点是：方法简单，易于理解，直接从总体中抽取样本，抽取概率相同，可以计算抽样误差，推断总体指标比较方便。当总体较小时，可利用抽签法；当总体较大且能够方便得到一个有顺序编号的清单时，可以利用随机数表法。

尽管单纯随机抽样方法易于理解，但在实际调查中却很少单独使用。这是因为：① 实际调查总体往往很大，逐一编号非常难做到。② 当很容易得到一个总体清单时，我们还同时得到其他信息，如职业、职务、性别、年龄等，而使用单纯随机抽样方法只利用其顺序编号一项。这时抽取样本的代表性就显然不如能够充分利用这些信息的其他方法抽取的样本的代表性好，在这时，单纯随机抽样往往要配合分层随机抽样使用。③ 在调查中，有些总体清单不可能事先得到，例如，在大商场内进行的顾客调查，不可能进行单纯随机抽样。总之，单纯随机抽样适用于总体单位数量不大，或总体异质性不大且容易得到总体清单的较大总体的情况。

（二）系统抽样

系统抽样又称等距抽样或机械抽样。它是在总体中先按一定标志顺序排列，并根据总体单位数和样本单位数计算出抽样距离（即相同的间隔），然后按相同的距离或间隔抽样选择样本单位。排列顺序可以以与调查项目有关的标志为依据，如在购买力调查中，按收入多少由低至高排列，也可以以与调查项目无关的标志为依据，如按户口册、姓氏笔画等排列。

抽样间隔计算公式为：

$$\text{抽样间隔}=\frac{\text{总体数}（N）}{\text{样本数}（n）}$$

比如，某地区有居民 110 户，采用系统抽样方法抽选 11 户进行调查。

第一步，将总体调查对象进行编号，即从 1 号至 110 号。

第二步，确定抽样间隔。已知调查总体，N=110（户），样本数 n=11（户），

故抽样间隔 = $\frac{110}{11}$ =10（户）。

第三步，确定起抽号数。用 10 张卡片（即抽样间隔）从 1 号至 10 号编号，然后从中抽取 1 张（随机抽取一张）作为起抽号数。如果抽出的是 2 号，则 2 号为起抽号数。

第四步，确定被抽取单位。从起抽号数开始，按照抽样间隔选择样本。本例从 2 号起每隔 10 号抽选一个，直至抽足 11 个为止。所抽的单位是：

$$2+10=12;\ 2+10\times 2=22;\ 2+10\times 3=32;\ \cdots;\ 2+10\times 10=102$$

系统抽样方法简单，且不用逐个抽样，适用于大规模调查。此外，系统抽样还能使样本均匀地分散在调查总体中，不会集中于某些层次，增加了样本的代表性。但系统抽样中估计量的精度估计比较困难。系统抽样法是介于随机抽样和非随机抽样之间的一种抽样方法，它既可以属于随机抽样，也可以属于非随机抽样，究竟属于哪一种抽样法，主要取决于第一个样本的抽取方法。如果采取判断抽样法抽取第一个样本，那就是非随机抽样的一种方法；反之，如果采取随机方法抽取第一个样本，则属于随机抽样方法。

（三）分层随机抽样

分层随机抽样，又称为分类抽样或类型抽样，就是先将总体按一定标志分层（类），然后在各层（类）中采用简单随机抽样或系统抽样方法抽取样本的一种抽样方法。分层随机抽样在分层时，要将同一性质的基本单位分成一层，但层与层之间基本单位特性的差异则较大。即分层后要做到层内个体特性相似，基本代表了子体的某一特征；层间个体特性相异，代表了子体不同的特征。此法可避免简单随机抽样可能带来的样本过于集中在某一地区或某一特征，而遗漏某种特征的缺点，精度高。但选择有关的分层变量困难，对许多变量来说不易分层，且采用分层随机抽样的费用高。分层随机抽样法适用于整个总体所包含的全部单位有明显的特征，而且很容易区别这些特征的情况。如要调查顾客，可以根据他们的明显特征把他们分成各种层次，如不同的职业、不同的年龄段、不同的收入、不同的文化层次。这样细分后，再在各层中随机抽取样本，综合成一个调查样本。这种抽样方法即为分层随机抽样。

（四）分群随机抽样

分群随机抽样是先将总体分为若干不重叠的群，然后在所有的群中，随机地抽取一部分，对抽中的这些群内的所有单元进行调查的一种抽样方法。

分层随机抽样和分群随机抽样都是先将总体划分为互不重叠的若干部分（层或群），但是划分的原则是不一样的。在分层时，是要将在某些特征上比较一致的单元分为一层，而各层之间的差异性则较大。在分群时恰恰相反，要求各群之间差异较小，每个群中各单位的差异较大。分群随机抽样和分层随机抽样比较如图 3-2 所示。若按收入高低对家庭进行分层抽样或按地区对家庭进行分群抽样，结果将是特征明显不同的三个层或特征相似的三个群。

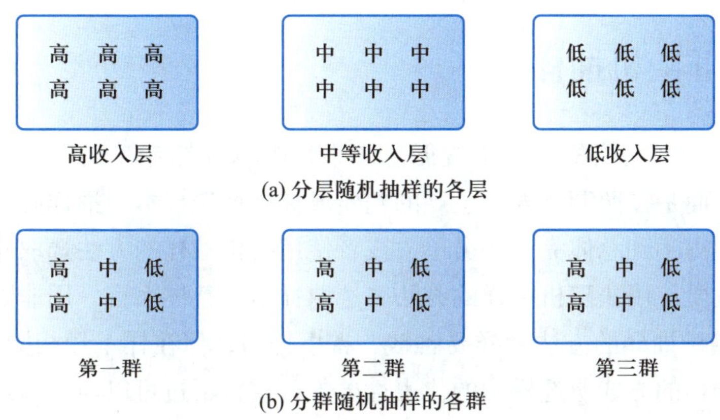

图 3-2　分层随机抽样与分群随机抽样比较

分群随机抽样主要适用于整个总体的特征不明显，或者不需要区分特征的情况。其主要优点是，组织实施非常便利，只需要群的名单，而不需要群内单元的名单，这就使得抽样工作大为简化，同时也节约了费用，所以经常为推销调查所采用。但该方法也有缺点，就是样本不容易均匀分布在总体中，故抽样误差较大，难以计算和解释结果。

分群随机抽样一般采用两段式分群抽样法，即先采取随机抽样选定样本，然后再对有关群体进行普查。

同步案例

某市大学生消费支出情况的抽样调查

为调查某市大学生消费支出情况，初步拟定抽选 10 000 个样本。假定该市有 30 所大专院校，每校大约有 3 000 名学生。将学生按学校分群，依照随机原则从 30 所学校中抽出 3 所，然后把这 3 所学校的学生约 10 000 人作为调查样本，对其消费支出进行普遍调查。

问题：结合案例说明如何进行抽样？

分析提示：本例可以采用分群随机抽样，也可根据调查需要，实行多段式分群随机抽样。如将第一群体（学校）再划分为较小的群体（如年级），作为第二群体；还可以再划分为若干更小的群体（如班级），作为第三群体；最后按随机原则选取样本群体进行普查。同样的道理，还可以分为第四、第五等多个群体。在实践中，调查地区市场适宜采取分群随机抽样法。因为以不同地区为总体，各地区固然会有一定特点，但总体之间的差异性并不明显，或者说不易区分总体的差异性。

二、非随机抽样

非随机抽样是指抽样时不遵循总体中每个单位都有客观相等的被选中机会的原则，而是按照调查人员主观的判断或标准抽选样本的抽样方法。由于在有些调查中得不到总体完整的名单，或者使用随机抽样的方法选取样本过于昂贵，这时就要使用非随机抽样的方法来选取样本。整体而言，用非随机抽样的方法比用随机抽样的方法抽样要省钱、省事得多，但在样本量相同的情况下，用非随机抽样的方式所选样本的代表性要差一些，不过可以通过增加样本量的方式进行弥补。在营销调查中，采用非随机抽样方法选择调查对象常适用于以下情况：为了快速得到总体一般性质方面的信息；对某一突发事件的现场调查；为进一步深入调查研究而做的前期预备性实验性调查等。非随机抽样法主要有任意抽样、判断抽样、配额抽样和滚雪球抽样等。

（一）任意抽样

任意抽样也称偶遇抽样或便利抽样，是一种随意选取样本的方法。“街头拦人法”和“方位选择法”是任意抽样的两种最常见方法。实行任意抽样的基本理论依据，就是认为总体中的每一子体都是相同的，随意选取任何一个子体都是一样的。而事实上，并非所有总体中每一子体都是一样的，有的总体中的子体是同质的，而有的总体中的子体则是异质的。只有在总体中的每一子体都是同质的情况下，才宜采用任意抽样。

任意抽样最大的特点是调换调查对象，能够及时获得所需的信息，省时、省力、节约调查支出，是最经济、最省时、最方便的一种抽样方式。但任意抽样存在选择偏差，其样本无代表性，只能就调查样本本身得到推测性的判断。这种方法一般用于非正式的探索性研究，在正式的市场调查中较少采用。

（二）判断抽样

判断抽样又称目的抽样。这是一种根据调查人员的经验或某些有见解的专家判断选定样本的抽样方法。判断抽样法适用于调查总体中各调查单位差异较小，调查单位规模较小，选择的样本有较大的代表性时采用。这种方法的优点是操作简便及时。

判断抽样的具体做法：一种是由专家判断选择样本。一般采用平均型或多数型的样本为调查单位，通过对典型样本的研究由专家来推断总体的状态。

判断抽样具有简便易行，费用低且省时，符合调查目的和特殊需要，可以充分利用调查样本的已知资料，被调查者配合较好，资料回收率高等优点。但是，这种方法易因主观判断而产生抽样误差，同时，因判断抽样中各个被调查者被抽取的概率未知，无法计算抽样误差和可信程度，因而无法推广。如果调查者的经验丰富，知识面广，判断能力强，抽取的样本代表性就大，反之则小。

（三）配额抽样

配额抽样也称定额抽样或计划抽样，它是依据一定特征（这些特征与所研究的总体特征应有较强的相关性）对总体分层或分类后，从各层或类别中主观地选取一定比例的调查对象的方法。分层随机抽样是采用随机方法抽取样本，配额抽样是按判断抽样抽取样本。所以，从一定意义上讲，配额抽样也是一种分层判断抽样。

实行配额抽样的主要理论依据是：认为特征相同的调查对象，如同一类别年龄、性别、收入的居民，其要求、反应大致相似，误差不大，因而不必再按随机抽样法抽取样本。尽管配额抽样法不具备从样本推断总体的科学依据，但由于其注重样本结构与总体结构在量上的类似性，只要抽样设计完善，调查员素质好，调查结果的可靠性和准确性在非随机抽样中是非常好的，因而在营销调查中得到广泛应用，尤其适用于一般较小规模的营销调查。

（四）滚雪球抽样

滚雪球抽样是一种非概率的多阶段抽样，它是在不知道总体的情况下，力求通过抽样调查来了解和估计总体的状态。调查的阶段越多，调查的对象也会越多，调查结果也就越接近对总体的真实情况的估计。滚雪球抽样源于滚雪球的类比，所取的样本开始时少，后来越来越多。这种方法有利于在稀疏总体中找到受访者。滚雪球抽样具体的操作方法为：

（1）选取少量的样本，一般是具有某种与调查目标有直接关系特征的调查对象。

（2）对第一阶段的样本进行调查，然后请被调查者推荐其他的购有同类产品的人员，作为进一步调查的样本。

（3）对第二阶段的样本进行调查，然后再请被调查者推荐第三阶段的调查对象。以此类推，直到达到调查者认为满意的调查量。

三、抽样方法的选择

（一）各种抽样方法的优缺点

表 3-2 将上述各种抽样方法的优缺点予以汇总，便于比较。

表 3-2 不同抽样方法的优缺点比较

抽样方法	优点	缺点
单纯随机抽样	方法简单，易于理解；推断总体指标比较方便	抽样框难以构制；费用高；精度低；不一定能保证代表性
系统抽样	能增加样本代表性；比简单随机抽样更易操作；不需要抽样框	估计量的精度估计较为困难
分层随机抽样	可包括所有重要的子体；精度高	选择有关的分层变量困难；对许多变量来说不易分层；费用高
分群随机抽样	易操作；费用较低	抽样误差较大；难以计算和解释结果
任意抽样	最经济；最省时；最方便	有选择偏差；样本无代表性；不适于描述性或因果关系研究
判断抽样	低费用；方便；省时间	主观性强；不能推广
配额抽样	在某些特征上可以对样本进行控制	有选择偏差；不能保证代表性
滚雪球抽样	可以应对稀疏总体	耗费时间

（二）随机抽样与非随机抽样的选择

选择非随机抽样还是随机抽样，表 3-3 展示了综合评选标准。

表 3-3 选择随机抽样与非随机抽样的综合评选标准

条件	给定条件下抽样技术比较	
	随机抽样	非随机抽样
调查的性质	结论性的	探索性的
抽样误差和非抽样误差的相对大小	抽样误差较大	非抽样误差较大
总体中的标准差	异质性（高）	同质性（低）
统计上的考虑	有利的	不利的

抽样方法的选择，应当根据研究的性质、对误差容忍的程度、抽样误差与非抽样误差的相对大小、总体中的标准差以及统计上的或操作上的条件等来决定。

例如，在探索性研究中，调查的结果仅作为初步的准备，因此没必要采用随机抽样。在结论性研究中，调查者希望用结果来估计整个总体或市场的情况

（例如估计市场占有率、市场大小等），这时最好采用随机抽样。

对某些调查问题，要求对总体特征有很精确的估计，这就需要消灭选择偏差并能够计算抽样误差，因此，最好采用随机抽样。不过，随机抽样也不是总能得到更精确的结果。如果出现非抽样误差，那么用随机抽样也许更有利一些，一般来说，用随机抽样就可以更好地控制整个抽样过程以减少非抽样误差。

另外，选择抽样方法还要考虑总体本身的特点。对异质性较高的总体，采用随机抽样可以获得一个有代表性的样本。从统计学的观点出发，还可使用常用统计方法对随机抽样的结果做进一步的理论分析，而这一点对非随机抽样方法是不适用的。但是，随机抽样复杂且需要调查人员具备统计学知识，故其成本高且费时。由于在市场调查项目中，时间和预算都受到限制，因此，在实践中究竟选择哪种抽样方法，还应根据调查的性质和目的决定。

一般来说，非随机抽样常常用于不需要结果投影到总体的情况，在此类研究中，主要的兴趣集中在样本给出各种不同反应的比例。用于此类研究的样本可以通过一些非随机抽样的方法，如用商场拦截式的配额抽样来得到。随机抽样用于需要对总体给出准确估计的情况，例如，要估计市场占有率、整个市场的销售量或某个地区某个电视节目的收视率等，还有全国性的市场跟踪研究（提供有关产品分类和品牌使用率等信息的研究），以及用户的心理特征和人口状况分布的研究等，都要采取随机抽样。

同步测试

1. 选择题

（1）推销调查的类型包括（　　）。

A. 探索性调查　　B. 描述性调查

C. 因果性调查　　D. 预测性调查

（2）常用的访问法有（　　）。

A．面谈法　　B. 邮寄法　　C. 留置问卷法　　D. 电话访问法

（3）观察法基本分为（　　）。

A. 参与性观察法　　B. 非参与性观察法

C. 磨损观察法　　D. 非磨损观察法

（4）实验法的特点有（　　）。

A. 实验结果的可比性　　B. 实验事件的可控性

C. 实验条件的相同性　　D. 实验数据的科学性

（5）判断抽样的具体做法有（　　）。

A. 由专家判断选择样本　　B. 由销售人员随意选择样本
C. 由顾客自己选择样本　　D. 利用统计判断选择样本

2. 判断题

（1）推销信息是进行推销调查的必要条件。(　　)

（2）不同的调查设计可以获得不同的信息，所以企业应根据需要确定调查类型。(　　)

（3）确定企业经营方向，既可以以生产为中心，也可以以顾客为中心。(　　)

（4）留置问卷法能提高调查问卷的回收率和调查质量。(　　)

（5）实验法起源于自然科学的试验求证法，后来逐渐应用到一般调查方法中。(　　)

（6）在总体一般特征考察之后，具体的抽样方法也对选择调查方法有重要影响，使得调查过程比较容易或非常困难。(　　)

（7）任意抽样法最大的特点是调换调查对象，能够及时获得所需要的信息，省时、省力、节约调查支出。(　　)

（8）滚雪球抽样法只要抽样设计完善、调查员素质好，调查结果的可靠性和准确性在非随机抽样中是最好的。(　　)

3. 简答题

（1）推销调查有什么功能？

（2）简述推销调查的步骤。

（3）推销调查主要包括哪些内容？

（4）文案调查法的优缺点是什么？

（5）观察法主要应用在哪些方面？

（6）调查方法的选择要考虑哪些因素？

专项模拟实训

1. 实训目标：学会设计调查问卷，撰写调查报告。

2. 实训内容：按以下两个要求完成任务。

3. 实训背景：

（1）小张和小刘是某大学市场营销专业大一的学生，为了在实践中体会自己所学的专业，他俩初步计划在校内开一家服务大学生的小超市。请设计一份推销调查方案，帮他们解决两个问题：① 该方案是否可行？② 如可行，应如

何运作？（分小组完成）

（2）运用适当的市场调查方法，收集消费者相关信息，分析某特定商品目标市场消费者的购买心理与行为，并形成简单文字报告（1 000 字左右），为推销决策提供依据。（分小组完成）

4. 实训要求：课外分组按照要求设计调查问卷，选择调查方法，撰写文字报告。

5. 实训步骤：课外分组选拔→确定正式小组→设计调查问卷→观摩启示汇总→教师总结点评。

6. 成果评价：通过模拟，让学生掌握推销调查的基本技巧。

04

Chapter

第四章

寻找顾客技术

【学习目标】

※ 素养目标

- 培养了解顾客需求的换位思考的能力
- 在寻找顾客的过程中践行诚信友善的社会主义核心价值观

※ 知识目标

- 了解寻找顾客的概念和准备工作
- 掌握寻找顾客的原则和策略
- 熟悉顾客资格审查的内容
- 掌握顾客资格审查的技巧

※ 技能目标

- 能够运用寻找顾客的方法成功寻找顾客
- 能够进行有效的顾客资格审查和管理

【思维导图】

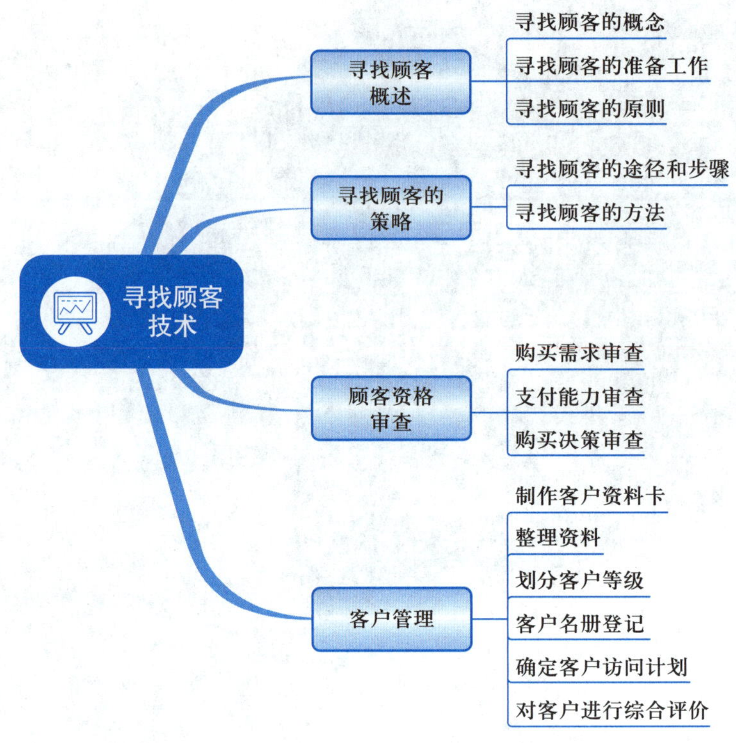

案例导入
一个顾客的真正需求

超市经理问推销员：“今天有几个顾客？”

推销员回答：“一个。”

“只有一个吗？卖了多少钱？”

推销员答：“58 000 美元。”

经理极为惊奇，要他详细解释。

推销员解释道：“我先卖给那个男的一枚钓钩，接着卖给他钓竿和钓线，我再问他打算去哪里钓鱼，他说要到南方海岸，我说该有艘小船才方便，于是他买了六米长的小汽艇。他又说他的汽车可能拖不动汽艇，于是我带他去汽车部，卖给他一辆大车。”

经理喜出望外，问道：“那人来买一枚钓钩，你竟能向他推销那么多东西？”

推销员答道：“不，其实是他老婆头痛，他来为她买一瓶阿司匹林。我听他那么说，便对他说，这个周末你可以自由自在了，为什么不去钓鱼呢？”

顾客的购买意愿很多时候都是推销员诱导出来的，许多成功的推销员善于从顾客的角度着想，运用恰当的语言艺术，在融洽的气氛中自然而然地激发顾客潜在的购买欲，从而获得意想不到的效果。

案例思考：顾客的需求是如何激发的？此案例中推销员取得的成绩给了我们什么启示？

第一节 寻找顾客概述

一、寻找顾客的概念

推销人员的中心职责是推销商品，推销商品不能被动地等待顾客上门，这就要求推销人员主动地去寻找顾客，于是寻找顾客就成为推销过程中的第一步。可以说，有效地寻找顾客是成功推销的基本前提。

寻找顾客是指推销人员在非确定性顾客群中确定近期的潜在顾客（即准顾客）。推销过程是从寻找潜在顾客开始的，而要确定近期的潜在顾客，是一项复杂的工作。作为一名推销人员，首先要根据自己所推销的商品的特征，总结近期潜在顾客应当具备的基本条件；随后依据这些条件寻找各种可能的线索，拟出准顾客名单；继而在准顾客名单中逐个进行顾客资格审查，确定入选准顾客；还要对顾客进行分类，并相应建立顾客档案等。

随着商品市场寿命的增长和竞争对手的出现，企业顾客源不可避免地会出现自然萎缩现象，因为老顾客的需求逐渐得到满足，市场必然要走向饱和；同时竞争对手的出现也使部分顾客流失。这说明只有设法维持现有顾客，并不断寻找新的推销对象，产品才有出路。因此，研究寻找顾客的方法和步骤，具有特别的意义。

二、寻找顾客的准备工作

（一）寻找顾客的心理准备

推销人员要在海量的顾客群中挖掘潜在顾客，寻找出可能接受推销物品的推销对象，应该拥有良好的心理素质和勤奋的工作作风。具体地说，必须具有很强的自信心、进取心、想象力、自制力、观察力、判断力、亲和力、感染力。推销人员要自觉养成良好的心态和习性。推销工作每前进一步，都会碰上各种异议和困难。而寻找顾客又是这一连串困难中最烦琐的起点，顾客的不确定性既可能使人灰心丧气，也可以使人燃起希望之火。因此，良好的心态和习性是保持推销人员工作热忱的心理动力和行为保证。

（二）寻找顾客的物质准备

推销人员在寻找顾客的过程中，除了要有良好的心态和习性以外，还必须做好必要的物质准备，具体来说，包括“四个资料”和“三个工具”。“四个资料”就是产品资料、顾客资料、市场资料和竞争对手资料；“三个工具”就是笔、记录本和通信工具。做好了这些物质准备后推销员就可以开始寻找顾客了。

三、寻找顾客的原则

（一）确定范围

根据产品的特征来确定哪些是准顾客，哪些顾客根本不可能购买产品。工业品的主要推销对象是使用者、购买者（通常是企业供应科和设备科）、经销商，而消费品的销售主要是针对用户个人和经销商。

（二）选择途径

根据企业的定位和目标来确定寻找途径。由于市场竞争的加剧，有些企业采取了集中战略，它们把主要注意力和精力都用在一个特定的细分市场。先确定推销对象的范围，再有针对性地寻找顾客，保证一定范围里准顾客的相对集中，从而提高寻找准顾客的效率。

（三）树立随时寻找的意识

顾客随时可能在火车上、飞机上、会议中等多种公共场所出现，所以推销人员应树立随时寻找的意识。

（四）掌握连锁性寻找原理

推销人员在寻找顾客过程中，找到一个顾客可能会带来一群顾客，故推销人员在推销环节中应掌握连锁性寻找原理。

（五）根据顾客的实际情况建立档案

为了进一步挖掘顾客和管理顾客，必须建立顾客档案。根据顾客的实际情况及变化，对准顾客按一定规律进行分类，然后列出重点推销对象和访问路线，使销售工作标准化、程序化、规范化，加强销售工作的计划性。

同步案例

1 个包子销出 10 万只塑料袋

塑料厂推销员小孙出差到武汉，在一家包子铺吃包子。他看到一位服务员正在给顾客用塑料袋装包子，那塑料袋不耐高温，被热包子烫得破损了，顾客虽勉强拿走了，却明显不大高兴。小孙马上找到这家包子铺的老板，拿出自己厂里生产的塑料袋样品，直截了当地说："我厂新产品——背心袋，无毒、无味、结实环保，最适合装你们店的包子。"老板一看，这塑料袋很薄，有些不信。小孙马上叫他往塑料袋里装热包子。包子装好之后，小孙拿着袋子转了好几圈。塑料袋完好无损。之后，小孙又往塑料袋里装开水，还是没事。老板信服了。这家包子铺一次订了10 万只塑料袋。

问题：通过这个案例说明"留心处处皆学问"的道理。

分析提示：用专业的眼光和知识去细心观察，通过观察发现重要的信息；揣摩顾客的购买意图和购买心理，提高推销的成功率；推销要用让对方"认可"的事实。

即问即答

寻找顾客应遵循哪些原则?

提示：引导并归纳出确定推销对象的范围、选择合适的寻找途径、树立随时化寻找意识、掌握连锁性寻找原理、根据顾客的实际情况建立顾客档案。

第二节 寻找顾客的策略

一、寻找顾客的途径和步骤

为了提高寻找顾客的效率，在寻找顾客之前，推销人员需要确定寻找顾客的途径，理清寻找顾客的步骤。一般情况下，寻找顾客的途径遵循"由面到点"的原则；寻找顾客的步骤遵循"由里到外"的原则。

（一）寻找顾客的途径

推销人员寻找顾客的途径很多，通常遵循"由面到点"的原则来进行，即按先抽象后具体的程序来开展，既可以保证大的方向，又具有针对性。寻找顾客的途径主要有：

1. 利用各种人员

利用各种人员是寻找顾客最直接、最有效的途径，它主要是从顾客、关键人物和各种名录等方面寻找突破口，先"普遍撒网"，再"顺藤摸瓜"，最后

“各个击破”。现有的顾客是企业重要的资源，他们往往对企业上下游的产品情况了如指掌，作为推销人员应十分注重对这部分顾客（特别是重点顾客）的维系，有了他们的信息往往可以事半功倍地完成寻找顾客的任务；关键人物主要是指企业主管部门的核心人物和对企业有着重大影响力的人员，在寻找顾客过程中，他们也是推销人员不可忽视的对象，因为他们有着“晕轮效应”，对推销工作起着最直接的帮助作用；利用各种名录来寻找顾客一般运用在推销新产品或推销对象不明确时，是推销人员所采取的“无奈之举”。

同步案例

总统“评”书

一名出版商手头积压了一批书卖不出去，眼看就要亏本了。情急之下，出版商想了一个点子：给总统送去一本，并频频联系征求意见。忙得不可开交的总统随便回了一句：“这书不错。”这样一来出版商如获至宝，大做宣传：“现有总统喜爱的书出售。”还把“这书不错”四个字印在封面上。于是出版商手头的书很快被抢购一空。

不久，这个出版商又有一批书，便照方抓药，又给总统送去一本，总统有了上次的教训，想借机奚落一番，就在送来的书上写道：“这书糟透了。”可总统没有想到，出版商又大肆做宣传：“现有总统讨厌的书出售。”人们出于好奇争相抢购，书很快便又全部卖掉。

第三次，出版商再次把书送给总统，总统有了前两次被利用的教训，干脆不理不睬。然而出版商还有话说。这次他的宣传词是“现有令总统难以下结论的书，欲购从速”。结果，书还是被抢购一空。

问题：案例中出版商的做法值得借鉴吗？运用时要注意哪些问题？

分析提示：首先，采用了独特的创意来吸引顾客；其次，选取公众关注度较高的人物、诗句或俗语；最后，适当采用感化式、鼓动式、幽默式表现手法。

2. 进行信息收集

（1）推销访问。它主要是通过在推销实践过程中，推销人员直接了解顾客对企业产品的反应，来判断顾客的状况，为进一步寻找顾客提供依据的一种途径。

（2）广布情报员。它是通过在时间和空间上建立全方位的情报网络来寻找顾客的一种途径。

3. 组织公关活动

企业组织公关活动必然会引起社会公众的关注，推销人员把企业组织的一些公关活动（如庆典活动、新闻发布会、产品发布会等）作为寻找顾客的契机，通过一些具体的推销工作，运用一些推销技巧就会使一部分人转化成为企业未来的顾客。

4. 外延推销

（1）设立代理店。企业推销人员在未知市场状况和对新产品不是很有把握的情况下，可以通过设立代理店，一方面减小进入市场风险；另一方面扩大企业产品的知名度。国外很多企业的产品进入中国市场时就采用了这种途径。

（2）行业性试销。这种途径主要运用于潜在顾客分布相对集中且规模较大的情形下，通过行业性试销来识别并寻找到准顾客。比如，饮水器的推广就采用了这种途径。

（二）寻找顾客的一般步骤

寻找顾客的途径确定以后，推销人员要从哪里着手呢？多年的推销实践表明，寻找顾客的步骤一般遵循“由里到外”“先里后外”的原则来展开。

即问即答

寻找顾客的步骤一般遵循什么原则？

提示：引导学生回答并归纳出“由里到外”“先里后外”的原则。

1. 内部检索

内部检索是寻找顾客的首要步骤，也是最直接、最有效的步骤。其主要通过以下几个方面来进行。

（1）职工查询表。发放职工查询表来让企业员工了解市场和顾客情况，并通过与其绩效挂钩，既可以有效地激发员工的潜能，又可以提高员工的积极性，还可以增强员工的主人翁意识。

（2）顾客名册。顾客是企业的有机组成部分，老顾客一般都比较愿意介绍新顾客来与他们共同使用企业的产品，而新顾客又有较强的从众心理，乐意接受“过来人”推介的产品，因此，通过顾客名册来寻找顾客是进行推销的重要步骤。

（3）财务部门。与本企业有财务往来的企业，一般与本企业有着非常密切的关系，他们也愿意为企业的推销业务提供各种资讯服务，所以通过财务部门来寻找顾客是必不可少的步骤。

（4）服务部门。服务部门是企业的窗口，通过它们，顾客可以看到企业的一切。尤其是维修部门，维修人员的言行对顾客有着非常巨大的影响，因为一般情况下，顾客往往不是专业购买者，他们视维修人员为专业人士，对其意见较为重视，故通过服务部门寻找顾客可以起到事半功倍的效果。

2. 外部调查

开拓市场时如果只进行内部检索而缺乏外部调查，就犹如“井底之蛙”，所以外部调查也是企业推销人员寻找顾客的重要步骤。外部调查主要包括产品调查、顾客调查、价格调查、竞争对手调查、环境调查等内容，由于前文已详细介绍了相关内容，在此不再赘述。

同步案例
无招胜有招

某大医院要扩充设备，准备购置一台医用诊断 X 射线仪器。一大群推销员围着负责审查仪器的孔博士，纷纷强调自己的仪器是全国最好的。唯有一家公司的推销员声称自己的仪器虽然属于全国最好产品，但仍不够完善，正在努力改进，希望孔博士能前来公司提出改进意见，并称届时派人专程来接。

孔博士感到十分惊讶，同时更感到万分荣幸，因为从来还没有一个制造商征求过他的意见。他顿时觉得自己身价倍增，为此他取消了一次应酬，决定立即前去看那部机器。他越是研究，越是发现自己离不开它。

“我感觉并没有人向我推销那部机器，买下那部机器完全是出于我自己的意愿。因为它的质量绝佳。”孔博士事后这样说。

问题：案例中推销员成功之处在哪里？

分析提示：沟通是连接推销员与顾客的桥梁。高超的沟通交际能力能让推销员走出“山重水复疑无路”的窘况，进入“柳暗花明又一村”的佳境，这是推销工作中必须具备的能力。在这个案例中，聪明的推销员根据博士的心理，运用灵活的沟通技巧巧妙地达到了推销目的，很值得我们在推销过程中学习借鉴。

二、寻找顾客的方法

寻找顾客的方法很多，这里着重介绍其中一些常用方法。

（一）闯见访问法

闯见访问法是指推销人员在不太熟悉或完全不熟悉推销对象的情况下，直接访问某一特定地区或某一特定职业的所有个人或组织，从中寻找顾客的方法。这一方法的理论根据是平均法则，也就是假定在被访问的所有人中，一定有推销人员要寻找的顾客，并且这些顾客的数量与访问人数成正比关系。这一方法的最大优点是，推销人员可以借机进行市场调查，并能比较客观和全面地反映顾客需求状况。这一方法的最大缺点在于它的相对盲目性。由于是在不了解对方的情况下进行访问，尽管推销人员作了一些必要的选择和准备工作，但是仍然难免带有盲目性。闯见访问法是寻找顾客的最常用方法之一，由于这种方法固有的缺陷，推销人员最好能够配合使用其他方法，发起立体攻势，以取得更为理想的推销效果。

同步案例

王刚和李强的销售统计

王刚和李强是浙江温州某电器厂销售部的两位推销员。王刚做电器销售工作多年，经验丰富，客户较多，加之在工作上积极肯干，其销售业绩在本销售部始终遥遥领先。李强是某高校市场营销专业的毕业生，到公司销售部不足一年，销售业绩直线上升，当年就微超王刚。两人推销情况如表 4-1 所示。

表 4-1 王刚和李强推销情况对比表

推销员		王刚	李强
原有客户 / 人		218	144
推销访问次数 / 人	老客户	184	75
	新客户	—	68
订货概率 /%	老客户	0.66	0.79
	新客户	—	0.49
平均订货额 / 元		7 200	8 300
总订货额 / 元		865 000	869 700

由表 4-1 可以看出：王刚的原有客户比李强多，推销访问客户的次数也比李强多，而在客户的订货概率和平均订货额方面却低于李强，致使王刚的总销售业绩略低于李强。问及其中缘由，李强解释说："我在拜访客户之前先对客户资料进行分析研究，然后进行有针对性的拜访。我不仅重视拜访老客户，而且更注重新客户的开发与管理工作，尽管新客户的订货概率在一段时期内不高，但通过寻找与筛选，与一些新客户和潜在客户建立了关系，对今后的推销工作还是有益的。"

问题：李强为何比王刚更胜一筹？

分析提示：顾客是推销的基础。寻找顾客，就是寻找可能的买主或潜在的推销对象，是整个推销工作的第一步，如何在人海茫茫的消费者和成千上万的用户中，寻找到最理想的销售机会，选择到最有成交希望的顾客，是推销活动的一个难点。

（二）连锁介绍法

连锁介绍法是指推销人员请求现有顾客介绍未来可能的准顾客的方法。连锁介绍法适用于寻找各类顾客，这种方法要求推销人员设法从自己的每一次推销谈话中找到其他更多的准顾客名单，为下一次推销访问做好准备。这一方法的客观依据和理论基础是事物的普遍联系，无论自然界或人类社会；都存在着其内在的联系。连锁介绍就是根据消费者需求和动机的相互联系和相互影响的性质，利用各位顾客的社会关系，通过各位顾客之间的连锁介绍，寻找更多的新顾客。

这一方法的最大优点是可以避免推销人员主观判断的盲目性，可以赢得被介绍顾客的信任，成功率比较高，它使推销人员单枪匹马的活动变成了与广大顾客关联的群体性活动，从而使推销工作具有坚实的群众基础。这一方法的最大缺点是难以制订完整的推销访问计划，使得推销人员常常处于被动地位。

250 人法则

汽车推销专家乔·吉拉德是世界著名的“推销大王”，曾推销过 13 000 多辆汽车，打破了吉尼斯世界纪录，他曾自豪地说：“‘250 人法则’的发现，使我成为世界上最伟大的推销员。”

乔·吉拉德刚做汽车推销员时，从朋友母亲葬礼上的主持人那里偶然了解到，每次葬礼，来祭奠一位死者的人数平均为 250 人左右。又有一天，他参加一位朋友在教堂里举行的婚礼，从教堂主人那里得知：每次婚礼，新娘方大概有 250 人参加婚礼，新郎方大概也有 250 人参加婚礼。这一连串的 250 人，使乔·吉拉德悟出一个道理：每一个人都有许许多多的亲朋好友、熟人，甚至远远超过 250 人这个数字，而 250 人只不过是个平均数。

因此，对于推销人员来说，对任何顾客都必须待之以诚，无论其买还是不买你的东西。因为每位顾客不仅可以为你带来许多，也可能使你失去许多！如果你得罪了一位顾客，也就得罪了另外 250 位顾客；如果你让一位顾客难堪，就会有 250 名顾客在你的背后为难你；如果你赶走一位买主，就会失去另外 250 位买主；只要你不喜欢一个人，就会有 250 人讨厌你。这就是乔·吉拉德的 250 人法则。

（三）中心开花法

中心开花法是指推销人员在某一特定的推销范围内发展一些具有影响的中心人物，在这些中心人物的协助下把该范围内的个人或组织都变成准顾客的方法。推销人员只有努力说服中心人物，使他们了解自己的工作，对自己所推销的商品坚信不疑，才能获得他们的合作与支持。

这一方法的最大优点是突出寻找顾客的工作重点，有利于扩大商品的影响。推销人员只需要集中精力向少数中心人物做细致的说服工作，通过中心人物的广泛联系就可以去发现大批新顾客，借助中心人物的社会地位来扩大商品的影响。其最大缺点在于中心人物难以确定，更难接近，如果选错了中心人物或所选中心人物不愿合作，则很难实现目的，甚至可能弄巧成拙，失去大量顾客。在推销竞争激烈的高级消费品或要为企业打造品牌时，选用这一方法寻找顾客更为合适。

（四）个人观察法

个人观察法就是推销人员根据自己对周围生活环境的直接观察和判断，寻找潜在顾客的一种传统方法。实际上，推销人员除了通过各种间接途径获得顾客之外，主要依靠个人直接观察来寻找顾客。利用个人观察法寻找顾客，关键在于培养推销人员自身的职业灵感，推销人员要积极主动，既要用眼，又要用耳，更要用心，把细心观察与逻辑推理结合起来。

这一方法的优点在于可使推销人员直接面对现实、面对市场，排除各种中间性干扰；还可以使推销人员扩大视野，跳出原有区域，不断创造新的推销业绩。其最大缺点在于效果受推销人员个人见闻的局限，而且一个合格推销员观察能力的培养和推销经验的积累需要一个过程。推销大型产品、需求广泛的工业品时，采用这种方法比较奏效。

（五）委托助手法

委托助手法是推销人员在企业新任推销人员或企业外有关人员协助下寻找顾客的一种方法。不同行业的推销人员都可以根据所销商品及其用户的特点与要求，利用有关人员充当推销助手。

这一方法的最大优点是可使推销人员把更多的时间和精力花在有效的推销工作上，利用助手的力量，不断为产品开辟新的推销区域，扩大社会影响。其最大缺点在于难以确定推销助手的理想人选，推销人员实际上处在被动状态，其推销业绩在很大程度上取决于推销助手的合作态度和工作能力。这种方法适用于寻找耐用商品和大宗货物的顾客。

利用委托助手法寻找顾客，是现代推销信息传递过程各方的客观要求。现代推销信息的特点是来源多、扩散快、时效短。因此，任何一个推销员，不管他有多大能力，不管他信息如何灵通，单凭个人的经验和自己所获得的直接信息是不够的，他必须借助各方面的力量，才能获得所需信息，找到无穷无尽的顾客来源。

第三节 顾客资格审查

经过寻找，推销人员在取得顾客信息之后，还需对其进行审查，看其是否具备顾客资格。现代推销学基本观念认为，作为顾客的“人”（MAN）是由金钱（Money）、权力（Authority）和需要（Need）这三个要素构成的，只有三个要素均具备者才是合格的顾客。顾客资格审查是开展顾客研究的关键，其目的是发现真正的推销对象，避免徒劳无功的推销活动，确保推销工作落到实处，提高推销工作效率。

一、购买需求审查

消费者需求是顾客购买商品的基本条件，如果顾客对商品没有产生需求，推销是不会成功的。即使推销人员施展各种推销技巧，“吸引”了顾客购买，但从长远的观点来看，带有欺骗性的、强加于人的推销不仅不符合推销人员的职业道德规范，违反了推销的基本原则，而且最终会堵死自己的推销之路。因此，推销人员必须审查顾客的购买需求，并且经常对顾客的需求进行深入调查，正确判断顾客的真实需求。只有做到这一点，才有利于克服推销的盲目性，提高推销效率。但值得注意的是，顾客的需求表现并不都是明确的、外在的。有些内在的需求，可能连顾客自己都没有认识到。

进行顾客需求审查，作为推销人员必须清楚三个方面的问题：第一，顾客是否需要。顾客的需求表现形式是多种多样的，有些顾客对自己的需求非常明确，而有些顾客对自己的需求却不够清楚，这时就需要推销人员帮助顾客明确自己的需求并进行有目的的审查。第二，顾客何时需要。顾客往往对自己的需求在时间上缺乏足够的认识，推销人员就应该帮助顾客进行判断，了解了顾客何时需要的问题，既可以提高推销工作的效率，又能赢得顾客对你的好感。第三，顾客需要多少。有的顾客知道自己的需求和时间，但通常因为一些不确定因素，无法确定需求的数量，作为推销人员还应该对需要的数量做出预计、判断，并赋予其一定的弹性，帮助顾客审查需求。

了解顾客的购买需求，主要取决于推销人员是否眼勤、耳勤、手勤，善于积累和运用资料，善于观察和思考问题，善于接触顾客。

分析顾客的购买需求的方法也是多种多样的，常用的有下列几种：

（1）需求层次分析法。对顾客需求层次进行分析，审查推销品的档次是否与其相符。

（2）需求差异分析法。对顾客需求差异进行分析，审查推销品的特点是否与顾客需求相符。

（3）边际效用分析法。了解顾客对商品的持有状况，分析推销品能够给顾客带来的边际效用。

同步案例
小王巧卖打印纸

小王在为一家公司推销新型打印纸时，很多客户还没听说过这种产品，虽然该公司的产品质量人人信得过，但消费者用惯了其他品牌的打印纸，谁都没兴趣为买这点小东西而多跑几家纸厂，多比几家货。

小王最初上门推销时，除了正巧碰上客户打印纸用完了，为了偷懒不去商店才买下一批以外，其余的客户都说："我们不需要。"

"我可以用您的打印机吗？"第二天，小王来到客户办公室寒暄之后，第一句话就是这么问。客户怔了怔，便点了点头："当然可以。"得到允许后，小王就把自己带来的打印纸放进了打印机里，然后坐在计算机前输入一行字："您用普通打印纸能打印出这么清晰的字吗？"然后打印出来。小王从打印机上取下打印纸，拿给顾客看："您不妨把它跟您的普通打印纸比较一下，不用多说，您就会相信我们的新型打印纸一定适合您。"

客户仔细比较了一番，非常信服地看着小王："你们的产品的质量的确不错。"说完后，爽快地向小王订购了一大批新型打印纸。

之后几天，小王满怀信心地来到前些天说不需要的客户那里，也用相同的办法推销，结果客户都纷纷表示愿意购买他所推销的新型打印纸。

问题：小王是怎样推销他的打印纸的？

分析提示：通过演示来表现产品与众不同的特性，让顾客对产品有新的认识，从而产生兴趣；对顾客进行教育，让顾客认识自己新的需求；结合顾客的体验、联想来实现产品的推销。

二、支付能力审查

人的潜在需求，并不等于市场需求，更不等于现实的购买行为。任何潜在的购买需求，只有在具备了支付能力之后，才能成为现实的需求，才能促成实际的购买行为。如果推销人员不进行深入的市场调查，不掌握各类顾客的支付能力，不对顾客的资信作一一了解，那么他便会付出许多无效的劳动，降低推销工作的效率，甚至还会遭受财物的重大损失。所以，对顾客支付能力进行审查，还可以提高推销工作的经济效益，并防止损失。

对个人或家庭顾客而言，主要调查其收入水平和现实支付能力、潜在支付能力、心理支付能力；对企业客户而言，主要调查其经营情况和财务状况。对个人或家庭支付能力的审查，主要是了解推销品是否与其需求层次相符，以避免盲目的推销。对于作为推销对象的组织或企业而言，由于交易的规模较大，钱货的交付又存在着时间上的差异，所以对其支付能力的审查就显得尤为重要，这不仅仅关系到工作效率，还关系到货款的回收。

对组织或企业的支付能力审查要从不同的角度进行。一是要了解企业经营的整体状况及该企业产品的市场销售状况。二是要了解不同的时间里企业的支付能力。由于企业从投入到产出有一定的时间间隔，因此，在不同的时间，企业的支付能力是不同的。三是要了解组织与企业的现行规章制度，掌握支付的可行性。四是要了解组织与企业的潜在支付能力与延期支付能力，以决定是否给予赊销、延期付款、分期付款等商业信用。

对顾客支付能力的审查，可以通过许多合法途径进行。主要包括从主管部门与司法部门了解、从客户内部了解、根据公众信息分析判断、根据个人观察与经验进行推断等。

三、购买决策审查

在消费者市场中，消费行为一般以家庭为单位，但决策者往往只是其中一两个成员。在推销活动中，要准确地判断谁是购买决策者不是一件容易的事。在不同文化背景、不同经济发展水平的社会，对于不同消费品的类型，家庭决策的权威中心点是不同的。

而对于组织与企业而言，由于每一客户的职能机构及管理权限的分配各不相同，判断购买决策权在谁手中，更不容易。所以，推销人员还要了解客户的组织机构和人事关系，以做出正确的判断。判断的方法，一是要审查客户的所有制性质、决策运行机制、决策程序、规章制度、自主经营的权限等，确定客户的购买资格。二是要审查具体人物在组织与企业购买行为决策过程中的地位和角色。推销人员应根据具体推销对象与人选在其组织机构内部的职务、权限、声望与人际关系等，审查其购买权力，从中挑选能够做出购买决策的关键人物进行推销，以增强推销的针对性。

一个优秀的推销员，首先要具有良好的寻找、选择顾客的能力。而一次成功的推销，总是基于找到适当的目标顾客。通过确定顾客选择的标准以及对顾客进行资格审查，为寻找合格的目标顾客提供有效的方法。

第四节 客户管理

一个完整的客户管理过程一般要包括制作客户资料卡、整理资料、划分客户等级、客户名册登记、确定客户访问计划、对客户进行综合评价等步骤。

一、制作客户资料卡

客户资料卡是推销员了解市场的重要工具之一。在实际的推销工作中，推销人员可以根据实际需要来设计制作详细的客户资料卡，具体格式如表 4-2 和表 4-3 所示。

表 4-2 消费者个人或家庭资料卡

姓名		性别		住址	
学历		年龄		婚否	
工作单位		职业		性格	
购买商品		购买日期		付款方式	
备注					

填卡人： 填卡日期：

表 4-3 客户（组织）资料卡

组织名称		付款方式	
企业性质		信用等级	
联系电话		营业地址	
日销售量		经营规模	
订购商品		其他资料	
交易日期			
备注			

二、整理资料

推销员可以把对客户的访问资料与自己的推销业绩整理在表格中，如表 4-4 所示。

表 4-4　访问资料与推销业绩

序号	客户代码	访问次数	销售额
1			
2			
3			
4			
5			
⋮			

三、划分客户等级

根据以上有关资料，推销员可以将准客户进行等级划分，类别不同，推销员所采取的策略也就不一样。通常可根据客户的重要性进行分类，即根据客户可能购买产品数量的多少进行分类。虽然每个潜在客户对于企业和推销人员而言都很重要，但是根据“二八法则”，人们更关注能够给企业带来 80% 利润的那 20% 的关键客户。

根据这一标准，可将客户分为三类。

A 级客户，即重点客户。该类客户具有完备的购买条件，交易数额大，占累计销售额的 80% 左右，与企业利润、推销员的销售业绩密切相关，推销员一定要加强访问，努力集中进行推销。

B 级客户，即次要客户。该类客户占累计销售额的 15% 左右，虽然目前交易量不大，有的甚至尚不具备完备的购买条件，但无论是从购买数量还是从获取利润的角度来看，都具有很大的潜力，是具有发展前途的客户，推销员应给予相当的关注，使其将来发展成为 A 级客户。

C 级客户，即普通客户。该类客户尚不具备完备的购买条件，交易数额很小，占累计销售额的 5% 左右。该类客户的许多信息还很缺乏，尚待开发。在时间和精力允许的情况下，推销员可以去访问这类客户，但不要给自己太大的压力，应将主要精力投入到 A 级和 B 级客户身上。

四、客户名册登记

将分级后的客户登记成册。

五、确定客户访问计划

确定客户访问计划，制作客户访问计划表，如表 4-5 所示。

表 4-5　客户访问计划表

类别	客户代码	客户数	访问次数	销售额
A				
B				
C				
总计				

六、对客户进行综合评价

根据客户情况综合评价表（见表 4-6），对客户进行综合评价。

表 4-6　客户情况综合评价表

编号	客户资料	评语	存在问题	改进措施
1	客户的基本情况			
2	每次订货数量			
3	订购频率			
4	占公司销售额比例			
5	销售费用水平			
6	货款回收情况			
7	客户对本公司的评价			
8	客户对销售业务的支持			
9	访问计划			
10	延迟的情况			

同步测试

1. 选择题

（1）寻找顾客需要做好（　　）。

A. 心理准备　B. 顾客准备　C. 物质准备　D. 资料准备

（2）寻找顾客一般遵循（　　）。

A. 由面到点　B. 由点到面　C. 由里到外　D. 由外到里

（3）外延推销包括（　　）。

A. 设立代理店　B. 设立经销店

C. 行业性试销　　　　　　　　D. 产业性试销

（4）作为顾客的“人”（MAN）组成的要素分别为（　　）。

A. 金钱　　B. 权力　　C. 需要　　D. 需求

（5）顾客支付能力包括（　　）。

A. 经济支付　　B. 心理支付　　C. 物质支付　　D. 精神支付

2. 判断题

（1）推销活动是从寻找顾客开始的。（　　）

（2）在寻找顾客过程中，推销员要保持良好的心态。（　　）

（3）“物以类聚、人以群分”，故寻找顾客只要掌握连锁性寻找原则就可以了。（　　）

（4）利用各种人员寻找顾客是最有效的途径。（　　）

（5）寻找顾客应遵循“先外后里”的原则进行。（　　）

（6）中心开花法最大的缺点是中心人物难以确定。（　　）

（7）顾客资格审查主要是为了提高寻找顾客的效率。（　　）

（8）客户管理是寻找顾客的中心工作。（　　）

3. 简答题

（1）简述寻找顾客的原则。

（2）寻找顾客的途径有哪些？

（3）简述寻找顾客的方法。

（4）顾客资格审查包括哪些内容？

专项模拟实训

1. 实训目标：掌握寻找顾客的途径、方法，了解顾客资格审查的内容和客户评价技巧。

2. 实训内容：按以下 4 个情境模拟实训。

3. 实训背景：

（1）为某婚礼策划公司提供至少 6 个寻找顾客的渠道。

（2）联想计算机的推销员张平获悉，某重点中学准备给每位教师配备一台笔记本电脑。他准备打电话约见该校校长。请你设计张平的电话内容（写出要说的话）并模拟训练（两位同学模拟练习，一位同学扮演张平，一位同学扮演中学校长）。

（3）加深人与人之间感情的最好办法便是找到彼此都感兴趣的共同话题和

爱好，对于初次接触来说尤为重要。请写出 6~9 个开场白的话题以及不宜谈的话题。

（4）以小组为单位（4 个人一组，其中 1 个人扮演推销员，其他 3 个人扮演顾客），模拟推销员接近某一类型的顾客。

4. 实训要求：课外分组初步模拟，每组挑选一对代表正式模拟，设置相应场景，其他同学认真观摩，围绕模拟演示从中发现相关问题，写出总结。

5. 实训步骤：课外分组模拟选拔→确定正式模拟代表→情境模拟及观摩→观摩启示汇总→教师总结点评。

6. 成果评价：通过模拟让学生初步掌握寻找顾客、客户评价的各种方法及内容。

05

Chapter

第五章

接近顾客技术

【学习目标】

※ 素养目标

- 培养与陌生人打交道的信心与勇气，养成敏锐的洞察力
- 培养迎难而上、百折不挠的推销职业精神

※ 知识目标

- 了解接近顾客技术的概念
- 熟悉约见顾客的内容选择和约见方式
- 掌握接近顾客技术的内容和程序

※ 技能目标

- 能够灵活运用约见顾客的方法，有效接近顾客
- 能够熟练运用接近顾客的方法，有效沟通

【思维导图】

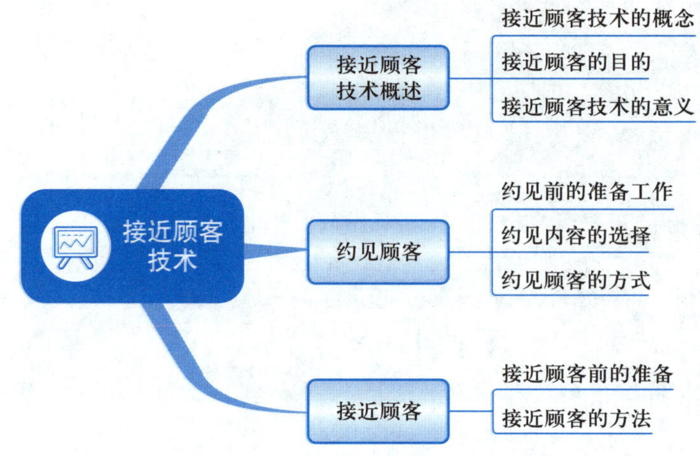

案例导入

巧计“攀亲”推销，新产品汹涌入市

某集成吊顶公司的销售经理宁某想要依托装饰公司采购打开铝扣板吊顶的销售局面。

一开始他拿着铝扣板样品去了一些小型装饰公司上门推销，以为小公司会比较“平易近人”。不料，采购员认都不认得这新玩意，常常不耐烦地将宁经理请出门去。

此路不通。他开始静心思考，勇于尝新的大企业或许更容易接受他的新产品。宁经理将目标瞄准雅庭、嘉禾这样的大装饰公司。

宁经理第一次登门拜访雅庭公司，采购经理拒绝和他见面。原因是公司从没用过铝扣板吊顶，自然未进入报价体系，谈何采购？宁经理没有放弃，他从侧面了解到，雅庭作为一家从深圳崛起的企业，理念较先进，有很多从广州、深圳过来的项目经理，在当地已接触过这种铝扣板吊顶。

做好充分准备后，宁经理再次找到对方的采购经理，力陈铝扣板这种新材料在沿海地区已开始普及，提前采用可抓住商机，并援引了项目经理对自己产品的良好评价。这种主动“攀亲”的策略，成功引起共鸣，雅庭采购经理当场表态，将在公司内部大力推广。

凭借同一方法，该集成吊顶公司的产品也同样进入了嘉禾公司。用彩漆喷涂的铝扣板吊顶的样板间，果然比塑料扣板更加漂亮时尚。中小装饰公司不甘落后，主动抢着进货，于是铝扣板市场四处开花，销售形势一片红火。

案例思考：请思考，一开始宁经理的推销为什么会被拒绝，拒绝是从哪里开始的？被拒绝的原因在哪里？如何解决这一问题？

第一节 接近顾客技术概述

接近顾客是整个推销活动过程中较为艰难的环节，接近顾客技术应用得好坏，决定着推销的破冰之旅是否顺利。它对随后的推销洽谈、推销异议的处理、推销成交等环节的工作成果产生直接的影响。因此，现代推销技术对接近顾客技术的研究具有十分重要的意义。

一、接近顾客技术的概念

所谓接近顾客技术，是指推销人员在非确定性的目标市场上有目的地接近潜在顾客并使之成为现实顾客的技术。这里非确定性的目标市场是就市场对某种产品的需求程度而言的，而接近潜在顾客的目的性是就产品对特定顾客的适应程度而言的，接近顾客的目的是寻找顾客与产品的适应性并使二者匹配。

二、接近顾客的目的

（一）唤起顾客的注意

每个人都有自己的工作和爱好，都有自己所思考的问题，都有特定指向的注意力。注意在推销过程中起着十分重要的作用，人们总是把自己的注意力集中于自认为最重要或最紧急的事情上，将推销人员的来访视为负担，常持应酬、敷衍的心理。因而推销人员在接近活动中一定要设法唤起顾客的注意，包括有意注意和无意注意。同时还要分析顾客的个性特征，研究注意的生理基础和外部表现，把握注意的广度和紧张性，识别“似注意”和“似不注意”现象，稳定顾客的注意力。

在实际接近顾客的活动中，有的顾客边忙边声明“我在听”，有些顾客眼望着推销人员心想着其他问题，这些都是注意力不集中的表现。

接近是一场十分微妙的心理战，推销人员要注意培养职业灵感和识别能力，学会观察、判断顾客的心理状态。

（二）激发顾客的兴趣

如果推销人员不能激发顾客的兴趣，那么，顾客的注意即使被唤起也无法保持。接近顾客时，推销人员必须努力激发顾客兴趣，稳定顾客的注意力。人们的兴趣爱好与其需求动机密切相关，推销人员可以从顾客的需求和动机入手，诱发顾客的购买兴趣。就接近顾客的活动来说，推销人员好比舞台上的一名演员，他的一个眼神、一个动作、一席话语、一种表情，都可能引起或打消顾客的兴趣。

（三）服务于推销面谈

接近顾客的最终目的不是引起顾客的注意和兴趣，而是服务于推销面谈，引导顾客自然而然地转入面谈阶段，促成交易。在推销理论中，接近和面谈各自构成一个独立的阶段。它们既互相联系，又有区别。

接近是面谈的准备阶段，是面谈的前奏。面谈是接近的后续行动，是接近的结果。但在实际推销活动中，它们之间并没有不可逾越的鸿沟。由于这个原因，有些推销人员完全忽视了接近顾客阶段的意义，进门就问买不买，弄得顾客莫名其妙。

从接近阶段转入面谈阶段时，推销人员应尽量做到顺水推舟，要大方自然，不能让顾客察觉到话题已经改变。推销人员任何操之过急的言谈和举动，都会使顾客感到不安，甚至产生反感，最终影响面谈的顺利进行。

三、接近顾客技术的意义

（一）接近顾客是推销人员正式接触顾客的第一个步骤

接近顾客只是推销人员正式接触推销对象，为推销面谈的顺利展开做铺垫的过程。它是正式展开推销接触的第一步，为后续的推销洽谈、推销异议的处理、推销成交等工作提供必要的准备。比如，通过推销接近能很好地了解各种信息，加强与推销对象的感情交流等，为推销成交的最终实现奠定基础。

（二）接近顾客技术是实现顾客由潜在向现实转化的关键过程

推销工作就是要把潜在顾客转化为现实顾客。通过与顾客的接近，了解顾客的需求，增进与顾客的感情，实现推销工作的“双赢”，只有做好了推销接近工作，才能真正地实现这种转化。而接近是这种了解沟通的关键环节。

第二节 约见顾客

约见是指推销人员事先征得顾客同意，在一定时间和地点，以一定方式接见或访问顾客的过程。约见作为接近的前奏，并不是推销必须经过的步骤，在类似扫楼推销、街头推销和遇见推销中可以不用约见，但在讲究现代商业礼仪的今天，人们越发重视自己的私有空间和自主时间，上述不约而见的推销行为往往被人诟病。因此，约见成了专业的推销过程中的重要一环。下面从约见前的准备工作、约见内容的选择、约见顾客的方式三个方面展开分析。

一、约见前的准备工作

推销访问的成败在其尚未正式约见之前就已确定。访问对象是否愿意与推销人员见面，在很大程度上取决于约见的方式方法、时间地点以及被约见者心态等因素。为避免访问遭到拒绝，并取得预期的约见成果，推销人员在正式约见之前应当做好一些必要的准备工作。

（一）材料准备

约见前，要对被约见者的整体情况进行充分调查和了解，从而使约见取得应有的成效。被约见者整体情况材料的主要内容包括：

（1）被约见者的职业、收入及生活水平、社会地位；

（2）被约见者的年龄、经历、籍贯等；

（3）被约见者的性格、爱好及生活习惯；

（4）被约见者的家庭状况和交际范围；

（5）被约见者对访问者的了解程度及信誉评价；

（6）被约见者最感兴趣和最关心的问题；

（7）被约见者的工作态度与业绩。

（二）语言准备

语言准备的重点是开场白的准备，严格地说，是如何最得体地说好第一句话。开场白的准备没有固定的模式，但应遵循以下用语原则：

（1）过渡自然，切忌急于转向正题；

（2）用语随和又不失庄重；

（3）激发对方非谈不可的欲望。

（三）心理准备

约见有时难免遭到拒绝。拒绝的形式有时会是直截了当地逐客，有时会是间接婉转地推辞，有时还可能是不负责任地敷衍……破除各种拒绝最有效的办法只能是：坚定信心，百折不挠，耐心说服，以礼待客。推销人员必须坚定必胜的信心，准备好几套说服顾客的方案，依次运用，直至被约见者愉快地接受预约，成功约见。同时，要善于抓住对方心理，如好奇心理、好胜心理、探秘心理、虚荣心理、自尊心理、表现心理、逆反心理等，做到“对症下药”。

二、约见内容的选择

约见作为推销技术中的一个科学概念，有其特定的含义，因而，其内容不可随便安排。推销人员应根据每次推销访问活动的特点，充分考虑被约见者各方面的情况，来确定具体的约见内容。其基本内容包括：

（一）约见对象

一般来说，推销人员在开始约见之前就已选定了约见对象。但是，在实际推销工作中，推销人员往往发现自己无法直接接触到约见对象。事实上，许多决策人往往把约见这类日常性事务全权委托给秘书、部下及有关接待人员，有时推销人员经过一段艰辛的周折，方可见到真正的推销对象。推销人员应该直接约见购买决策人或对决策产生重大影响的人，避免在无关人员身上浪费时间。

推销人员应当对约见对象一视同仁，而不可厚此薄彼。但是也要认识到，约见要有重点，若想面面俱到，势必顾此失彼。在实际工作中，有些人容易约见，有些人很难约见，推销人员要坚定信心，通过合理合法的途径，克服重重困难，约见关键顾客。

（二）约见事由

任何人都不会接受没有理由的约见。约见顾客要有充分的理由，使对方感到约见的重要性。约见理由有以下几种：

1. 正式推销

约见顾客时，推销人员应该着重说明推销产品的特性和用途。

2. 市场调查

市场调查是现代推销人员的重要使命之一，推销人员集直接推销、广告宣传、公共关系、特种推销、市场调查等重任于一身，既要为直接推销做准备，又要为企业经营活动提供制定决策的情报依据。

3. 提供服务

从现代推销学理论分析，推销本身就是一种服务，推销活动与推销服务不可分割。推销人员利用提供服务来作为约见事由约见顾客，一般能够受到欢迎，并可为未来的推销访问开辟道路。

4. 签订合同

在推销活动中，有时可以当面成交，当面订约，当面付款，当面交货；有时交易程序则比较复杂，经过反复洽谈达成初步协议后，还要签订正式合同。

推销人员可以利用签订合同为约见事由，约定下次访问时间。

5. 收取货款

在现代推销中，推销方式的灵活性打破了过去那种“一手交钱，一手交货”的传统单一结算方式，这种新的方式又为推销人员带来了收取货款的新任务。利用收款作为约见事由约见顾客，为推销活动留下后路。

6. 走访用户

走访用户，密切与顾客的关系，征求用户意见已经构成推销人员的重要工作内容。利用走访用户的事由约见顾客，会使顾客产生好感，也能使推销人员处于积极主动的地位。

（三）约见时间

约见时间是否妥当，直接关系到约见乃至整个推销工作的成效。约见的对象不同、目的不同、方式不同、地点不同，其时间也就有所区别。一般说来，除遵守约见的基本规则外，推销人员在约定约见时间方面还应注意以下问题：

（1）根据约见对象的特点选择最佳约见时间。要考虑约见对象的作息时间和活动规律，避开对方的忙碌时间。

（2）根据约见目的要求选择最佳约见时间。约见目的很多，如正式推销、签订合同、提供服务、收取货款等。目的不同，约见时间也应有所区别。

（3）根据约见地点和约见路线选择最佳约见时间。推销人员在约定约见时间时，要充分考虑约见地点、路线、交通条件等因素的影响，以保证约见时间为双方满意。

（4）尊重约见对象的意愿。推销人员在约见顾客的过程中，要尊重其意愿，把困难留给自己，把方便让给顾客。

（5）讲求信用，准时赴约。推销人员要严格守约，为防止出现失约，也应充分留有余地，提前赶赴约见地点。“宁可多等一小时，不得迟到一分钟。”

（四）约见地点

约见地点的选择要与约见对象、约见目的、约见时间、接近方式等相适应，要体现方便顾客的原则。推销人员在约见顾客前，应该根据具体情况选择具体的约见地点。一般来说，下列场所可作为约见地点：

1. 工作地点

对于初次见面的准顾客来说，约见地点应当尽量详细具体，不得马虎。有些工作场所具有某些特定的要求，推销人员更应严格遵守有关细则。

2. 居住地点

对于推销生活消费品来说，约见被访者的居住地点较为理想。一般来说，以居住地为约见地点，应由对方主动提出，如果对方不乐意，绝对不可强求。

3. 社交场所

推销人员要想成为推销明星，必须精于各种社交活动，利用舞会、招待会、座谈会、供货会、订货会及其他各种形式的社交活动，广泛联系顾客，约见顾客。

4. 公共场所

推销人员可以考虑把一般的公共场所作为约见顾客的地点。

5. 其他场所

在户外场所约见顾客，要注意地点的详细具体和时间的准确可靠。

知识链接

推销员拜访约见顾客的最佳时间

下面几种情况，可能是推销员拜访约见顾客的最佳时间：

（1）客户的店面刚开张营业，正需要产品或服务的时候。

（2）客户遇到吉庆喜事的时候，如晋升提拔、获得某种奖励等。

（3）顾客刚领到工资，或增加工资级别，心情愉快的时候。

（4）节假日或者碰上客户厂庆纪念、大楼奠基、工程竣工之际。

（5）客户暂时遇到困难，急需帮助的时候。

（6）顾客对原先的产品有意见，对你的竞争对手最不满意的时候。

（7）下雨、下雪的时候。在通常的情况下，人们不愿意在天气不好的时候前往拜访，但许多经验表明，这正是推销员上门拜访的绝好时机，因为在这样的环境下前往推销访问，往往会打动顾客。

分析提示：推销约见中的职业道德与素养：

（1）要尊重顾客的时间。约见的过程中要注意避开潜在顾客不方便的时间。比如在上午八点以前，午休时间或者夜晚十点钟以后打预约电话，会造成顾客个人时间被侵犯的感觉。

（2）要尊重顾客的空间。约见的地点要以顾客方便为宜。

（3）要尊重顾客的个人习惯。比如，当遇上年龄较大、不习惯用即时通信软件沟通的顾客时，推销员发信息进行预约，则既不礼貌，也可能收不到回信。

三、约见顾客的方式

推销人员应当遵循推销活动的客观规律，寻求最佳的推销约见方法。下面分别对上门约见、信函约见、电信约见、托人约见等方法及其特点作讨论。

（一）上门约见

上门约见是指推销人员直接到顾客的工作地点或居住地点拜访顾客，当面约定访问事宜。

在下列情况下，推销人员可以使用上门约见方法：① 约见新辟市场的潜在顾客；② 约见与企业从未发生联系的陌生顾客；③ 约见能够接受大额推销的顾客。

推销人员要在约见前熟悉被约见者的基本情况，如姓名、年龄、籍贯、爱好、家庭成员、工作成绩等，以加强工作的针对性，赢得顾客的热情接待。

（二）信函约见

信函约见就是推销人员通过各种形式的推销信函约见顾客。推销信函类型很多，这里专指约见信，包括个人约见信和集体约见信。

推销约见信的写作原则是：内容准确、简明扼要、重点突出、文笔流畅、书写工整。约见信要讲形式，更要讲内容，做到字字传情，句句真诚，行行可信。不可愚弄顾客。

约见顾客的信件必须做到个性化，格式化的信件都会让顾客产生例行公事不真诚的感觉，难以收到很好的效果。

同步案例

乔·吉拉德的信函约见

乔·吉拉德对邮寄信件情有独钟，不过他寄给顾客的信与众不同。

乔·吉拉德寄出的信，不是那种一眼就能认出是推销广告的信。他每年要寄出 12 封信给他的每位目标顾客，12 封信中每一封信的信封颜色和形状都各不相同，收到他的信的人都会觉得非常有趣。此外，他不把公司名称印在信封外面，这样收信人就会觉得好奇，想知道里面究竟装的是什么，是谁寄来的。打开信时，顾客也不会有上当受骗的感觉，因为里面装的是一封透着亲切的信。

例如，每当 1 月来临，乔·吉拉德就寄上：“新年快乐！我喜欢你，乔·吉拉德，雪佛兰公司寄。”里面还有一张精美的艺术作品卡。

生日当月，顾客还会收到写有“生日快乐”的贺卡。

这样，每一年他的名字都要在顾客家中出现 12 次，当这些顾客要买车时，会首先想到他的名字；不仅如此，当这些目标顾客听到周围有人要买车时，也会首先想起他的名字。因此，乔·吉拉德的机会比别的推销员多了许多。

问题：描述一下你曾经见过的约见信函，你是怎么看待这些约见信函的？乔·吉拉德的信函的特点是什么？

分析提示：本案例中，要重点理解信函约见的写作原则，注意扬长避短。

即问即答

1. 约见顾客的方式有哪些，各有什么特点？

提示： 上门约见，信函约见，电信约见，托人约见。

2. 你了解微信约见的方法吗？与之类似的方法还有哪些？使用时要注意什么问题？

提示： 特定人群的适应性，特定人群的心理接受性，特定事件的慎重性解读。

（三）电信约见

电信约见就是推销人员利用电话、QQ、微信、传真等电信手段约见顾客。就目前的情况而言，电话用途最为广泛。电话约见，顾客只闻其声，不见其人，重点应放在“话”上。电话约见，时间不宜太长，应尽量做到出言从容，语调平稳，口齿清晰，重点突出，说理充分。进行电话约见，推销人员事先必须作好用语准备。

（四）托人约见

托人约见就是推销人员委托第三方约见顾客。受委托人是与推销对象本人有一定社会联系、社会交往或社会影响的有关人士，如秘书、同事、亲属、邻居等。

上述约见顾客的方法各有利弊，选用这些方法时，要注意因人而异、因事而异、因时而异、因地而异，针对具体情况、具体内容、具体环境及实际需求，单独采用某一方法或同时并用几种方法。

课堂活动

设计电信约见台词

目标： 电信约见对话设计。

内容： 推销员张平已寄给李总一封关于介绍电吹风新产品的信函，下一步想约李总出来面谈。

要求： 约见信息准确无误，能成功约到李总。

组织形式： 以小组为单位。每组设计一场张平与李总的对话，并进行当场演示。然后互评。

考核要点： 注重礼仪，信息准确，成功约见。

示例： 推销员张平给顾客打电话：“李总，我是张平，请问您对我寄给您的新型电吹风有什么意见吗？我们能否明天中午12：10在华都酒家二楼凤凰餐厅见面，交流一下看法？”

第三节 接近顾客

接近顾客是约见顾客的继续，能使推销人员与顾客在空间上缩短距离，在感情上消除戒备，逐渐趋于同一目标。接近顾客实际上是与顾客交朋友，建立密切的联系和深厚的友谊，顾客存在着多种类型，如内向型、外向型、理智型、冲动型、固执型、随和型、傲慢型、谦和型、诚实型、虚荣型等。不同类型的顾客对交际有着不同的要求，即使同一类型的顾客在细节上也存在着某些差异，推销人员在接近时要分不同情况，灵活采用最适当的方法。

一、接近顾客前的准备

接近顾客前，推销人员要做好有关方面的准备工作，如程序的准备、语言的准备、精神的准备等，特别要有足够的心理准备。如前所述，接近顾客是一场微妙的心理战，顾客情绪不佳、顾客有事缠身、顾客对推销员存在偏见等不利情形很容易发生。有了心理准备，才会在这些不利情况面前镇定自如、从容不迫。具体地讲，接近顾客前应就以下几方面的工作做好准备：

（一）拟出接近各类顾客的具体方式

不同的顾客具有不同的购买习惯、购买方式、购买动机和购买行为。顾客不同，接近的方式也应有所区别。这就要求推销人员对接近顾客的方法多收集、多学习、多总结、多讲究，通过各式各样的方式，有针对性地接近各式各样的顾客。推销人员还应培养观察生活的习惯，推销接近与人际接近一样，都是一种社会联系，它们之间不存在根本的区别，许多推销接近来源于人们的一般性社交活动，推销人员要善于扮演生活中的各种角色，以不同身份去接近不同的顾客，灵活运用各种接近方法，以不同的方式去接近不同类型的顾客，这是接近方法论的一个基本原则。

（二）调整精神状态，培养勇气和决心

推销人员要接近各种各样的顾客，包括热情的顾客和冷漠的顾客、年轻的顾客和年长的顾客等。因此，在接近过程中，要设法使自己进入各种接近圈。推销人员要特别注意预防“接近恐惧症”，造成这种现象的主要原因是自卑、知识贫乏、意志薄弱，情绪低沉等。

知识、勇气、动力、信心是构成推销人员人格的四大基本要素，面对种种困难，推销人员要有排除万难的勇气。

（三）重温减轻顾客心理压力的法则

按照推销心理学理论，顾客面对推销人员的接近，会产生一种无形的心理压力，似乎一旦接近推销人员就承担了购买义务，感到推销人员在打自己的什么主意。于是，顾客会本能地设置种种障碍，甚至采取各种干扰手段，阻挡推

销人员的接近。这种心理压力，使得有些顾客把推销接近看成了心理压力，这是一种无形的推销阻力。因此，推销人员在接近前要准备各种减压方法以减轻或消除顾客的心理压力，从而减少接近的困难。

知识链接

减轻顾客心理压力的方法

（1）情景虚构法。推销人员不以顾客为直接推销对象，而是虚构一个对象，让顾客感到自己并非必须承担购买义务。

（2）非销减压法。推销人员首先说明来访目的不是推销产品，只是提供一条信息，唯一的愿望是让对方知道某一产品的存在。

（3）征求意见法。推销人员首先告诉顾客来访是为了听取各方面对产品的反应和意见，希望顾客坦诚地表明自己的态度。

（4）兴趣减压法。推销人员首先把顾客的兴趣调动起来，让顾客把这次接触看成一次难得的机会。当然，接近的最终目的还在于说服顾客购买商品，要处理好各种微妙关系。

（四）熟悉各种必要的推销礼仪

推销礼仪同样是影响推销成败的关键性因素。推销人员要对各种推销礼仪做到心中有数。

从仪表仪容、服饰装饰到谈吐举止等，都非常重要，此内容在第二章推销沟通礼仪中已详细讲述，此处不再赘述。

二、接近顾客的方法

推销人员可以根据不同的推销环境、推销对象、推销物品，灵活选用各种不同的具体接近方法。各种接近方法既可单独使用，也可合并使用；既可一种方法用到底，也可酌情变换。下面对一些基本方法予以简要介绍：

（一）产品接近法

产品接近法是指推销人员直接利用推销产品引起顾客的注意和兴趣，进而转入面谈的接近方法。该法的接近媒介就是推销品本身。让产品先接近顾客，作无声介绍，这是该方法的最大特点。运用产品接近法，推销人员要注意下列问题：

（1）产品本身必须具有一定的吸引力，能够引起顾客的注意和兴趣。

（2）产品应该精美轻巧，便于推销人员携带，便于顾客操作。

（3）推销品必须是有形的实物产品，看得见，摸得着。

（4）产品本身质地优良，经得起顾客的反复摆弄。

同步案例

汽车轮胎推销员

有一家汽车轮胎厂的推销员小唐到汽车制造公司去推销产品。他随车带去了该厂生产的 50 多个品种的汽车轮胎，其中包括了刚刚投放市场的最新式的子午线轮胎。进了对方厂门以后，小唐并没有做过多的介绍，只请求汽车制造公司总经理看看他带来的满满一汽车轮胎，琳琅满目，应有尽有，质量上乘。最后对方拍板与该厂签订了长年订货合同，后来该汽车制造公司生产的汽车全部采用这家汽车轮胎厂的轮胎。

问题：该汽车轮胎厂推销接近成功的原因是什么？

分析提示：本案例中，产品本身与顾客的需求之间的关系是关键。

（二）利益接近法

利益接近法是指推销人员利用商品的实惠引起顾客注意和兴趣，进而转入面谈的接近方法。该法的接近媒介是商品本身的实惠，主要方式是直接陈述或者提问。使用利益接近法应该注意两个问题。

（1）商品利益必须符合实际，不得浮夸。

（2）商品利益必须得到证实，以取信于顾客。

利益接近法符合顾客的求利心理动机，能够扣住顾客的心弦。而实际推销中，顾客往往习惯于掩饰这种求利心理，表现出一种不屑一顾的神情，推销人员要注意提示利益。

同步案例

张明与大客户

推销员张明见到一位大客户负责人 A。见面后，张明刚说了几句，A 就要求其递上说明书，A 看过说明书后说：“谢谢你，让我们研究一下吧。”便送张明出门。这时张明出其不意地说：“先生，假使有人能使贵公司的年营业额增加 30%，一年多赚 50 万元，您是否有兴趣？”A 忍不住地问道：“到底是怎么回事？”张明这才说：“可以再打扰您几分钟吗？”A 答道：“好的，好的。”如此又谈了一个多小时，最后成功交易。

问题：张明最后的这一段话在什么条件下会达到效果？结合此案例，能设计出另一种说法来接近顾客吗？

分析提示：本案例中张明使用了利益接近法，分析时要重点理解对方利益的所在。

（三）表演接近法

表演接近法是指推销人员利用各种戏剧性表演技法引起顾客的注意和兴趣，进而转入面谈的接近方法。利用这一方法，可以迎合某些顾客的求新、好奇心理，充分调动人们的主观能动性，唤起人们的思想感情，甚至可以产生移情的作用。采用这一方法要注意以下问题：

（1）表演必须注意戏剧性效果，而且对不同顾客采取不同表演手段。

（2）表演必须自然合理，能打动顾客的心。

（3）努力使顾客参与其中，成为重要角色。

（4）以推销品和与推销有关的物品为道具。

同步案例

神奇的防火衣

一位消防用品推销员见到准顾客后，并不急于开口说话，而是从提包里拿出一件防火衣，将其装入一个大纸袋里，然后用火点燃，等纸袋烧完后，纸袋里的衣服仍然完好如初。

问题：这位推销员采用了什么接近顾客的方法？运用时应注意什么问题？

分析提示：这位推销员采用了表演接近法，分析时注意吸引力、兴趣等关键点。

（四）问题接近法

问题接近法是指推销人员利用直接提问的方式引起顾客的注意和兴趣，进而转入面谈的一种接近方法。这一方法有利于推销人员开口讲话，获取信息，开展重点推销，直接促成交易。使用这一方法应注意：

（1）问题的表述必须明确，避免使用含糊不清或模棱两可的命题。

（2）提出问题必须具体，不可漫无边际。

（3）问题的重点必须突出，扣人心弦，不可隔靴搔痒。

（4）接近问题应全面考虑，迂回出击，不可完全直言不讳，避免出语伤人。

（五）馈赠接近法

馈赠接近法是指推销人员通过附赠品来接近顾客的方法。这一方法有利于推销人员亲近顾客，发展同顾客的关系，营造融洽的气氛。推销人员使用这一方法时应注意下列问题：

（1）慎重选择馈赠礼品，投其所好。

（2）礼品是一种接近媒介，切忌在礼品上愚弄欺骗顾客。

（3）送礼必须符合国家法令及有关规定，严禁贿赂或变相贿赂的行为。

（4）馈赠接近应与馈赠广告同时进行，以扩大产品影响。

（5）所选择的接近礼品必须具有一定的实用性。

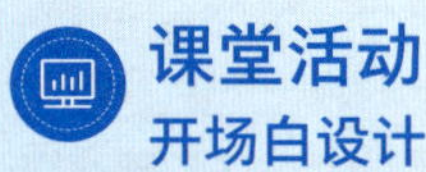

课堂活动
开场白设计

目标：加深人与人之间感情的最好办法便是找到彼此都感兴趣的共同话题和爱好，这对于初次接触来说尤为重要。

内容：请写出 6~9 个开场白的话题以及不宜谈的话题。

要求：自行设计顾客类型与见面情境，设计对话模式并演示出来。

组织形式：以小组为单位。每组设计一组对话，并进行当场演示，然后互评。

考核要点：根据顾客类型，达到接近的目的。

同步测试

1. 选择题

（1）接近顾客技术包括（　　）两个程序。

A. 约见顾客　B. 了解顾客　C. 观察顾客　D. 接近顾客

（2）具体的约见内容包括访问对象和（　　）。

A. 访问方法　B. 访问时间　C. 访问地点　D. 访问事由

（3）（　　）可以作为约见地点。

A. 工作地点　B. 社交茶话会

C. 居住地点　D. 大型商场

（4）接近顾客的目的有（　　）。

A. 唤起顾客的注意　B. 激发顾客的兴趣

C. 提醒顾客商品的价值　　　　D. 服务于推销面谈

2. 判断题

（1）约见与企业从未发生联系的陌生顾客时，推销人员可以使用上门约见方法。(　　)

（2）接近顾客前必须调整精神状态，培养勇气和决心。(　　)

（3）接近顾客时不要戴太阳镜或变色镜。(　　)

3. 简答题

（1）简述推销接近技术的含义。

（2）接近顾客的工作程序是什么？

（3）约见顾客前的材料准备工作包括哪些？

（4）约见内容包括哪些方面？如何进行确定？

专项模拟实训

1. 实训目标：了解约见接近某特定顾客的多种方式及其实施要点。

2. 实训内容：根据背景材料进行设计。

3. 实训背景：某计算机集团的推销员张平获悉，某重点中学准备给每位教师配备一台笔记本电脑。他准备约见并接近该校校长。请设计约见和接近方法。

4. 实训要求：课外分组初步模拟，每组挑选一对代表正式模拟，设置相应场景，其他同学认真观摩，围绕约见方法和接近方法的特点分析相关问题，写出启示。

5. 实训步骤：分组→情境设计→约见模式设计→接近模式设计→演示→点评。

6. 成果评价：各小组写出自我评价和互评，据此写出本章心得。

06

Chapter

第六章

推销洽谈技术

【学习目标】

※ 素养目标

- 具备良好的推销沟通礼仪素养和语言表达与沟通技巧，以诚待人，以理动人
- 树立合作共赢的正确理念，在洽谈中坚守原则

※ 知识目标

- 了解推销洽谈的概念、内容、特点和目标
- 掌握推销洽谈的原则和程序
- 熟悉推销洽谈的语言和行为技巧

※ 技能目标

- 能够进行推销洽谈准备
- 能够熟练掌握和运用推销洽谈策略

【思维导图】

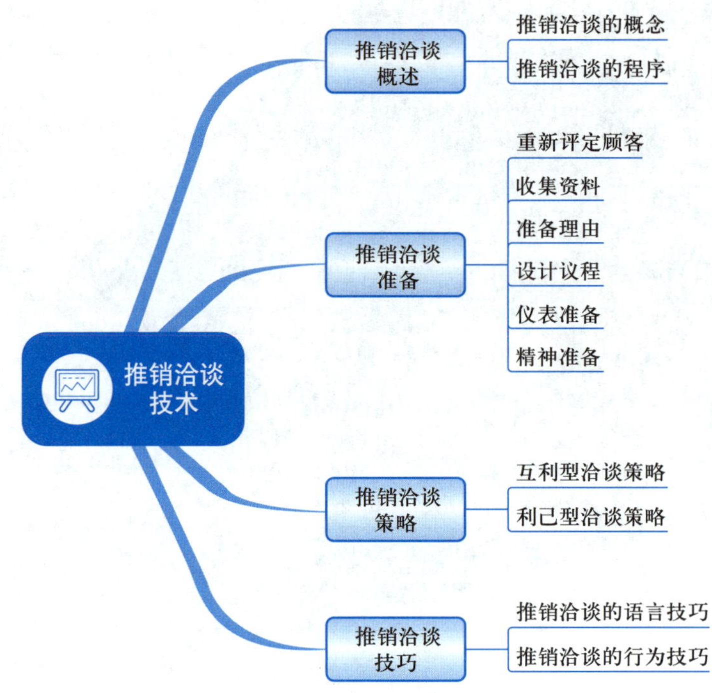

案例导入
如此推销

王夫人想给孩子买一套百科读物，以下为王夫人与推销员有关此事的谈话摘录：

王夫人：请告诉我你们这套百科读物有哪些优点？

推销员：首先请您看看我带的这套样书。正如你所见到的，这套书的装帧是一流的，整套五十卷都是这种真皮套封烫金字的装帧，摆在您的书架上，那感觉一定好极了。

王夫人：我能想象得出，你能给我讲讲其中的内容吗？

推销员：当然可以，这套书内容编排按字母排序，这样便于您很容易地查找资料。每幅图片都很漂亮逼真。

王夫人：我看得出，不过我更感兴趣的是……

推销员：我知道您想说什么。这套书内容包罗万象，有了这套书您就如同有了一套地图集，而且附有详尽的地形图，这对您来说一定很有好处。

王夫人：我要为我的孩子着想。

推销员：当然！我完全理解。您放心，我公司为这套书特别配有带锁的玻璃门书箱，这样您的小天使就无法在上面涂抹了。而且，您知道，这的确是一笔很有价值的投资。这样的一套书时间越长收藏价值越大，即使以后想出卖也决不会赔钱的。此外它还是一件很漂亮的室内装饰品，那个精美的小书箱就算我们赠送给您的。现在我可以填您的订单了吗？

王夫人：哦，我得考虑考虑。你可否留下其中的某部分，比如文学部分，以便让我进一步了解其中的内容呢？

推销员：不好意思，我没有带文学部分来，不过我想告诉您，我公司本周内有一次特别的优惠售书活动，您应该会有需要。

王夫人：我恐怕不需要了。

推销员：我们明天再谈好吗？这套书可是给您孩子的一件很好的礼物。

王夫人：哦，不必了，我们已经没兴趣了，多谢。

推销员：谢谢，再见，如果您改变主意请给我打电话。

王夫人：再见。

案例思考：这位推销员的失误之处在哪？王夫人购买此书的动机是什么？

第一节 推销洽谈概述

在与顾客接近之后，推销人员的下一个步骤就是如何成功地进行推销洽谈。在整个推销过程中，推销洽谈是推销实务中非常关键的环节，是推销业务的重要组成部分，是实现成交的艺术和手段。洽谈的效果如何，顾客买与不买，最后能否实现交易，往往取决于推销人员在洽谈中的表现，即关键在于推销洽谈是否成功。

一、推销洽谈的概念

推销洽谈也称推销面谈，是买卖双方为实现推销商品或服务的交易，就各种交易条件进行的协商活动。在信息高度发达的现代，推销洽谈不一定是指面对面的洽谈。推销洽谈是指推销人员运用各种方式、方法向顾客传递信息，沟通思想，使顾客对商品的兴趣上升到强烈的购买欲望并说服顾客购买推销品的过程。它是一种自愿互利的行为。因此，推销洽谈的目的是推销人员向顾客全面介绍企业及商品情况，使顾客能较好地了解商品，认识并喜爱商品，解除疑虑与异议，并产生购买欲望。推销洽谈的手段是说服。推销人员必须借助于思维、语言、文字、体态等来传递和交流信息，通过摆事实、讲道理，以理服人的说服活动来实现洽谈的目的。

（一）推销洽谈的内容及特点

推销洽谈的内容就是推销过程中所涉及的各种关键事项（或交易条款），包括推销品和服务的品名、特性、价格，以及收发货等事项，围绕这些事项所进行的洽谈就构成了推销洽谈的核心内容。

推销洽谈的特点表现在以下几个方面：第一，推销洽谈是互惠互利而进行的沟通和协商（物质和精神满足）；第二，推销洽谈是有规律可循的经济活动；第三，推销洽谈是洽谈双方感情联络的过程。

（二）推销洽谈的目标

推销洽谈的核心目标在于，推销人员想方设法地激发顾客的购买欲望，使其产生拥有这种商品的感情冲动，进而发生购买行为。如果顾客仅仅注意到了商品，产生了一定的兴趣而无购买欲望，则很难发生购买行为。为了激起顾客的购买欲望，推销洽谈时必须实现以下目标：

1. 介绍情况，传递信息

推销洽谈的首要目标是向顾客介绍有关推销品的情况，使顾客对商品有明确的认识，这样才能激发顾客的购买欲望。优秀的推销人员能通过生动的说明、简明的介绍、高超的演示技巧以及各种推销辅助器材准确地将信息传递出去，增强洽谈的说服力，从而使顾客产生购买的念头。

2. 诱发购买动机，展示顾客利益

购买行为受购买动机支配，推销人员在洽谈中应努力诱发顾客的购买动机，因此必须了解顾客的基本需要，尽量满足顾客的需求，同时告诉顾客该商品能给顾客带来哪些利益，如生理上的、安全上的、经济上的利益。这些利益展示得越充分，顾客拥有它的欲望就越强，说服效果就越好。

3. 增强注意和兴趣，强化购买欲望

顾客的注意和兴趣是产生购买欲望的基础。推销人员在洽谈阶段应特别注意自始至终关注顾客的情绪和兴趣，让顾客有考虑选购的余地，要注意推销洽谈的内容和方式方法，要多动脑筋，使顾客做出购买行为。

即问即答
推销洽谈的核心目标是什么？
提示：激发顾客的购买欲望，产生感情冲动，进而发生购买行为。

4. 解答问题，处理异议

推销洽谈是推销人员与顾客之间反复双向沟通的过程。洽谈中顾客会提出各种各样的问题或异议，推销员必须解答和处理，从而消除疑虑或异议，促使顾客做出购买的决定。

二、推销洽谈的程序

推销洽谈是一项艺术性和技巧性较强的工作，没有固定不变的模式。随着推销对象和推销环境的变化，每一次推销洽谈都会有不同的特点和要求，推销人员应根据具体情况具体分析，善于应变，灵活机动地进行推销洽谈。推销洽谈有一个循序渐进的过程，其基本程序一般包括三个阶段：洽谈准备、洽谈导入和正式洽谈。

（一）洽谈准备

洽谈前应准备好资料，洽谈中适时地运用资料，可以有效地引起顾客潜在的需求，刺激其购买欲望，改善洽谈条件，活跃气氛，促进洽谈深入，提高洽谈的说服力。洽谈资料包括：实物资料、文字书面资料、顾客情况资料、产品竞争情况资料等。

（二）洽谈导入

洽谈导入是在洽谈接近成功之后进入正式洽谈之前的过渡阶段，在此阶段，关键是创造一种适宜而和谐的洽谈气氛。只有在和谐的气氛中，才可能开诚布公地进行交谈。为此推销人员应该做到：注重仪表、讲究礼节、讲好开场白。

（三）正式洽谈

洽谈导入以后就转入正式洽谈阶段。在洽谈中由于受到多种可控和不可控因素的影响，其进程总是难以预料的，经常会出现"山重水复疑无路，柳暗花明又一村"的情形，洽谈的结果也很难预测。因此，在这一阶段应注意以下问题：

1. 进一步掌握顾客的基本情况

只有进一步摸清对方的实际情况，才能具体问题具体分析，制定相应的对策。

2. 不断调整原计划的洽谈内容

洽谈应围绕刺激顾客的购买欲望这一目的进行，根据洽谈进展的实际情况灵活机动地调整洽谈内容和策略，使洽谈建立在有利于双方互利合作的基础上。

3. 保持和谐的主宾关系

顾客购买商品，不只是购买其使用价值，更希望通过交易获得精神上的愉悦，甚至是与推销人员成为朋友。因此，洽谈过程中，只有双方都满意，始终保持和谐的关系，相互信赖，顾客才能产生购买的欲望。

4. 运用语言技巧，强调推销要点

洽谈中的语言应做到清晰、委婉而雄健，要以简洁明快的语言强调商品的

特性、优点、用途及使用方法，指出与顾客需求的联系性和一致性，让顾客对推销品有一个全面而有重点的了解。

5. 洽谈时间要适可而止

时间就是金钱，时间就是效益。洽谈注重时效性，既要注意节约自己的时间，提高工作效率；也要节约顾客的时间，尊重对方的日程安排，提高洽谈效率。

上述推销洽谈的程序可称为“三步论”，也有学者将推销洽谈的程序划分为六步，即“六步论”：导入阶段→概说阶段→明示阶段→交锋阶段→妥协阶段→协议阶段。

此外，推销洽谈程序若从狭义的洽谈来看，按照洽谈所经历的具体环节划分，从准备洽谈开始到洽谈结束、签订合同要经过如下环节：询盘→发盘→还盘→接受→签约。

这里，询盘是指交易的一方向另一方询问交易的可能性（了解意图），法律上称为“要约”。发盘是指交易的一方向另一方提出达成交易的条件或建议条款（提出建议），习惯上也称之为报价，法律上称为“反要约”。还盘是交易的一方在接到对方报价后所提出的修改建议（进行磋商），法律上称为“再要约”或“再反约”。接受是指交易双方经过多次磋商后接受对方所提出的交易条件（达成一致），法律上称为“承诺”。签约是指交易双方就相互协商的条款以契约的形式记录下来，作为交易及履行协议的依据（签订协议）。

边学边练

一款环保产品空气净化器，能在一定程度上改善家庭、教室和办公区域的空气质量，降低 PM 值。请据此完成推销洽谈程序模拟。

（1）将同学们分成若干组，每组 2 人，分别扮演推销员和顾客。

（2）每组依次表演，其他同学观察、记录。

（3）老师总结点评。

第二节 推销洽谈准备

推销人员在接近顾客、进行洽谈之前，需要做充分的准备，以便为与顾客接近和洽谈提供必要的依据和支撑。

一、重新评定顾客

推销人员在寻找顾客时，需要对顾客进行评价，但那只是作横向比较，选择顾客；而推销洽谈之前对顾客的评价是深入的、纵向的比较，具有针对性和具体性的评定。对顾客的重新评定主要从以下几个方面进行：

（1）确定所推销的产品或服务是否满足顾客的需求；

（2）确定顾客是否存在尚未满足的需求，通过推销洽谈，让顾客能提出他的具体需求；

（3）确定推销对象是否有购买决策权；

（4）确定顾客有无资金用于该项购买。

二、收集资料

要在推销活动中，提高推销效果，在推销洽谈中取得主动权，就要对顾客有详尽的了解。这就需要收集准顾客的有关资料。

（一）个人准顾客应收集的资料

1. 姓名

推销人员在推销活动中要弄清顾客的姓名，这既是对别人的尊重，也可以增强自己的信心。了解顾客姓名时应注意：一定要准确了解别人的姓名（包括字、音）；在询问时，应注意语言的运用，最好让顾客自己介绍自己。

2. 年龄

了解顾客的年龄，有助于推销人员了解和预测该顾客的个性和需要等。这里要求做到：应尽量准确了解顾客的年龄；对年长的顾客要高估其年龄；对女士要低估其年龄，但也不能太夸张。

3. 学历

了解准顾客的学历，使推销人员能够根据顾客受教育程度的差异来了解其兴趣、爱好等方面的差异。

4. 家庭情况

了解其家庭情况，可以在洽谈中多提一点相关话题。了解此项时应注意：不要过多询问别人的家庭隐私；多从侧面提醒对方（顾客）。

5. 消费需求

注意了解顾客的消费需求及产品知识，帮助顾客购物。了解顾客的需求时应注意做个有心人，平时多观察、了解顾客，注意顾客需求资料的积累，同时注意进行顾客需求分析。

6. 籍贯

不同地域或籍贯的人有着不同的性格特征。了解顾客籍贯有助于推销人员根据其特征有针对性地开展推销工作。

7. 性格爱好

了解顾客的性格爱好有助于推销人员采取相应的策略，可多谈论顾客爱好和感兴趣的话题。

（二）团体准顾客应收集的资料

由于团体准顾客的购买往往是大宗购买，因此，对团体准顾客资料的了解应尽量详尽，这样才能在洽谈过程中自如地控制主动权，争取推销的成功。

（1）经营状况，包括生产、技术、销售各方面情况，产品的质量、价格、生产量和工艺，使用的机器设备，耗用原材料的数量及价格，季节性变化等。

（2）采购惯例，包括采购的方法、时间、数量，原材料供应厂商、关系远近、满意程度，以及采购的可能性和收益性等。

（3）企业名称、性质、规模以及内部人事关系等。

三、准备理由

推销人员在推销商品和洽谈时要对顾客提一些他感兴趣的问题，以引起顾客的注意。这种能让顾客感兴趣的问题实际上就是推销人员为顾客准备的让其购买的理由。推销人员在陈述理由时，必须非常充分，能有效激起顾客的购买欲望。顾客的购买理由来源于商品的“卖点”（性能、功效、规格、花色、风格、特征等），推销人员应对自己推销的商品了如指掌；同时，还要注意将产品的“卖点”与顾客的兴趣、爱好有机地结合起来。

四、设计议程

设计议程是洽谈的重要环节，在现代推销洽谈中起着举足轻重的作用，有时甚至是决定性的作用。推销人员可参考以下问题，寻找答案，拟出满意的洽谈议程：

（1）采取什么样的方式能使顾客尽快进入洽谈正题？

（2）在洽谈中，提出哪些有刺激性的问题，能使顾客透露出他的需求和购买计划？

（3）准备在什么时机与顾客谈及价格问题？谈及价格问题的原则是什么

（底价是多少）？

（4）强调产品的哪些特性，能使顾客认识到产品是他急切需要的？

（5）如果遇到反对意见，如何解决？如何转换话题？

（6）洽谈中有没有敏感的、有争议的问题？

（7）如何促使顾客采取购买行动？

（8）在顾客提出要求后，能否让步？如何让步？

五、仪表准备

仪表是人的外表，它包括容貌、服饰、姿态和举止等，同时它也是人心理状况的外在表现。人与人交往，外表特别是第一印象往往给人留下很深的心理感受，对相互关系的建立和发展产生很大的影响。推销人员的仪表如何，同样影响到顾客对其生活情调、思想修养、道德品质，以及工作作风等方面的不同评判，从而直接或间接地影响业务洽谈的进行。在实际推销之前，推销人员进行仪表的准备是必不可少的。总体而言，仪表应该庄重、大方、整洁，要努力做到神情自若、笑容满面、信心十足、干净利落。

六、精神准备

在推销活动中，被顾客拒之门外、吃闭门羹是经常性的，推销人员必须要有充分的精神准备。推销人员要善于克服畏难情绪，消除逃避心理，树立自信心；要有坚强的推销意志、旺盛的精力，以不灰心、不气馁的心理状态去与顾客接洽。只有这样，推销人员在遇到推销障碍时，才会勇敢、沉着地应对。

边学边练

假设某汽车公司即将参加上海国际车展，届时有个人准顾客和团体准顾客要来到展会现场洽谈，请做好推销洽谈准备。

（1）将同学们分成若干组，每组 2~3 人，准备时间 20 分钟。

（2）每组代表依次汇报准备情况，其他同学观察、记录。

（3）老师总结点评。

第三节
推销洽谈策略

推销洽谈策略是指推销人员为取得推销洽谈的预期成果而采取的一些行之有效的计策、谋略、安排和措施。根据推销洽谈的内容和性质划分，推销洽谈策略可分为互利型洽谈策略和利己型洽谈策略两大类。

一、互利型洽谈策略

（一）休会策略

1. 休会策略的含义

休会策略是指在谈判进行到一定阶段或遇到某种障碍时，谈判双方或一方提出休会，使谈判双方人员有机会恢复体力和调整对策，推动谈判顺利进行。

2. 休会策略的适用范围

休会策略一般在下列情况下采用：

（1）当洽谈出现僵局时，能起到缓和气氛、调整对策的作用；

（2）当洽谈出现低潮时，能起到养精蓄锐、以利再战的作用；

（3）当洽谈出现疑问时，能起到研究、协调相应对策的作用；

（4）当洽谈一方不满时，能起到调整情绪、氛围的作用；

（5）当洽谈进入尾声时，能起到分析、讨论成果，展望下一阶段谈判发展的作用。

（二）开放策略

1. 开放策略的含义

推销人员在洽谈过程中，向对方袒露自己的真实思想，促使对方通力合作，使洽谈双方在诚恳坦率的气氛中有效地完成各自的使命。随着“双赢”思想的进一步普及，这种开放策略是近年来许多推销员愿意接受和采取的策略。

2. 开放策略的适用范围

尽管开放策略是目前许多推销员愿意接受和采取的策略，但作为一种策略同样有其适用的条件或范围。一般来说，应在如下条件下使用：

（1）交易双方经过多次合作，关系融洽，当再次洽谈时，为了进一步取得相互信任，促成双方通力合作，可以采用开放策略。

（2）在遇到敏感问题障碍时，采取这种策略，显得我方坦诚，以便促使对方也坦诚合作。

（三）留有余地策略

1. 留有余地策略的含义

在推销洽谈中，如遇疑问，不必马上和盘托出己方的答复，而是先回应其大部分，留有余地，以备讨价还价之用。

2. 留有余地策略的适用范围

（1）如发现对方比较“自私”，可在“开放策略”失效之际采用此策略。

（2）有让步的余地时可采用此策略。

（四）私下接触策略

1. 私下接触策略的含义

私下接触策略是指洽谈双方代表通过私下交往，建立感情，促进推销洽谈的策略。

2. 私下接触策略的运用

这种策略一般适用于洽谈双方的首席代表。进行私下接触应选择好时机和地点。一般来说，时机的选择应利用休息时间，且对方有自主的时间时更好，以不打扰和影响其休息为前提。地点的选择往往相对自由一些，凡是能供双方消遣的地方均可，但重要的是要摸清对方的兴趣爱好，选择对方乐意而自己也能应付的场所和方式。

（五）最后期限策略

1. 最后期限策略的含义

最后期限策略是指规定洽谈结束的时间，以营造一种紧张气氛，引起人的心理反应，加快洽谈进程，使洽谈顺利进行的策略。

2. 最后期限策略的适用范围

（1）当双方洽谈时间较长时，为了使双方振作精神，加快进程，可以采用此策略。

（2）当一方遇到时间限制时，也可以采用此策略。

（六）假设条件策略

1. 假设条件策略的含义

假设条件策略是指在洽谈的探测阶段，提出假设条件，使谈判灵活机动，有利于互惠交易。

2. 假设条件策略的适用要求

（1）要把握火候，抓住时机促成交易，此策略才能奏效。

（2）注意分清阶段，往往与假定成交方法结合起来运用。

（七）润滑策略

1. 润滑策略的含义

润滑策略是指洽谈人员相互交往过程中，通过馈赠一些小礼物等措施表示友好和联络感情，以促使洽谈顺利进行的策略。

2. 润滑策略的适用要求

（1）尊重对方的习俗，礼品应能让对方接受、喜欢，切不可送对方忌讳之物。

（2）礼品价值不宜过重，过重会引起对方反感，甚至是不必要的麻烦。

（3）讲究送礼的场合。

（4）讲究送礼的时机。

（八）折中策略

1. 折中策略的含义

这是一种由双方缩小差距，相互向对方靠拢，从而解决谈判分歧的做法。折中可分为一次折中和两次折中，也可通过内容不同但意义相当的条件折中。例如，当买卖双方价格相差 10 万元时，为结束洽谈，双方同意折中解决，即各让 5 万元。有时，还可通过价格与货物相抵来折中。例如，一方同意降价 2 万元，另一方同意减少 2 万元的货物，以解决 4 万元的差距。在合同条文的谈判中，双方可以将分歧点计数，称之为“记分”。例如，共计 10 分，则双方可各让 5 分以解决分歧，结束洽谈。

2. 折中策略的适用要求

（1）选择好时机，必须是双方均已做出明显的让步之后，在最后的条件决定之时。

（2）不宜率先提出折中，以免离成交点太远。

（3）在提出折中或响应折中时，不宜宣称这是最后的折中，以保留再折中的权力。

（4）折中时应注意留有让步的余地。

即问即答

互利型洽谈策略包括哪几类？它们的共同特征是什么？

提示： 互利型洽谈策略共有八类，分别适用不同的时机和场合。它们的共同特征是洽谈双方体现互惠互利、双赢的特点。

同步案例

折中让步留住客户

意大利与中国某公司谈判出售某项技术。由于谈判已进行了一周，仍进展缓慢，于是意方代表罗尼先生在做了一次发问后告诉中方代表李先生：“我还有两天时间可谈判，希望中方配合在次日拿出新的方案来。”次日上午李先生在分析的基础上拿出了一个方案，比中方原要求（意方降价 40%）改善 5%（要求意方降价 35%）。罗尼先生讲：“李先生，我已降了两次价，共计 15%，还要再降 20%，实在困难。”双方讨论一阵后，建议休会，下午 2：00 再谈。

下午复会后，意方先要中方提出新的报价，李先生将其定价的基础和理由向意方做了解释并再次要求意方考虑其要求。罗尼先生又讲了一遍他的努力，表示中方要求太高。谈判进行到下午 4：00 时，罗尼先生说：“为表示诚意，我向中方拿出最后的价格，请中方考虑，最迟明天 12：00 以前告诉我是否接受。若不接受，我只能乘下午 2：30 的飞机回国了。”说着把机票从包里抽出来，在李先生面前晃了一下。中方把意方的条件（意方再降 5%，共计 20%）理清后，表示仍有困难，但可以研究。谈判即结束。

中方研究意方价格后认为还差 15%，但能不能再压价呢？明天怎么答？李先生一方面向领导汇报，与助手、项目单位商量对策，一方面派人调查明天下午是否有 2：30 的航班。结果调查结果显示，次日下午 2：30 并没有去欧洲的飞机，因此，李先生认为意方的最后还价、机票是演戏，判定意方可能还有降价空间。于是，李先生在次日 10：00 给意方打了电话，表示：“意方的努力，中方很赞赏，但双方距离仍存在，需要进一步努力。作为响应，中方可以再降 5%，即从 35%，降到 30%。”

意方听到中方有改进的意见后，果然没有走，又回到了谈判桌前……

（资料来源：樊建廷 . 商务谈判［M］5 版 . 大连：东北财经大学出版社，2018.）

问题：洽谈过程中双方都应用了哪些洽谈策略？中方在应用洽谈策略前是否开展了调查研究？

分析提示：理解洽谈过程中双方都应用了折中策略。中方在应用折中策略前做了必要的调查研究。

二、利己型洽谈策略

（一）声东击西策略

1. 声东击西策略的含义

声东击西策略是指推销人员在洽谈的一段时间内，出于种种需要有意识地将讨论的议题引导到对于己方并不重要的问题上去的策略。

2. 声东击西策略的使用目的

（1）集中谈论己方的次要问题，一旦己方让步，对方心理上能得到满足。

（2）避开主要问题，转移对方的视线，分散对方对关键问题的注意力。

（3）先讨论解决次要问题，为主要问题的洽谈铺平道路。

（4）探讨信息，从侧面了解对方关心的东西。

（5）延缓对方所要采取的行动，争取时间来研究对策。

（二）利用最后期限策略

1. 利用最后期限策略的含义

利用最后期限策略是指利用最后期限向对方展开心理攻势，使洽谈的主动权向己方转移的策略。它与最后期限策略是不同的，最后期限策略是规定最后期限以加快谈判进程，而利用最后期限策略则是通过提示、强化最后期限向对方展开心理攻势，以达到获得对己方有利的条款的目的。

2. 利用最后期限策略应注意的问题

首先，使用利用最后期限策略时，要对双方洽谈的实力和条件有较充分的了解，事先必须商议好一个最后期限；其次，在运用该策略时，对某些较棘手的问题不必操之过急，可以有意识地将其搁置起来，以便利用最后期限来加以解决。当然，推销人员必须对对方的情况要十分清楚，尤其是当对方被要求必须要（或尽可能要）与自己达成协议时，通过最后期限来给对方造成心理压力，效果将更为明显。此外，必要时，己方还可以以适当的让步作为配合，给对方造成机不可失的感觉，以此来说服对方。这一策略往往适合于己方占有推销洽谈优势（如产品具有一定垄断性或专利性），对方对己方具有依赖性的情况下采用。

（三）先苦后甜战术

1. 先苦后甜战术的含义

先苦后甜战术是指推销人员在洽谈开始时给对方提出较为苛刻的条件，待时机成熟后进行意想不到的让步，使对方心理上得到满足的策略。

2. 先苦后甜战术的运用要求

先苦后甜战术的运用要事先做好设计，用来作为“后甜”的交易条款应该是自己准备做出的让步条款，早就存在于让步计划之中。同时，运用时还应注意如下几点：

（1）“先苦”的要求不能太苛刻，要注意“苦”的分寸，否则超过极限会让对方失望而放弃洽谈。

（2）“后甜”要实施有方，既要让对方感到“甜头”，又不能让对方觉得“得来全不费工夫”。

（3）配合使用“鹰鸽”（红白脸）战术，即洽谈人员一个扮演鹰派（强硬派），另一个扮演鸽派（随和派），这样，“鹰派施苦，鸽派施甜”，相得益彰。

（四）疲劳战术

1. 疲劳战术的含义

疲劳战术也称“蘑菇”战术，是指在推销洽谈过程中，如果对手过于自信，可采用“疲劳”法（与之“泡蘑菇”）使之就范的策略。

同步案例

我们不懂

有三位日本代表赴美订购商品。美方公司作了精心安排，先用挂图、投影等器材介绍产品，然后，又播放产品简报，历时几个小时。而日方代表却始终呆若木鸡地坐着，一声不吭。最后，美方代表满怀希望地问道：“你们觉得怎样？”一位日方代表彬彬有礼地说：“我们不懂。”美方代表显得有些失望，问：“哪儿不懂？”另一位日方代表说：“全都不懂。”美方代表露出了沮丧的神情，又问：“从什么时候开始不懂的呢？”第三个日方代表说：“从放幻灯片开始，我们就不懂了。”美方代表没底气了，问：“那么，你们希望怎么办？”日方代表说：“我们希望再来一遍。”……如此反复多次，日方代表始终“弄不懂”，美方代表锐气大减。发现时机成熟，在接下来的磋商中，日方代表反守为攻，取得了满意的结果。

问题：本例说明了什么？疲劳战术有何作用？

分析提示：疲劳战术在推销洽谈策略上，有利于洽谈主被动地位的转换，变被动为主动，占据有利地位。

2. 疲劳战术的运用

该战术的运用旨在挫伤对方的锐气，以柔克刚。因此，使用之前必须认真判断对手的特点。如果对手说话嗓门很高，喜欢手舞足蹈地发表言论，以一种居高临下、自负或傲慢的眼神扫视别人，毫不掩饰地要求别人围着他的指挥棒转，等等，可以判断对方属于趾高气扬、锋芒毕露的人，可以实施疲劳战术。使用时应注意节奏的控制，先回避、迂回周旋，或提出对方难以接受的条件与之对抗（忌硬碰硬）；接下来通过拉锯战消磨对方锐气，让其感到疲惫不安；等对方精疲力竭、头昏脑涨之时，反守为攻。值得注意的是，当反守为攻时，不要盛气凌人，避免对方形成对立情绪而导致洽谈的破裂。

（五）价格陷阱策略（价格诱引策略）

1. 价格陷阱策略的概念

价格陷阱策略是指推销人员在洽谈过程中，利用市场价格预期上涨的趋势，诱使对方看重价格“优势”（即将会上涨，现在仍按原价）而放弃其他重要条款的洽谈，顺利与推销人员签订交易合同的策略。

2. 价格陷阱策略的好处

（1）买方在签订合同时，往往受“现在不签合同马上会吃亏”的心理影响，而没有仔细考虑包括价格在内的各项重要条款。

（2）由于仓促，许多其他重要问题会被忽视。

（六）先发制人策略

1. 先发制人策略的含义

先发制人策略，即估计到顾客有可能提出的反对意见，抢在他前面有针对性地提出问题并做出阐述，有效地解答顾客疑虑，排除成交的潜在障碍。

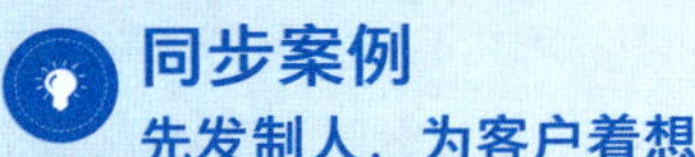

先发制人，为客户着想

一个推销新型号复印机的推销员，知道他的推销对象、某公司的采购经理急于采购一批复印机，但这位经理思想比较保守，喜欢选购老型号的复印机，对新型号复印机有怀疑。于是他找到这位经理说：“我知道您对采购很有经验，不愿在型号的选择上冒风险，但我想像您这样的老行家绝对不会一概排斥新型号的产品，因为现代科技的发展太快了，复印机的更新换代也是很快的，一旦一种新型号产品的质量与功能被大家证实后，价格就会提高，而旧型号也将被淘汰。这样来看，求稳本身不也是一种风险吗？现在我接触的许多客户都已改变了过去那种片面求稳的思想，不知您是否同意这种观点？我曾为您设想过，这批新型复印机会很适合您的……”经过这番先发制人的陈述，不仅让对方改变了看法、转变了态度，而且很快便签订了采购合同。

问题：先发制人策略有何优点？

分析提示：先发制人且为客户着想，事先排除客户疑虑，有利于在洽谈中占据主动地位，从而占据有利地位。

2. 先发制人策略的适用条件

先发制人策略并不是任何情况下都适用并都能获得成功的，有效运用该策略的关键在于：一是对对方的言行要有准确充分的判断和估计；二是自己要掌握充分的理由；三是要善于选择和灵活运用发动攻势的最佳方式；四是要及时把握机会，抢得“先言”的优势。

（七）曲线求利策略

1. 曲线求利策略的含义

《孙子兵法》十分崇尚“迂直之计”，即通过“迂其途”和“趋其所不意”，来“以迂为直”并“争夺先机”。这一战术运用在推销洽谈中就是曲线求利的策略。在洽谈中，有时推销人员为了用自己的观点劝说别人，正面说了不少道理却不能奏效，此时应选择对方不易察觉的突破口，避开正面障碍，从似乎与原话题不相干的角度向洽谈目标迂回前进，让对方在交谈中不知不觉顺着己方的思路走，接受己方的观点或意见。

2. 运用曲线求利策略的适用条件

从表面上看，曲线求利策略走的是弯路，但由于它体现了避实就虚、乘虚而入、由虚而实的战略战术，所以在正面引导不能奏效的情况下，不失为一种灵活有效的说服方法。实施此法应注意洽谈的目标一定要明确，对迂回的路线要心中有数，步步为营，要尽量选择有隐蔽性的话题，力求适应对方“心理相容”的需求，然后再实施由虚而实的渐进策略，达到最终说服对方的目的。

（八）扬长避短策略

1. 扬长避短策略的含义

所谓“扬长”，就是在介绍产品时多讲产品的优点，要通过洽谈使对方看清楚产品的优点及其所能带给准顾客的好处。而“避短”则是在洽谈中对某些并不关键的不足之处巧妙地加以回避，适用于某些过分挑剔，并借此压价的客户。此策略可以起到有效稳定产品价格的作用。

2.“避短”的运用

许多推销人员都对如何“扬长”颇有心得，而对如何“避短”则体会不深。下面重点介绍“避短”的常用对策：

（1）和对手谈判前，要先对自己的产品和其他竞争产品的优缺点了如指掌，并对买方可能挑剔的问题详细制定应对策略。

（2）让企业内部人员全面检查产品的缺陷，找出缺陷产生的根源，然后正确区分哪些是确实存在的，哪些并非关键性的缺陷，在推销时可不主动提及这些非关键性缺陷。

（3）如果产品的明显缺陷已被暴露，推销人员应顺其自然地同意客户的意见，同时强调产品在其他方面的优点，如价格低廉和实用价值等，客户也许会放弃对缺陷的挑剔，因企业的真诚负责而同意成交。

第四节 推销洽谈技巧

推销洽谈技巧，是指推销人员在洽谈过程中灵活运用自己的语言、行为，艺术化地达到洽谈目的的方法和方式。推销洽谈是一门艺术，一定要讲究方法和技巧。由于情况瞬息万变，方法要因业务内容和性质的不同而不断改变。下面着重介绍推销洽谈的语言技巧和行为技巧。

一、推销洽谈的语言技巧

（一）语言生动，介绍有方

介绍法是推销人员与顾客面对面通过语言、样品、资料等介绍商品，达到推销目的的方法。具体方法有以下几种。

1. 直接介绍法

这是推销人员直接介绍商品的性能、特点，劝说顾客购买的方法。这种方法省时间、效率高。使用这种方法应注意：

（1）针对顾客的不同购买心理，抓住推销重点，直接向顾客介绍。

（2）尊重顾客个性，避免冒犯顾客。

（3）抓住容易被顾客接受的明显特征向顾客介绍。

2. 间接介绍法

这种方法往往不能直接说明产品的质量、能带来的利益等，而是通过介绍与它密切相关的其他事物来间接介绍产品本身。使用这种方法时应注意：

（1）使用的资料要有助于间接介绍产品的作用，要恰到好处。

（2）使用的语言要温和含蓄，委婉曲折，能够介绍出推销重点。

3. 逻辑介绍法

这是推销人员利用逻辑推理来劝说顾客购买商品的洽谈方法。在使用逻辑介绍法时，推销人员应注意下述问题：

（1）有针对性地使用。一般说来，在向专家、技术人员、文化水平较高的顾客推销商品时，应尽量多用这种方法介绍，因为他们懂技术、有专长，具有科学的思维能力，注重理性判断，决策能力强。尤其是推销复杂产品、贵重产品和新产品时，有针对性地进行逻辑推理介绍，会激起顾客的理性思维。

（2）避免逻辑错误。在使用逻辑介绍法时，要避免概念不明、判断不当、自相矛盾、偷换论题等逻辑错误。

（3）应注意表达上的艺术性。逻辑性不排除艺术性，干巴巴的推理论证只能使人乏味，产生厌烦情绪，而通过生动形象的语言，可以提示事物间的内在联系，论证自己的观点，使顾客容易听懂，易于接受。

4. 故事介绍法

故事介绍法是用讲故事的方法来推销、介绍、说明产品的用途、性质、优点等。例如，产品的销量、反应为什么这么好，这些可以以故事的形式吸引顾客，适时推销。使用故事介绍法时要注意：

（1）产品故事的内容要突出产品的性能、特点及顾客的利益。

（2）产品故事要有趣味性，但不能过分夸大、渲染、偏激。

同步案例

相亲相爱的故事

有一天，一位北方人来到上海绣品商店，他是来为好友购买绣花被面的。他被其中一条绣有一对白头翁的被面吸引住了。但又显得有点犹豫，目光盯住那一对白头翁，自言自语地说：“这鸟的姿态很好，就是嘴巴太长了点，好像象征着以后夫妻吵嘴。”营业员听到后，笑眯眯地向他介绍道：“您看见了吗？这鸟的头上发白，象征夫妻白头偕老。它们的嘴巴伸得长，是在说悄悄话，是相亲相爱的表示。”这位顾客听了，连说：“有道理，有道理！”高兴地为朋友买下了这款绣花被面。

问题：这个案例中讲的故事说明了什么？

分析提示：有些故事是可以创作并进行合理的艺术加工的，尤其是那些具有吉祥意味的故事，每个顾客都愿意听。此案例中，一个相亲相爱的故事既打消了顾客疑虑，给顾客送去了吉祥，又成功完成了推销。

（二）进二退一，留有余地

一般来说，成功的洽谈都需要互谅互让。在推销洽谈中，建议推销人员在洽谈开始时提出的要价要偏高一些，然后在洽谈中的适当时机再作出某些让步，这样有利于达成协议。但这绝不意味着开价越高越好，而应使对方听起来要价虽高而不苛刻，有讨价还价的余地。若提出不切实际的过高要求，使对方听起来荒诞离奇，不仅不能收到良好的效果，反而不利于洽谈的顺利进行。

不过，即使留下了充裕的余地，让步的幅度和次数也是务必要注意的，切不可让步太快。在洽谈过程中，不要过快地作出让步，至少在感到对方有可能作出让步之前不要作出让步。作出让步的时机必须选择得当，并且要做得体面、大方，绝不能给对方留下自己急于达成协议的印象。重大让步应留到洽谈接近结束时再做出，并与达成的最后协议挂钩。过多过快的让步，对方既不欣赏也不感激。洽谈后应该给自己留点余地，既要让对方尝到比原来期望的要多一点的甜头，又切不可用无原则的让步来换取成交，否则可能得不偿失。

（三）妙用提问，避开争执

洽谈过程中，一般可以采用以下几种提问方式：

1. 封闭式提问

封闭式提问是指由特定的领域带出特定答复的问句，一般用“是”或“否”作为回答。例如，“上次到公司没看见您，您是否出差了？”这类问句可以使发问者得到特定的资料或信息，而答复这类问题也不必花时间思考。但这类问句含有相当程度的威胁性，可能会引起人们不舒服的感觉。这类问句分为以下几种情况：

（1）选择式问句，即给对方提出几种情况让他从中选择的问句。例如，“您需要的颜色是银白色还是浅灰色？”一般提出两个以上的条件供对方任意选择，对方只是在指定范围内选择回答。

（2）澄清式问句，即针对对方答复，重新让其证实或补充的一种问句。例如，“您说这类设备要订购100台，不知决定了没有？”这种问句的目的是让对方对自己说的话进一步确认。

（3）暗示式问句，即本身已强烈地暗示出预期答案的问句。例如，“这种布现在供不应求，价格还会上涨，您说是吗？”这类问句中已经包含了答案，无非是敦促对方表态而已。

（4）参照式问句，即把第三者意见作为参照系提出的问句。例如，“经理说，今年把采购量提高10%，你们认为怎么样？”这类问句中，如果第三者是对方熟悉的人，对谈判对手会产生重大的影响。

2. 开放式提问

开放式提问是指在广泛的领域内提出具有广泛答复的问句，通常无法用“是”或“否”等简单的措辞做出答复。例如，“您看我们的洽谈应当怎样开展才好？”“您对明年的市场变化有什么考虑？”等。这类问句因为不限定答复的范围，所以能使对方畅所欲言，提供更多的信息。开放式问句还有以下一些句式：

（1）商量式问句。这是和对方商量问题的句式。例如，“下月与上海某厂有一项业务洽谈，你愿意去吗？”“这次给你方的折扣定为3%，你认为如何？”等。这类问句一般和对方的切身利益有关，属于征询对方意见的发问形式。

（2）探索式问句。这是针对对方答复内容继续进行引申的一种问句。例如，“您提到谈判中存在困难，能不能告诉我主要存在哪些困难？”这类问句不但可以获取比较充分的信息，而且可以显出发问者对对方所谈问题的兴趣和重视。

（3）启发式问句。这是启发对方发表看法和意见的问句，例如，“明年的物价还要上涨，对此你有什么看法？”这类问句主要为了启发对方谈出自己的看法，以便吸收新的意见和建议。

洽谈并不忌讳争论，碰上存在争议的问题，妙用提问，可有效避开争执。在洽谈过程中，发问者要多听少说，多运用开放式问句，谨慎采用封闭式问句。发问者应事先了解对方情况，打好腹稿，注意发问的时机，取得对方同意后再进一步提问，由广泛的问题逐步缩小到特定的问题，避免含糊不清的措辞，避免使用威胁性、教训性、讽刺性的问句，避免盘问式或审问式的问句。

（四）巧妙答复，慎重承诺

一般情况下，在推销洽谈中应当针对对方的提问实事求是地正面回答。但是，由于推销洽谈中的提问往往千奇百怪、形式各异，都是对方处心积虑、精心设计之后所提的，因此有一定的目的性。如果对所有的问题都正面提供答案，并非明智之举。所以，答复问题也必须运用一定的技巧。

1. 不要彻底答复对方的提问

答复者应将提问的范围缩小，或者不做正面答复，而对答复的前提加以修饰和说明。例如，对方询问产品质量如何时，推销人员不必详细介绍产品所有的质量指标，只需回答其中主要的某几个指标，从而形成质量很好的印象即可。总之，对对方提出的某些问题，如果觉得和盘托出于己方不利，可以只作局部的答复，适当留有余地，以免让对方了解己方的底牌，使己方陷于被动。

2. 针对提问者的真实心理进行答复

有时提问者有特殊的目的，有意识地含糊其辞，使所提问题模棱两可。此时，如果答复者没有认清提问者的真实心理，就可能在答复中出现漏洞，使对方有机可乘。因此，答复者在遇到这种情况时，一定要认真分析，揣摩对方的真实心理，然后针对对方的真实心理作答，切不可自作聪明，按自己的心理假设进行答复。

3. 拖延回答

在谈判中遇到一时难以答复或有待请示查询的问题时，不必勉强作答，完全可以用“资料不全”“需要考虑”“有待请示后再答复”等作为理由延缓解答，这并不是无礼的表现。

4. 含糊应答

当遇到一些比较棘手，难以作确切回答，但必须予以答复的情况时，可以运用这种含糊应答的方法，即借助一些宽泛模糊的语言，使自己既作了答复，又留有余地，具有某种弹性，即使在意外的情况下也无懈可击。例如，当对方询问是否可将价格再压低一些时，可以答复：“价格确实是大家非常关心的问题，不过我们的产品质量和售后服务都是第一流的……”

5. 反诘诱问

即对方提出某一问题后，己方虽掌握足够的资料却不直接答复，而是按照一定的思路步步为营、环环相扣地向对方进行反问，尽量使对方每问必答，而且不得不对己方的反问表示同意，从而身不由己地进入己方预定的目标范围，然后再综合对方对反问的回答，概括出对方的结论作为己方的答复。这种答复方法由于充分利用了对方的答案，所以对方感到难以反驳，容易表示折服。

6. 不予理会

对一些明显不便回答的问题完全可以不予理会。当然，不要只是简单地沉默不语，最好是转移话题或以资料数据不齐全为托词，拖延或拒绝回答。

（五）诚实委婉，说服对方

在洽谈中最重要而难度最大的事情就是说服对方接受己方的观点，这是因为谈判双方各自的主张存在着利益冲突，因此要让一方轻易放弃自己的主张而赞同对方的主张是不可能的。根据经验，如果双方发生了分歧，而谁也说服不了对方让步的话，就会形成僵局，给以后的谈判带来阴影，导致双方谈判失败。要在谈判中发挥说服的作用，可掌握如下方法：

（1）洽谈中讨论问题的顺序应当按先易后难的原则去安排。这样做容易取得成效，使双方从一开始就显示出合作的诚意和彼此的信任，从而为谈判的发展创造良好的气氛，减少彼此的戒备心理，增强双方对交易成功的信心与愿望。双方意向差别较大的问题可以放在较后的位置并安排较多的时间去讨论，这时由于前面的谈判成果已增强了双方的合作意向，谈判的困难会减少。

（2）在说服对方时免不了要陈述利害关系，一般应先讲“利”的一面，然后再以委婉的口气陈述“弊”的一面。这样做是因为谈判者以追求利益为目标，十分注意利益得失，首先迎合对方利益的需要，有利于激发对方的兴趣和热情。

（3）在洽谈中双方既有合作，又有冲突。因此，推销人员在说服对方时应该尽可能强调利益的一致性与互利互惠的可能性，这样有利于激发对方在认同自身利益的基础上接受建议。

（4）谈判者的目标是要满足自己的需要，因此推销人员要在说服过程中尽量去发现对方的迫切需要或第一位需要。如果发现对方的需要正好与自己的提议相互一致，双方往往一拍即合。

（5）为了快速、顺利地达成协议，在说服他人时不应单纯强调未解决的争议问题，应重点强调已解决的问题，这有助于增强双方合作的信心和热情。

（6）要特别重视首尾两部分内容的安排及语言技巧的运用，因为开头与结尾给人留下的印象比较深刻，所以可把最重要的问题放在首尾两部分。

（7）拿出充分的证据或有说服力的资料来证实自己的解释或要求，使对方在事实面前心悦诚服。

（8）该对问题作结论时不要推辞，应简单明了、准确无误地陈述结论。

（六）自嘲诙谐，言此意彼

所谓自嘲，顾名思义，就是运用嘲讽语言和口气自己戏弄、贬低或嘲笑自己。然而，从自嘲本意来看，又并非止于自我嘲弄，多有“醉翁之意不在酒”的意味，具有“表里相悖”“言此意彼”的特点，因而“自嘲”语言在谈判中具有特殊的表达功能和使用价值。在谈判中运用“自嘲”语言，需要注意以下两点：

1. 审时度势

自嘲虽然有一定的表达功能，但有明显的局限性，只不过是一种辅助语言，不宜到处乱用。如果不看场合，随意滥用，就会弄巧成拙。比如，在洽谈中，回答对方提出的实质性问题时，就不宜使用自嘲，而应开诚布公，坦率地讲述自己的观点，介绍情况。

2. 适可而止

自嘲有时具有贬低自己的作用，运用该方法时应格外小心，别让对方抓住把柄。通常情况下，应是“点到为止”。过分的自嘲，会导致洽谈出现危机。所以，在洽谈中运用自嘲语言应慎之又慎。因时因地，巧妙运用，才能达到自嘲的最佳洽谈效果。

（七）干净利落，当止即止

在推销洽谈中适时地终止、结束洽谈，既可以节省大量的时间，又可以节省费用。但要想顺利地终止洽谈往往不是那么容易，正如常言所说，“编筐编篓，难在收口”。优秀的洽谈者，应当熟练地掌握时机，施展终止洽谈的技巧。

当推销人员对洽谈的形势已经了如指掌，认为没有必要再谈下去时，就应借机提出合适的理由，干净利落地结束洽谈。在运用洽谈终止技巧时应注意如下问题：

（1）切忌在双方热切讨论某一问题而尚未获得一致意见时，草率收兵。应该在确认双方意见协调一致后，再让洽谈告一段落。即使一时出现分歧，也应设法改变话题，待洽谈气氛改变后，再设法收场。还可以“异中求同”，如可以说“虽然我同意您的部分意见，但您有您的考虑，我也有我的看法。我们可以改日再谈……”这样结束自然而融洽。

（2）洽谈过程中，拖拖拉拉，没完没了，会造成洽谈双方心理上的疲劳和精神上的困倦。因此，不要强行把洽谈拖长，有话则长，无话则短。当发现已无交谈内容时，应该尽早地使洽谈在最佳点上结束，适可而止。

（3）洽谈时间的掌握要恰到好处，在准备结束前，先预留一段时间，如果突然地终止洽谈，匆匆离开，会给人以不知礼节的不良印象，不利于人际交往。但如有事只能作短暂交谈，应在谈话之初，预先声明，使对方有所准备。

（4）要小心留意对方的暗示，如果对方对谈话不感兴趣，就应知趣地尽快结束洽谈。

（5）结束洽谈时，要给对方留下一个愉快的印象，笑容是结束洽谈的最佳句号。因为最后的印象，可以留在对方的脑海中，有利于将来更进一步地交往。另外，结束谈话时，也可以幽默一些，这样不仅可以把气氛搞活，而且可以令对方留下更为深刻的印象。

（八）字斟句酌，不留缺口

洽谈的结果，最终要落实到文字（合同条款）上。在起草合同条款时，洽谈人员必须有高度的责任感，要一丝不苟，对每一个问题、每一个段落、每一个词句甚至每一个标点符号，都必须认真地加以斟酌，稍有疏忽便可能造成无法挽回的损失。

一旦缔约出现漏洞，要如何补救呢？有经验的洽谈者，往往采用以下几种补救措施：

（1）双方再进一步地研究，来补救这个缔约上的漏洞。

（2）由其中一方另写备忘录给对方，指出某些不妥之处，并提出弥补意见。

（3）如果对方在相当长的时间仍未答复，可能需要单方面采取行动。

（4）如果收到对方的备忘录，必须立即回信。

总之，洽谈人员缔约时要慎之又慎，条约的内容要写清、写细、写实。否则，在缔约后可能会出现一些不愉快的事情，甚至导致严重的后果。

即问即答
本节提到的推销语言技巧有哪些?
提示： 语言生动、留有余地、妙用提问、慎重承诺、诚实委婉、自嘲诙谐、干净利落、不留缺口。

二、推销洽谈的行为技巧

（一）耐心倾听，耳聪目明

在交谈中，倾听是非常重要的。对推销人员而言，只有通过倾听和观察才能了解对方对推销产品的看法及购买倾向。提高洽谈中倾听的水平，要掌握如下要领：

（1）要给对方创造发言的机会。交谈中会说话的人往往都是善于倾听的人，常言说：“会说话的人想着说，不会说话的人抢着说。”所以，善谈者绝不喜欢长篇独白，而是注意多给对方说话的机会。比如，把自己的意思简明表述之后说一句：“您的意思呢？”或“我很想听听您的高见。”

（2）聆听时要聚精会神，表情专一。在听的过程中要做到身心投入，目光专注，时而凝神深思，时而点头应和，时而会心微笑。切忌漫不经心、心不在焉，不要左顾右盼、摆弄他物或随意插话。

（3）要边听边思。推销洽谈人员在倾听时不仅要听得详尽、完整，辨清语音，理清语意，而且要善于去粗取精、去伪存真、由此及彼、由表及里，抓住主干和核心，揣摩对方谈话的弦外之音和真实意图。

（4）要始终保持冷静的心态和从容的风度。即使遇到令自己不愉快的话题，也要保持冷静。事实证明，越是在对方的气头上，推销人员就越要认真专注地倾听，这不但有助于弄清真相，找出对策，而且有助于消除对方的怒气，平心静气地解决问题。

（二）心理相容，求同存异

心理学把人的心理现象概括成心理过程和个性心理特征两大方面。心理过程是人的心理形成及其活动的过程，包括认识过程、感情过程和意志过程。个性心理特征有两个方面：一是各自的意识倾向性，包括不同的需要、动机、兴趣、习惯、态度、信念等；二是各自的心理特征，包括不同的能力、兴趣、性格和气质等。

这两个方面是密切联系的，都是社会客观现实在人脑中的主观反映。“心理相容”是洽谈中各成员之间融洽的心理交往状况。因此它使洽谈中各成员之间心境和睦友好，心理气氛融洽，步调协调一致。同时，它也是指人们之间的言谈举止、思想观点、个性品格等在心理上互为对方所接受。洽谈双方心理相容，无疑对洽谈的顺利进行有着重要的促进作用。“心理相斥”有百害而无一利，因此，不要对一些无益的烦琐小事进行争论。

在洽谈过程中，要与对方说话投机而达到“心理相容”，在意见发生分歧时应努力做到求同存异，切忌不分对象、不着边际、口若悬河、夸夸其谈，以免对方产生戒备感或引起对方的心理抵触，而应从与对方有共同语言的话题入手，谈论人们普遍关注或感兴趣的问题，建立亲切感，缩短心理距离，进而扩展和延伸话题，最终达到心理相容。洽谈双方的心理相容，有助于洽谈的顺利进行。

（三）推销演示，示范有方

推销演示是一种直接的非语言洽谈的方法。演示可以更生动形象地直接刺激顾客，制造一种真实可信的推销情境，把顾客置于较强的推销气氛中，使洽谈深化，达到推销产品的目的。

在推销中，有些信息特别重要或十分微妙，这时，通过表演展示、示范表达，可以使顾客通过视觉、听觉、味觉、嗅觉和触觉，直接接受商品信息，既可以节省洽谈时间，又能增强推销的可信性，易收到良好的效果。根据演示内容的不同，演示法可分为以下几类：

1. 产品演示法

产品演示法是推销人员直接用所推销的商品、模型或复制品向顾客演示的方法。通过该方法，既可演示商品的外观、结构，又可演示其性能、效果、使用方法、维修保养等。可使顾客对商品有直观了解，产生强烈的印象。

2. 文字演示法

文字演示法是推销人员通过演示有关商品的文字资料来刺激顾客的购买欲望的方法。演示中所选择的文字资料要具有相关性、系统性、准确性和权威性。例如，产品说明书、价目表、文字广告、产品获奖证书、质量检测证书等。还可以准备一些关于产品效用的剪报、顾客称赞信函等资料。这些文字材料可以大大提高顾客的信任感。

3. 图片演示法

图片演示法是推销中通过演示有关商品的图片资料来刺激顾客购买欲望的方法。这种方法图文并茂，方便易行。图片本身的信息容量大，便于随身携带。照片和图片可以使推销员的推销说明更生动、更清晰，产生强烈的感染力。

4. 图表演示法

图表的种类很多，它是有效演示的一种重要的辅助方法，应用范围相当广泛。其中最有效的两种图表分别是动态图表和滑动图表，其中动态图表的使用最为普遍。所谓动态图表，是指画在个别纸张或卡片上的一系列插图。使用动态图表的进行推销，有利于保持顾客的注意力与兴趣，有利于推销人员进行生动而有计划的推销说明，从而缩短时间和降低推销的难度。在使用动态图表进行推销说明时，通常还可将图表上的一些关键字词或重要项目用笔画出来提醒顾客注意。滑动图表的推销效果也很好，它以强调产品的性能、大小、特征等为目的，使顾客了解产品，有时还应用于教学或工程上的计算、比较甚至解决各种问题。滑动图表反映的内容比较全面，可以让顾客对产品有一个明确的感性认识，被看作赠送给别人的一种很好的礼物。当推销人员利用图表进行产品推销时，要选择使用不同的图表，以提高推销的效果。

5. 图形演示法

图形的辅助作用与图表很相似，但图形更侧重于推销成果、价格趋势、广告计价日程、利润以及其他项目的各种比较，它是一种重要的辅助演示方法。图形的样式各异，有直线图、柱形图、绘画图等，推销人员在进行推销时应选择特定的模式进行辅助说明。在使用图形或图表进行推销说明时，要仔细向顾客演示，让顾客能够明白每一个项目的内容及目的，避免词不达意。在推销时还应妥善计划好图形的运用，要针对不同的顾客采用不同的方法，以达到最佳的效果。值得一提的是，推销人员自己必须对图形或图表的内容相当熟悉，否则就不能达到运用图表或图形辅助推销的目的。

6. 音响影视演示法

这是利用录音、录像等现代推销工具进行演示，刺激顾客购买欲望的方法。越来越多地运用现代推销工具，是推销的发展趋势之一。音响影视演示集推销信息、推销情境和推销气氛于一体，使顾客产生兴趣。

演示地点限制演示内容，所以演示准备时应考虑地点、场合的影响。根据演示地点的不同，演示法还可以分为室内演示和室外演示两种方法。

（四）察言观色，巧用形体

心理学家分析，人的举止是人的内心活动的充分反映，举止所表达出来的意义随着个性和文化背景的不同而有差异。所以，在进行推销洽谈时，一方面要从对方的举止中领会其所潜藏的内涵意义，要善于察言观色；另一方面还要学会运用形体语言，不要因此而向客户泄露了自己不该传递的信息。

运用形体语言应注意的问题主要有：

（1）形体语言不是对人的行为状态的精确描述，它的可变性很强、含义很广，所以不能把理论规则照搬到实际中。作为推销人员必须清楚形体语言所表达的并非一定和内在本质一致。在洽谈中，对方很可能会制造各种假象，洽谈人员应谨慎、机智地应付各种情况。

（2）要弄清形体语言运用的场合、时间和背景，只有这些条件都有利时，形体语言表达才能取得最佳效果。

（3）要善于观察。由于形体语言直接作用于人的视觉，一切尽在“不言中”，这就要求推销人员在倾听对方谈话的同时要悉心观察对方，在观察之中体会对方所给予的各种暗示信息，并采取相应的方式与对方交换信息，适时地作出判断，以控制洽谈的局势。

（4）推销人员运用形体语言传递信息时，应该注意相关的礼仪规范。

边学边练

将学生分成若干组，每组 2 名同学，按照教学内容要点，前往至少一处家用电器卖场，以顾客身份与卖场推销员进行洽谈。

每组提交一份洽谈过程记录和心得。

老师阅读批改，点评。

同步测试

1. 选择题

（1）推销洽谈的核心目标在于（　　）。

A. 激发购买欲望　　B. 发生购买行为

C. 注意购买商品　　D. 产生感情冲动

（2）根据推销洽谈的内容和性质划分，推销洽谈策略可分为互利型洽谈策略和（　　）洽谈策略。

A. 利己型　　B. 利他型　　C. 排己型　　D. 排他型

（3）推销人员与顾客面对面通过语言、样品、资料等介绍商品，达到推销目的的方法是（　　）。

A. 演示法　　B. 提问法　　C. 直接介绍法　　D. 介绍法

（4）推销人员的洽谈结果最终要落实到（　　）上。

A. 文字（合同条款）　　B. 口头

C. 心理　　D. 表面

（5）直接用商品、模型或复制品向顾客演示的方法是（　　）。

A. 图表演示法　　B. 图形演示法

C. 音响影视演示法　　D. 产品演示法

（6）以下不属于推销洽谈程序阶段的是（　　）。

A. 洽谈准备　　B. 洽谈导入

C. 正式洽谈　　D. 签订合同或购买产品

（7）推销洽谈技巧有（　　）和行为技巧。

A. 演示技巧　　B. 合同技巧　　C. 语言技巧　　D. 实物技巧

2. 判断题

（1）在整个推销过程中，推销洽谈是推销业务中的重要组成部分，并不是推销实务中的关键环节。（　　）

（2）经济法律法规是推销洽谈的基础。（　　）

（3）推销员在推销洽谈之前，需要做充分的准备，以便为顾客接近和洽谈提供必要的依据和支撑。（　　）

（4）私下接触策略就是推销员在洽谈前私下给对方经济好处，以促进推销洽谈的策略。（　　）

（5）先发制人策略是指洽谈前预先估计到顾客可能提出的问题和疑虑，排除潜在成交障碍。（　　）

（6）推销洽谈是一门艺术，不一定要讲究方法和技巧。（　　）

（7）洽谈并不忌讳争论，碰上存在争议的问题，妙用提问，可有效避开争执。（　　）

（8）推销洽谈过程中运用行为技巧时，应该注意相关的礼仪规范。（　　）

3. 简答题

（1）推销洽谈的特点表现在哪几个方面？

（2）推销洽谈的准备有哪些？

（3）简述曲线求利的含义以及运用时应注意的问题。

（4）推销洽谈有哪些行为技巧？

专项模拟实训

1. 实训目标：通过模拟推销主体双方的接触，认识和掌握推销洽谈的程序、准备、策略和技巧。

2. 实训内容：按背景材料解决后面的模拟问题。

3. 实训背景：

某顾客是一名大学生，他准备买一台计算机，并确定了自己的计算机配置。经过对几家计算机店的询价，他感觉还有很大的还价空间。这是因为：① 市场竞争激烈；② 整机装配，商家明确表示可以优惠；③ 学生是该计算机市场中的购买主力。

模拟问题：

（1）选出两个同学分别扮演计算机推销人员和顾客，可以不拘泥于对话的内容。要求设置相应的场景，其他同学认真观摩两个同学的表演，从中发现相关的问题。

（2）请识别推销洽谈的程序、准备、策略和技巧。

（3）请把握推销洽谈核心目标的实现方式。

4. 实训要求：课外分组初步模拟，每组挑选一对代表正式模拟，设置相应场景，其他同学认真观摩，围绕推销洽谈从中发现相关的问题，写出启示。

5. 实训步骤：课外分组模拟选拔→确定正式模拟代表→情境模拟及观摩→观摩启示汇总→教师总结点评。

6. 成果评价：通过模拟实训，让学生初步掌握推销洽谈的目的、程序、准备、策略和技巧。

07

Chapter

第七章

异议处理技术

【学习目标】

※ 素养目标

- 推己及人，培养对不同意见的包容心，努力做到求同存异
- 诚实友善，增强推销异议处理时的耐心，提高业务素养

※ 知识目标

- 了解推销异议的概念
- 熟悉推销异议产生的原因
- 掌握推销异议的表现形式

※ 技能目标

- 能够根据推销异议的差异制定处理策略
- 能够运用各类推销异议的处理方法和技巧解决推销异议

【思维导图】

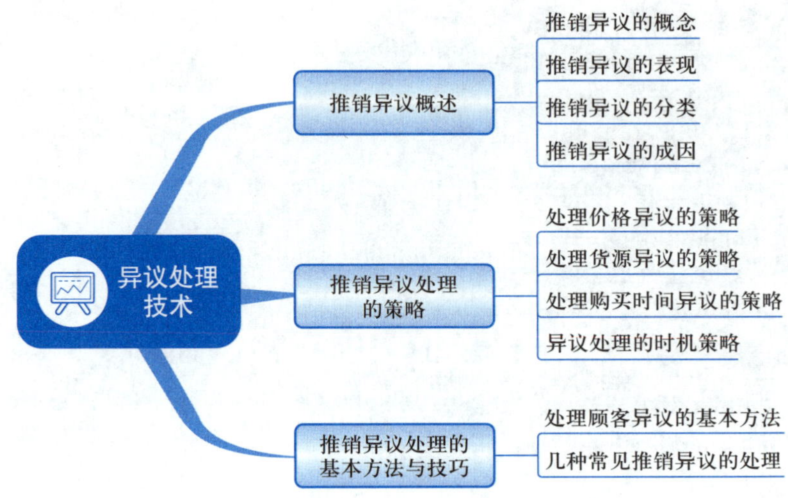

案例导入

推销人员最忌跟顾客争执

李冲年轻时酷爱跟别人抬杠，他当过汽车司机，后来改行推销汽车。每当客户挑剔他的汽车时，他就会涨红脸大声强辩。李冲承认，那时他虽然在嘴上赢得不少辩论，但是都对工作毫无用处，他甚至连一辆车也推销不出去。渐渐地，李冲意识到自己的缺点，就从各个方面反省自己，改变自己。他开始懂得克制自己，避免和客户发生口角。

现在，李冲已经成了武汉某汽车公司的明星推销员，他是如何走向成功的呢？李冲这样说："如果我现在走进顾客的办公室，而对方说：'什么？大众汽车，不好！我要的是 ×× 牌的汽车，×× 的汽车轻便、节油，价格也很便宜。大众汽车送给我我都不要！'我会说：'老兄，×× 的汽车确实不错！买他们的汽车绝对错不了。'我选择先赞同顾客的意见，避开争执的方法来处理顾客异议。这样的话，他就无话可说了，没有抬杠的余地。他总不能在我同意他的看法后还说上一下午'×× 的汽车最好'吧！当我们不再谈 ×× 的汽车后，我便开始介绍大众汽车了。"

对于顾客的异议，李冲采取先赞同、倾听，然后再迂回加以建议，提出自己的意见。尽管对方在口舌上占了上风，但是，他却在推销汽车上取得了胜利。

案例思考：李冲改变了什么？李冲的改变与推销的成功有什么关系？

第一节 推销异议概述

推销过程纷繁复杂。从寻找顾客、约见顾客、接近顾客到推销面谈、交易达成，不可能总是一帆风顺，往往会在不同环节遇上各种各样的困难，客户随时都有可能提出异议。

顾客通过多种方式从许多方面来设置障碍，有推销员方面的、企业方面的、付款方式方面的、供货条件方面的、服务态度方面的、价格方面的、心理方面的。例如，他们会对推销人员说“我不需要你的产品”“我没钱”“我们已有供应商”“价格太高了”，等等。他们可能会对推销人员、推销物品、推销活动提出各种反对意见。面对顾客异议，推销人员必须正确对待和恰当处理。

一、推销异议的概念

推销异议是指推销人员在推销过程中所遇到的各种阻力，即阻拦推销活动顺利开展的各种主观或客观因素。在实践中，推销异议就是顾客对推销人员、推销物品及推销活动所提出的各种反对意见。处理好这些反对意见，就能提高顾客的满意度，增强顾客的购买倾向，促进推销各个要素相互协调。

二、推销异议的表现

推销人员所遇到的推销异议是不尽相同的。在一般情况下，推销异议表现为以下几种。

（一）需求异议

需求异议是指顾客自以为不需要推销物品而形成的一种异议。从推销学理论上讲，需求异议是属于顾客自身方面的一种购买异议。需求异议的主要根源在于顾客对于推销人员及其推销物品缺乏应有的认识水平，或者持有成见心理。从需求异议的性质来看，真实的需求异议是成交的直接障碍，而虚假的需求异议是顾客拒绝推销人员及其推销物品的一种借口。对于顾客提出的需求异议，推销人员要认真分析，满足顾客的真正需要，只有这样，才能有效利用各种处理技术，妥善地处理顾客的需求异议，驳回各种借口。当然，如果顾客真的不需要所推销的物品，推销人员就应立即停止推销。

（二）财力异议

财力异议是指顾客因缺乏货币支付能力而提出的购买异议。财力异议也是属于顾客自身方面的一种很常见的购买异议。财力异议的主要根源在于顾客的收入状况和成见心理。一般来说，对于顾客的财务承受能力，推销人员是比较容易了解的，在顾客资格审查和接近准备阶段，推销人员就已经对准顾客的支付能力进行过严格审查，因而在实际推销中能够准确辨认真实异议或虚假异议。真实的财力异议是成交难以克服的异议，而虚假的财力异议则是顾客拒绝推销人员及其推销物品的一种借口。对于前者，处置较为复杂，可以通过比质比价等方式打动顾客；对于后者，推销人员应该有理有据地加以说服。

（三）权力异议

权力异议是顾客以缺乏购买决策权为理由而提出的购买异议。在很多推销场合，顾客并不提出其他问题，只是强调自己不能做主。事实上，无论集团购买还是家庭购买，购买决策权力并不是平均分布在每个成员身上，多数成员可以对决策造成影响，但并不一定具有决策权力。权力异议是一种比较常见的顾客异议，面对没有购买决策权力的顾客，极力推销商品是推销工作的严重失误，是无效推销。在决策人以无权作借口拒绝推销时，放弃推销也是推销工作的失误，是无力推销。

（四）产品异议

产品异议是指顾客认为推销产品本身不能满足自己的需要而形成的一种异议。这种异议表现为顾客对推销产品有一定的认识，具有比较充分的购买条件，但是不愿意购买。有关产品方面的具体意见有质量太差、设计陈旧、型号不对、颜色不符、结构不合理、造型没特色等。产品异议的根源也十分复杂，顾客的认识水平、购买习惯，以及广告宣传、社会成见等因素，都可能导致产品异议。产品异议有竞争性和非竞争性之分。对于竞争性产品异议，推销人员应当着重说明所推销产品的特殊用途和特殊性质，为产品树立良好的形象。对于非竞争性产品异议，推销人员应着重介绍产品的使用价值及其能给顾客带来的实际利益。

（五）价格异议

价格异议是指顾客以推销物品价格过高为由而拒绝购买的一种异议。价格异议属于推销政策方面的异议。它产生于需求异议、财力异议、权力异议、产品异议之后。当顾客提出价格异议时，往往表明顾客对推销物品产生了购买兴趣和购买倾向，只是认为价格高了，想要通过讨价还价迫使推销人员降低售价。价格异议的根源比较复杂，各种外部推销环境、顾客的购买习惯和购买经验、价格政策和价格竞争、顾客的认识水平等因素，都可以导致顾客的价格异议。推销商品也就是交换商品，平等自愿是商品交换的基本原则，因而讨价还价不可避免。价格异议既有真实的又有虚假的，既有竞争性的又有非竞争性的。无论什么性质的异议，推销人员都应慎重对待。价格异议是成交的主要异议之一，只有有效处理，才能达成交易。

（六）货源异议

货源异议是指顾客认为不应该向有关公司的推销人员购买推销物品的一种购买异议。从推销学理论上讲，货源异议属于推销人员方面的一种顾客异议。当顾客提出货源异议时，表明顾客愿意按照推销人员的报价购买这种产品，只是不愿向这位推销人员及其所代表的公司购买。企业信誉不佳、推销态度不良、推销服务不周、同行竞争激烈等因素，都可能导致顾客的货源异议。货源异议具有一定的积极意义，有利于促使推销人员努力改进工作态度和服务质量，提高企业信誉。但在一定的推销环境里，有些顾客会利用货源异议来跟推销人员讨价还价，甚至利用这种异议来拒绝推销人员的接近。因此，推销人员应该认真分析货源异议的真正根源，提高工作质量，改进服务态度，不给顾客留下异议借口。

（七）推销人员异议

推销人员异议是指顾客因某些原因不向特定推销人员购买推销物品的一种购买异议。顾客提出这一异议，表明愿意购买这种产品，只是不愿向特定推销人员购买。推销人员异议产生的根源在于推销人员服务态度不好，不讲究推销礼仪，推销信誉不佳，人际关系不良，或顾客与其他推销人员有特殊关系等。顾客提出推销人员异议也具有一定的积极意义，有利于促使推销人员讲究推销礼仪，进行文明推销，改进服务态度，提高个人信誉。

（八）购买时间异议

购买时间异议是指顾客通过拖延时间来拒绝推销或达到其他目的的一种购买异议。购买时间异议属于顾客方面的购买异议，这种异议的真正理由一般不会是时间，而是价格、质量或其他问题。当然，买方存货过多、资金周转困难，也会导致真正的购买时间异议。对于顾客提出的购买时间异议，推销人员要进行具体分析，认真研究异议产生的真正原因，诚恳告知顾客延缓时间对他的不利，或当场约定下次见面的具体时间，尽可能使顾客当即采取购买行动。顾客提出购买时间异议，表明其购买欲望或购买意图基本形成，推销人员应当抓紧这一机会，有效开展相应的工作。

三、推销异议的分类

在实际推销过程中，有些顾客的购买行为十分理智，其购买异议是有理有据的，而有些顾客的购买行为十分随意，其购买异议是虚假的。推销人员要设法弄清推销异议的各种类型，区分真假异议，对各类顾客提出的购买异议进行辨别，才能运用合适的方法、有效的策略尽力促成交易。

可将各种反对意见归纳为有效异议和无效异议两种。所谓有效异议，是指那些真实的、可靠的、正常的、有根据的反对意见。对于这类意见，必须认真分析，妥善处理。所谓无效异议，是指那些虚假的、不可靠的、不正当的、无根据的反对意见，一般是顾客提出的各种借口。对于这类意见，要耐心说服，有效引导。

客户的异议一般分为三种类型：真实的异议、虚假的异议、隐藏的异议。

（一）真实的异议

真实的异议是指客户认为目前没有购买需要，或对产品不满意，或对产品持有偏见。例如，客户听说产品有问题，容易出故障，返修率比较高。这就属于真实的异议。面对真实的异议，推销人员就应该视状况采取立刻处理或延后处理的策略。

1. 立刻处理的状况

面对以下状况，推销人员最好立刻处理客户异议：

（1）当客户提出的异议是属于他关心的重要事项时。

（2）当推销人员处理后才能继续进行销售的说明时。

（3）当推销人员处理异议后，能立刻要求订单，获得成交时。

2. 延后处理的状况

面对以下状况，推销人员最好延后处理客户异议：

（1）对推销人员权限外或不能确定的事情。例如，代理其他厂商的产品、公司网站有问题待修改等，推销人员可以承认无法立刻解决，但保证会迅速处理并尽快答复。

（2）当客户在还没有完全了解产品的特性及利益前就提出价格问题时。

（3）当客户提出的一些异议，在后面能够更清楚地证明时。

（二）虚假的异议

虚假的异议一般有两种：一种是指客户用借口、敷衍的方式应付推销人员，目的是不想诚意地和推销人员交谈，不想真心介入推销活动；另一种是客户提出很多异议，但这些异议并不是他们真正想要解决的问题。在实际推销活动中，虚假异议占顾客异议的比例较高。推销专家曾做了如下调查：“当你受到推销人员访问时，你是如何拒绝的？”结果发现：有明确拒绝理由的只占18.8%；没有明确理由，随便找个理由拒绝的占16.9%；因为忙碌而拒绝的占6.9%；不记得是什么理由，好像是凭直觉而拒绝的最多，占47.1%；其他类型的占10.3%。

（三）隐藏的异议

隐藏的异议是指客户并不把真正的异议说出来，而是提出各种真实的异议或虚假的异议，目的是要借此假象达到隐藏异议解决的有利环境。例如，客户想讲价，但提出产品与同质化产品之间的差异，以降低产品的价值，从而达到讲价的目的。再如，明明是客户计算机配置或者带宽网速的问题，他却说是产品质量有问题，等等。

四、推销异议的成因

形成推销异议的原因很多，既有顾客方面的，又有推销物品方面的，还有其他方面的。这些因素之间相互联系、相互影响，有时也可以相互转化。形成推销异议有一些必然的、偶然的因素，也有可控的、不可控的因素，推销人员无法完全了解形成推销异议的最终原因或全部原因，但可通过各种方法找出主要原因，从而有效地预测、控制和消除各种异议。形成推销异议的主要原因包括：

（一）顾客方面的原因

推销的对象是顾客，购买商品的是顾客，因而设置推销异议的也是顾客。形成推销异议的顾客方面的原因具体表现为：

1. 顾客的需要

顾客的需要是顾客发生购买行为和形成推销异议最基本的原因。许多顾客之所以拒绝购买推销物品，是因为他没有这方面的需要，或者他还未觉察到自己有这方面的需要，或者他暂时不需要。只有产生了需要，才会产生购买欲望，进而有可能产生购买行为。需要也是不断变化的，并且顾客的需要会受到其货币支付能力的制约。

2. 顾客的成见

顾客的成见是属于顾客认识方面的一种异议根源。顾客的成见在许多情况下不是正确的，对事物缺乏公正、客观、全面的评价，但无法在短时间内用说理的方式去消除。面对顾客的成见，推销人员应当首先推销新的消费观念和消费方式，帮助顾客提高认识，改变落后的价值观念和消费方式，从而消除成见。

3. 顾客的支付能力

支付能力是影响交易行为的一个重要因素，是实现交易的物质保证。因为缺乏支付能力，有些顾客在与推销人员谈话的过程中会故意提出一些反对意见，也有些顾客因为没有支付能力而直接拒绝推销。面对顾客支付能力不足的问题，推销人员要使顾客知道隐藏在他们内心深处的需要。

4. 顾客的购买习惯

习惯是人们认识和学习的结果。长期的购买活动使顾客形成了一定的购买习惯，要改变顾客已经形成的习惯是很困难的事情。心理学家认为，反对改变是人类行为中的一种自然倾向。因此，推销人员要设法弄清顾客的购买习惯，善于利用顾客的购买习惯来发展顾客关系，不可奢望用简单的方式去改变顾客的购买习惯。

5. 顾客的自我表现

有些顾客出于自尊、性格等原因，自我表现欲强烈，想让别人知道他有自己的看法，表明他不会受到别人的影响。他的职业、地位、声誉、知识、才干等完全能使他正确地做出购买决定，推销人员越是介绍产品优点和提出推销建议，他就越觉得自己有必要提出一些不同看法，甚至在某种情况下要试探一下推销人员的能耐和知识，以求得心理上的满足。面对顾客的自我表现，推销人员在态度上要尊重，同时在尊重的前提下注意予以耐心的正面说服；不应与顾客抬杠，挖苦顾客，否则会破坏与顾客的关系，造成推销失败。

以上是形成顾客方面推销异议的主要因素。此外，顾客的知识水平、购买权力、外部联系、怀疑心理等也是形成推销异议的重要原因。

（二）产品方面的原因

产品是推销的客体。根据现代推销观念，产品是一个多因素的组合体，由效用、功能、质量、利益、服务、价格等多种因素构成。因此，来源于产品本身的异议也是多方面的。

1. 产品的效用

对顾客来说，产品的实用性和适用性最为重要，当顾客没有考虑推销物品的实际效用时，推销人员再详细介绍产品质量也是毫无效果的。产品的效用越是符合顾客的基本需要，就越有销路。推销人员要善于借助产品的效用，设法刺激顾客需要，激发顾客欲望，把顾客的购买兴趣调动起来。如果推销物品没有顾客所需要的效用，或效用还未被顾客所认识，顾客就会提出各种异议，阻碍推销。

2. 产品的质量

在同一价格水平下，产品质量越优，竞争力越强，销路越好。这表明，质量与价格之间存在着内在的联系，质优价高的产品有销路，质次价低的产品也有销路，质优价廉的产品不愁销路，质次价高的产品没有销路。同时，质量还应与目标市场的条件和要求相一致。例如，在某些城市市场里，质次价低的产品未必有销路；而在一些偏远的市场里，质优产品也未必有人问津。在同等价格条件下，质优产品更能引起顾客的注意和兴趣，唤起需要。顾客对产品质量的异议从广义上讲，包括对内在质量、外观质量和服务质量等方面的异议。

3. 产品的价格

价格是形成推销异议最常见的原因之一。顾客一般认为价格太高，并通过讨价还价取得能够接受的价格，实现交易。顾客认为价格太贵的原因主要有：

（1）顾客的支付能力不允许他购买价格过高的产品。

（2）竞争对手类似产品的价格较低。

（3）顾客爱挑剔，喜爱表现自己，为难推销人员。

（4）顾客害怕吃亏，想试探价格的虚实。

（5）顾客没有真正的购买意图，以价高作为拒绝的借口。

有时，顾客会认为推销品价格过低，在没有正当理由作说明的情况下，顾客产生价低的印象只会加大推销的难度。推销人员要注意避免各种价格矛盾，要努力让顾客首先接受产品的功能、效用和利益，而不是价格。

4. 产品的服务

服务是产品的附加因素，但它对推销绩效直接产生影响。推销人员要努力让顾客对自己的服务发生兴趣，感受到实惠，要以比开发产品内在质量更认真的态度去开发产品的服务质量，要牢固树立为顾客服务的观念。如果顾客感到服务不周，一般不会就服务直接提出异议，而是通过货源异议或推销人员异议来拒绝接受推销。

（三）其他方面的原因

除顾客、产品方面的因素外，在实际推销中，推销不力、推销人员信誉不佳、推销信息失实等都是形成推销异议的直接影响因素。

1. 推销不力

顾客对推销人员的反对意见，主要是因为推销人员不注意推销礼仪，不讲究推销语言艺术，缺乏必要的精神和气质，采取的推销方式不当等原因引起的。

2. 推销人员信誉不佳

在实际推销工作中，有些推销人员对顾客不负责任，不讲信用，不执行合同，不及时交货，采取欺骗或坑害的手段对待顾客，严重损害了推销信誉。

3. 推销信息失实

推销信息失实是不同于推销人员方面的一种异议根源。在推销过程中，推销人员会向顾客发出大量的推销信息，如果信息失真，势必引起各种反对意见，甚至造成顾客的抗拒心理。同时，由于顾客的接收能力和理解能力不同，有的顾客会感到推销人员发出的有效信息不够，从而提出异议。推销人员应向顾客传递大量的真实信息，当好顾客的“购物参谋”，为顾客制定购买决策提供帮助。

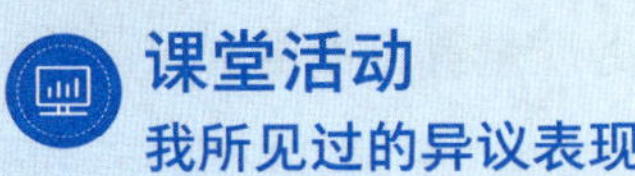

课堂活动

我所见过的异议表现

目标： 了解各类异议的表现形式。

内容： 收集并整理归纳出自己见过的各类异议的表现形式。

要求： 每个小组根据各类资料来源（一手二手均可）、顾客原因、产品原因和其他原因分别写出三种以上的异议表现情境脚本，并演示出来。

步骤： 提前布置→收集资料→小组讨论→脚本写作→情境演示→演示点评。

组织形式： 小组活动。

考核要点： 了解到各种类型的异议表现形式，并初步提出解决方案。

第二节 推销异议处理的策略

推销异议表现在各个方面，因而推销异议的处理也涉及多方面的问题，只有妥善处理各种顾客异议，才能有效达成交易。

一、处理价格异议的策略

推销人员应当首先分析、确认顾客提出价格异议的动机是什么，然后有针对性地采取以下策略：

（一）重价值、轻价格策略

推销人员可以从产品的使用寿命、使用成本、性能、售后服务、收益等方面进行对比分析，说明产品在价格与性能、价格与价值、推销品价格与竞争品价格等方面中某一方面或几方面的优势，让顾客充分认识到推销品的价值，认识到购买推销品能带给他的利益和方便。

推销人员必须注意：在推销洽谈中，提出价格问题的最好时机是在会谈的末尾阶段，即在推销人员充分说明了推销品的好处，顾客已对此产生了浓厚的兴趣和购买欲望之后，再谈及价格问题。除非是顾客急切地问到价格问题，不及时回答就会引起顾客猜疑，阻碍洽谈顺利进行，一般情况下，推销人员不要主动提及价格，也不要急于回答顾客较早提到的价格问题，更不要单纯地与顾客讨论价格问题，在报价后也不附加评议或征询顾客对价格的意见，以免顾客把注意力过多地集中到价格上，使洽谈陷入僵局。

（二）让步策略

在推销洽谈中，双方的讨价还价是难免的。在遇到价格异议时，推销人员首先要注意不可动摇对自己的企业及产品的信心，坚持报价，不轻易让步。只有充满自信，才可能说服别人。如果只想以降价化解价格异议，很容易被对方牵着鼻子走，不仅影响推销计划的完成，而且有损企业和产品的形象。应当掌握的让步原则是：不要做无意义的让步，应体现出己方的原则和立场，在让步的同时提出某些附加条件；做出的让步要恰到好处，一次让步幅度不能过大，让步频率也不宜太快，要让对方感到得到让步不容易并由此产生满足心理，以免刺激对方得寸进尺，提出进一步要求；小问题可考虑主动让步，大问题则力争让对方让步。有时为预防顾客杀价，可提高报价以便顾客提出降价要求时有较大回旋余地。

（三）心理策略

在向顾客介绍产品价格时，可先发制人地首先说明报价是出厂价或最优惠的价格，暗示顾客这已经是价格底线，不可能再讨价还价，以抑制顾客的杀价念头。推销人员还可使用尽可能小的计量单位报价，以减少高额价格对顾客的心理冲击。例如，在可能的情况下，改吨为千克，改千克为克，改千米为米，改米为厘米，改大包装单位为小包装单位。这样，在价格相同的情况下，顾客会感觉小计量单位产品的价格较低。

二、处理货源异议的策略

许多货源异议都是由于顾客的购买经验与购买习惯造成的，推销人员在处理这类异议时可采用以下策略：

（一）锲而不舍，坦诚相见策略

通常顾客在有比较稳定的供货单位和有过接受推销服务不如意甚至上当受骗的经历时，对新接触的推销人员怀有较强的戒备心理，由此而产生货源异议。推销人员应不怕遭到冷遇，反复进行访问，多与顾客接触，联络感情，增进相互了解。

（二）提供例证策略

在解决货源异议时，推销人员为了说明推销品是名牌商品且其材料优异、制作精良、款式新颖等，可出示企业资质证明、产品技术认证证书、获奖证书以及知名企业的订货合同等资料，以消除顾客顾虑，获得其认可。

（三）强调竞争利益策略

顾客常常会提出已有供货单位，并对现状表示满意，从而拒绝推销。推销人员应指出，作为一个企业仅把握单一的货源具有很大的风险性。如果供货单位一时失去供货能力，将会导致企业因货源中断而被迫停工停产。而企业拥有较多货源，采取多渠道进货，会增强采购中的主动性，可以对不同货源的产品质量、价格、服务、交货期等进行多方比较分析，择优选购，以获得竞争利益。当某个供货渠道发生问题时，也不至于中断货源。

三、处理购买时间异议的策略

在推销实践中，顾客借故推托的时间异议多于真实的时间异议，处理的策略有如下几种：

（一）货币时间价值策略

一般说来，物价的变化会随着时间的推移而上扬。推销人员可以结合产品的具体情况告诉顾客，由于供求关系变化，如果拖延购买时间将意味着花费更多的钱和时间来购买同等数量的商品。因此，拖延购买不仅费钱，还要劳心费力地多方选择，必定要耗费时间，增加时间成本，不符合现代社会“时间就是金钱，效率就是生命”的观念。

（二）良机激励策略

利用对顾客有利的机会来激励顾客，使其不再犹豫不决，抛弃“等一等”“看一看”的观望念头，当机立断，拍板成交。例如，“目前正值展销期间，在此期间购买可以享受20%的优惠价格”“我们的货已经不多了，如果您再犹豫的话，就可能被别人买去了”等话术。使用这种方法必须确有其事，不可虚张声势，欺骗顾客。

（三）意外受损策略

这种方法与“良机激励策略”正好相反，是利用顾客意想不到但又必将会发生的变动因素，如物价上涨、政策变化、市场竞争等情况，要求顾客尽早做出购买决定。

（四）竞争诱导策略

这是指推销人员向顾客指出他的同行竞争对手已经购买了同类产品，如不尽快购买推销品，将会在竞争中处于劣势，以此诱导顾客注意竞争态势，从而做出购买决定。

四、异议处理的时机策略

在处理顾客异议的过程中，对同样问题的同样回答，在不同时间里会产生不同的效果。根据研究，优秀推销人员所遇到的顾客严重反对的机会大约只是其他人的 10%，原因在于一位优秀的推销人员往往能选择恰当的时机对顾客的异议提供满意的答复。所以，选择适当的时机答复顾客的异议和给顾客的答案本身同样重要。答复异议的时机选择大致有四种情况，分别运用不同的策略来处理：

（一）预防处理策略

预防处理策略是指推销人员预知顾客将要提出特定的反对意见，在顾客尚未提出之前主动抢先替顾客提出的一种处理技术。推销人员可以通过预防处理法抢先提出顾客实际上存在的购买异议，先发制人，排除成交障碍。

预防处理策略具有很多优点：① 能公开顾客心中的秘密异议并加以妥善处理，从而有助于说服顾客；② 可使推销人员处于主动地位，从而有效地控制和调节推销气氛；③ 易于找出顾客异议的真实根源，节省推销时间，提高推销效率。

这一处理策略有着广泛的用途，特别适宜处理各种重要的和常见的顾客异议。但是，推销人员也不可滥用这一策略。滥用预防处理策略，可能会增加顾客的心理压力，或使顾客失去购买信心，或引起有关异议的传播和流行，加大异议的分量，增加成交的困难。为能正确使用预防处理策略来处理各种顾客异议，推销人员必须注意以下问题：

（1）认真做好接近准备，注重收集有关资料，科学预测顾客将会提出的各种异议。

（2）针对顾客提出的有关异议，直接提出产品利益，进行推销演示，开展重点推销。

（3）讲究推销礼仪，尊重顾客个性，避免冒犯顾客。

（4）抢先提出购买异议之后要及时加以处理，防止顾客节外生枝，再提出新的异议。

（5）对一些无法预料的无关异议，不必加以预防。

推销人员要注重观察顾客的心理变化和行为反应，准确把握顾客可能提出的各种问题，有效制定相应的预防措施。

（二）及时答复策略

一般来讲，推销人员对顾客提出的大多数异议都应当及时答复。这样做的优点在于：① 表示对顾客意见的重视和尊重，以免顾客觉得受到轻视而增加戒备和对抗的心理；② 使顾客感到推销人员不回避问题的态度，使问题在没有扩大的情况下及时解决，也使推销人员的说服努力在顾客注意力较为集中的情况下进行，增强了说服顾客接受的力度；③ 可以不中断与顾客的谈话，形成双向沟通的讨论气氛。

所以，推销人员对顾客提出的不同意见，需要立即回答的则应立即回答。即刻回答顾客异议，要求推销人员思维敏捷，具有灵活的应变能力、善辩的口才、丰富的产品知识和一定的临场经验。

（三）延缓回答策略

在实际推销过程中，并非所有问题都处理得越快越好。在某些情况下，对顾客异议滞后处理，其效果会更好。

（1）推销人员不能立即给顾客一个满意的答复时，就应当暂时搁下，并把不能作答的原因坦率地告诉顾客。

（2）顾客对推销品的了解甚少，如果对其异议立即答复会影响推销要点阐明或阻碍推销计划实施，而随着业务洽谈的进行，这类顾客异议会逐渐减少或消失，那么推销人员最好不要马上答复。推销人员可向顾客表示稍后会给一个答复，然后转换话题，从而把握推销洽谈的主动权，促进推销目标的实现。

（3）冷处理。对于顾客的一些不影响成交的反对意见，推销人员最好不反驳，也不立即回答，以免惹顾客生气或使顾客觉得推销人员总是和他持相反的意见。

冷处理方法

顾客说：“啊，你原来是A公司的推销员，你们公司周围的环境可真差，交通也不方便！”即使事实并非如此，也不要争辩，可以说：“先生，请您看看产品……”推销专家认为，在实际推销过程中，80%的反对意见都可以冷处理。

总的来看，推销人员对顾客异议不及时回答可能会危及整个交易，但是，考虑不周的答复比不及时的答复更可能葬送整个交易。

（四）不予回答策略

顾客的异议千差万别，其动机也各不相同，推销人员不可能也没有必要解决所有的顾客异议。推销人员应注意推销目的不是去改造顾客，对于偏颇、偏激的顾客异议可以避而不答，以免破坏和谐的气氛，只需要注意其对产品的意见即可。不予回答不等于不能回答，所应把握的标准在于对异议的解释和说明是否有利于推销活动的顺利展开和达到推销的目的。具体地说，不必回答的异议有：顾客的一些借口、肤浅的见解、明知故犯的发难、无法回答的奇谈怪论、废话、戏言等。

课堂活动

目标：异议处理的 14 种常见策略演示及应用条件分析。

内容：以小组为单位。针对本节所提出的 14 种策略，选择其中的两种分别设计成功或者不成功的情境，并分析其原因。

要求：每个小组选择 14 种策略中的两种进行成功与失败情境演示，全班要求覆盖 14 种策略类型。然后总结出 14 种策略的应用条件限制。

步骤：提前布置→小组选择策略类型→小组讨论→脚本写作→情境演示→演示点评。

组织形式：小组活动。

考核要点：策略强调行动的节奏感和序列性，其应用需要考虑时间节点的价值。

第三节 推销异议处理的基本方法与技巧

一、处理顾客异议的基本方法

推销人员要区别对待顾客提出的反对意见，有的应提前回答，有的要及时回答，有的需要稍后回答，有的应不予理睬，有的还要予以反驳。由于顾客异议五花八门，因而处理异议的方法也是多种多样的，下面介绍几种最常见的方法：

（一）询问法

询问法是指推销人员利用顾客异议反过来询问顾客的一种方法。顾客异议根源的不确定性，是询问法的客观依据。

询问应该越放开越好，要尽量让客户说出异议的全部。例如，销售人员最容易遇到价格异议，这时候就可以这样问："除了价格外，请问我们还可以在哪些方面进行补偿呢？""贵公司是如何考虑价格方面的因素的？"

1. 询问法的优点

询问法具有如下优点：

（1）通过询问可以得到反馈信息，有利于找出顾客异议的根源，明确顾客异议的性质。

（2）采用询问法，推销人员直接追问顾客，请教顾客，有利于推销人员进一步处理好顾客异议。

（3）询问可以迫使顾客说出异议根源，既可让推销人员处于主动地位，又可暴露异议的各种弱点。

（4）询问法方式灵活，能让顾客自己来处理自己所提出的有关购买异议。

2. 询问法的缺点

询问法的不足之处在于：

（1）推销人员不是直接回答顾客提出的问题，而是反问顾客，这容易引起顾客反感。

（2）在不需要找出顾客异议的根源时，推销人员追根究底，只会节外生枝，浪费时间。

（3）容易冒犯顾客，难以尊重顾客的个性。

3. 采用询问法的注意事项

推销人员采用询问法时，必须注意以下问题：

（1）必须灵活善变，及时追问顾客，查出异议的根源和性质；同时，追问顾客要适可而止，不得穷追不舍，寻根究底。

（2）必须直接针对有关的顾客异议。不得询问其他一些无关的问题，以免节外生枝。

（3）讲究必要的推销礼仪，尊重顾客的个性，避免冒犯顾客。

（4）询问法主要适用于处理各种不确定型的顾客异议，不宜处理各种无关异议。

（二）转折处理法

转折处理法是指推销人员根据有关事实和理由来间接否定顾客异议的一种处理技术。在实际推销活动中，顾客往往提出许多无效异议来直接阻碍成交。转折处理法主要适用于处理这些无效的顾客异议。采用这种方法首先要承认顾客的看法有一定道理，也就是向顾客有限让步之后才讲出自己的看法。

知识链接

转折处理的方法

顾客认为推销人员推销的服装颜色过时了，推销人员可以这样回答："小姐，您的记忆力的确很好，这种颜色几年前已经流行过了。我想您是知道的，服装的潮流是轮回的，如今这种颜色又有了回潮的迹象。"这样推销人员就轻松地处理了顾客的意见。

1. 转折处理法的优点

转折处理法具有许多优点：

（1）推销人员不是直接驳斥，而是间接否定，有利于保持良好的人际关系和推销气氛。

（2）推销人员尊重异议，承认异议，态度委婉，先退后进，顾客容易被说服。

（3）推销人员及时分析异议的性质和根源，可使处理异议的方案留有余地。

2. 转折处理法的缺点

（1）这一方法有可能会削弱推销人员及其推销提示的说服力量，增大推销的难度。

（2）由于故意回避顾客异议，容易使顾客产生各种错觉，认为推销人员靠不住。

（3）该方法的使用需要耗费大量时间，不利于提高工作效率。

3. 运用转折处理法的注意事项

推销人员在运用转折处理法时，应注意以下问题：

（1）间接否定顾客提出的购买异议，切忌与顾客针锋相对、直接反驳。

（2）尽量做到语气委婉、转折自然，保证处理异议的气氛友好融洽，并积极提供更多的推销信息，消除顾客成见。

（3）使用转折语言时尽量少用"但是"，防止顾客警觉与反感。

（4）本方法适合于处理各种无效异议而不是无关异议，无关异议是与推销毫不相干的异议，可以不予理睬。

转折处理法同其他方法一样，有其特定的用途，不得滥用。

知识链接

转折处理法应尽量少用“但是”

潜在客户：“这个金额太大了，不是我马上能支付的。”

销售人员：“是的，我想大多数的人都和您一样是不容易立刻支付的，我们可以根据您的收入状况，在您发年终奖金时，多支付一些，其余金额结合您每个月的收入，采用分期付款的方式，让您轻松支付。”

（三）反驳法

反驳法是指推销人员根据有关事实和理由来直接否定顾客异议的一种处理技术。例如，顾客提到推销人员的产品售价比别人贵时，如果公司实行了推销标准化，产品的价格有统一标准，推销人员就可以拿出目录表，坦率地指出对方的错误之处。

1. 反驳法的优点

反驳法具有以下优点：

（1）通过摆事实，讲道理，可以增大推销说服力量，增强顾客购买信心。

（2）直接说明有关情况，可以节省推销时间，提高推销效率。

（3）用途十分广泛，而且符合多数顾客的习惯。

（4）有利于推翻顾客的各种借口，促使其接受推销。

2. 反驳法的缺点

反驳法也具有明显的局限性，表现为：

（1）推销人员直接否定顾客异议，容易引起抵触、反感情绪，形成不融洽气氛。

（2）容易增加顾客的心理压力，造成顾客回避推销。

（3）如果顾客的异议正确或有一定道理，利用反驳法只会降低企业、推销品及推销人员在顾客心目中的信誉度。

3. 使用反驳法的注意事项

使用反驳法必须注意以下问题：

（1）始终保持良好的推销态度，既要关心推销效果，也要关心顾客的情感和行为。

（2）摆事实，讲道理，有理有据地进行反驳，使顾客心悦诚服，切忌盲目否定和想当然。

（3）有些顾客异议的根源在于顾客的成见或对产品的不了解，要注重信息沟通和推销教育工作，通过正确答案否定偏见异议或无知异议。

（4）为了保持良好的人际关系和推销气氛，推销人员在任何时候都不应该直接否定顾客的无关异议，特别是在顾客十分欣赏自己的观点和意见时。

无关异议、无知异议、敏感异议以外的各种顾客异议，都可采用反驳法进行处理。

（四）利用法

利用法是指推销人员直接利用顾客反对意见本身正确的一面来处理顾客反对意见的一种处理技术。推销人员可以利用顾客异议本身所固有的这种矛盾性质来处理顾客异议，克服障碍，促成交易。

1. 利用法的优点

利用法具有以下优点：

（1）推销人员利用异议处理异议，不必回避顾客异议。

（2）把顾客拒绝购买的理由转化为说服顾客的理由。

（3）推销人员直接承认顾客异议，有利于保持良好的人际关系，营造融洽的推销气氛。

（4）把顾客异议转化为推销提示，把推销异议转化为推销动力。

2. 利用法的缺点

利用法的不足之处在于：

（1）利用异议处理异议，可能使顾客产生抵触情绪。

（2）顾客希望自己的意见受到尊重，但采用利用法容易使顾客失望。

（3）如果滥用利用法，会导致顾客提出更多异议，弄巧成拙，适得其反。

3. 采取利用法的注意事项

推销人员采取利用法要注意以下问题：

（1）推销人员不得否定顾客异议，而应尊重、肯定、承认、赞美、利用、转化顾客异议。

（2）利用顾客异议本身的矛盾去处理顾客异议，并找出顾客异议的内在矛盾。

（3）利用法也不适宜处理各种有关异议和敏感性问题。

（五）补偿法

补偿法是指推销人员利用顾客异议以外的其他有关优点来补偿或抵消顾客异议的一种处理技术。补偿法可以用来处理各种有效反对意见。任何一种推销建议和推销物品都有它的优点和缺点，而且这些优点和缺点是相对的。推销建议和推销物品本身所具有的这种二重性，是补偿法的理论依据。

知识链接

用服务进行补偿

推销人员推销的产品质量有些问题，而顾客恰恰提出："这东西质量不好。"推销人员可以从容地告诉他："这种产品的质量的确有问题，所以我公司削价处理，价格优惠很多，而且公司为了确保这种产品质量不会影响到您的使用效果，提供了非常好的售后服务，确保您能正常使用。"这样既打消了顾客的疑虑，又以价格优势对顾客购买给予了激励。

1. 补偿法的优点

补偿法具有以下优点：

（1）推销人员肯定和补偿顾客异议，有利于改善推销人员与顾客之间的关系。

（2）推销人员实事求是，承认缺点，提示优点，有利于顾客达到一定程度的心理平衡，并有利于开展重点推销。

（3）用途比较广泛，适宜处理各种有效的顾客异议。

2. 补偿法的缺点

这种方法的不足之处在于：

（1）可能产生负效应，易使顾客认为推销人员无法处理所提异议。

（2）会使某些顾客自以为是、纠缠不休，甚至提出更多的异议。

（3）有些顾客异议，尤其是根源于顾客购买动机和认识水平的异议，很难抵消和补偿。

3. 采用补偿法的注意事项

采用补偿法，推销人员要注意以下问题：

（1）有得必有失，以得补失，是推销人员使用补偿法处理顾客异议的基本原则。

（2）推销人员应该认真分析顾客异议，找出顾客异议的根源，确定顾客异议的性质。

（3）推销人员应实事求是，敢于承认顾客提出的真实有效的异议，使顾客达到心理平衡。

（4）推销人员应该针对顾客的主要购买动机提示产品优点，开展重点推销，因为推销人员不可能补偿顾客的所有有效异议。

总之，克服推销异议的方法很多，除上述常用方法外，还有反问法、引导法、归谬法、证据法、合并法、削弱法等。这些方法各具优点和不足，各有相应的适用范围。

二、几种常见推销异议的处理

推销人员向顾客推销商品的时候，很多顾客都可能会对商品表示不满意，指出商品有这样或那样的问题。这种行为基于以下几种原因：一是表示自己很有眼力或证明自己的能力；二是寻找借口，想要压价；三是因为价格太贵，购买力不够；四是对商品本身的确有疑虑等。推销人员要分析出顾客异议的原因，针对不同顾客行为运用恰当的技巧来处理。

（一）突出优势术

推销人员在销售过程中，为使顾客接受产品，应该明确指出产品的最大优点，然后针对这个优点进行证明或说明，使这项优点成为影响顾客决定购买的最大因素。这也是推销人员在销售过程中最常用的法宝之一。

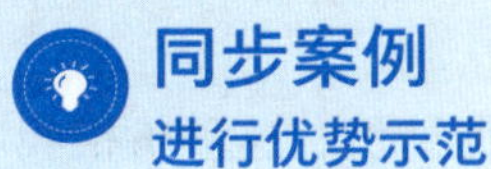

李女士准备购买一辆汽车。推销人员了解到李女士购买汽车的主要用途是自己上下班和接送孩子，在推销时就重点说明了该车对于李女士的优点。

推销人员："这款车有儿童锁，开启儿童锁，孩子一个人坐在后排，怎么拉车门也拉不开，这样您在开车时就不用担心他会突然把车门拉开了，能防止意外发生。另外，这款车的天窗防外开设计也为开车的女士，特别是开夜车的女士的人身安全提供了保障。"

推销人员这样介绍使得李女士欣然决定购买。

问题：这个案例中李女士并没有提出异议，这个案例放在推销异议这章有什么意义吗？

分析提示：突出优势术是策略应用中的具体方法，其实这是第二节预防处理策略和重价值、轻价格策略的具体应用技法。

这说明推销人员在销售过程中，若要让顾客接受你的产品，一定要抓住顾客对这个产品的主要需求和利益点，证明出该产品的最大优点，让顾客感觉这个钱花得值，消除顾客的异议，而非一听顾客讲产品价格高，立刻转换到别的产品上面介绍，渴望寻找出顾客能接受的产品或价格。这也是许多推销人员在对产品逐一介绍完毕后顾客不愿购买的缘故。

（二）实话实说术

面对计较价格的顾客，推销人员可以在顾客提出异议的最初阶段阐述价格的公道性，现实说"法"，让顾客理解，使顾客安心，不再抵抗价格，然后故意请求顾客帮忙介绍客源，使顾客保持兴趣继续商谈或决定购买。

同步案例

实话实说

顾客："您好，我想咨询一下这款笔记本电脑售价多少？"

销售员："您好，我们这里的零售价是 4 800 元。"

顾客："不会吧，怎么比网上报价高出 400 多元呢？"

销售员："先生，关于价格的问题，您不必担心，我保证您在我们这里拿到的价格都很实惠，现在竞争太激烈，价格太透明，我们是薄利多销的。"

顾客："是吗，那为什么比网上价格还高出 400 多元呢？"

销售员："先生，您看到的信息可能是其他商家搞活动的促销价，这种价格我们进货都进不到呢，是他们商家补贴的结果。说真的，我们卖一台笔记本电脑才能赚 100 元，还有水电、人工、房租、运输、服务、税务等杂费的开销。"

顾客一听恍然大悟，认同了销售员的说法。

销售员："先生，我现在给您开票了，希望您能多带几个朋友过来，我们靠的就是顾客给我们介绍生意呢。以后使用过程中遇到任何问题都可以打电话给我，互相帮忙，这是我的名片，交个朋友。"

问题：实话实说术具有强大的力量，为什么？

分析提示：顾客心理影响。其实这不仅是一种术，更是一种道。公平诚实的交易才会具有长远的力量。

这种销售手段很有效，一切都让顾客感觉是在公道、透明、信任的环境下洽谈交易，还让顾客感觉这不仅仅是一次消费，而且是认识一个朋友，朋友的价值无限，让顾客难以开口再谈价格。

（三）自信商品术

推销人员必须真正地了解公司、产品及产品服务的魅力所在，以饱满的自信作为后盾，充分相信公司的产品售价是合理的，是物有所值或者物超所值的，这样才能使价格的说服力大为增加。例如，家电销售员小王，外号"王大拿"，因为只要有顾客前来购买或者询问产品，他就能津津乐道地对顾客开始他的推销宣讲，从企业文化到产品性能到售后服务，只要顾客愿意听，他就能非常自信地影响顾客，使顾客认为他的产品就必须这个价格才是合理的。

一个推销人员如果对自己的产品没有信心，那么对产品价格根本就无从把握，无法向顾客说服价格的合理性。

（四）预先设计术

首先要认识到，顾客抱怨价格太贵是件很正常的事情，为此应拿出充分证据，说出充分的理由，让顾客相信物有所值或者物超所值。例如：

（1）展现产品的品质和价值。尽量让顾客“亲身感受”品质的优越性。

（2）增添相关利益。大多数顾客都愿意为产品的高品质带来的相关利益多付些钱。

（3）强调公司拥有训练有素的服务队伍，并解释他们将来能带给顾客的价值和利益。

（4）多为顾客提供其想得到的额外服务，并兑现所有承诺。通常，推销人员提供的服务越多，顾客越不好意思强调价格问题。

（五）收集证据术

广泛收集和整理出可证明产品价格合理的证据和资料，以建设性的意见向顾客证明价格的合理性。要充分了解抱怨价格高的顾客心理，他们是认为“价钱”最重要，还是不在乎“品质”好坏呢？敏锐的推销人员在说服顾客时，不仅要证明产品品质好，还要使顾客认为钱花得有价值。

（1）提供其他顾客购买的证据及对产品的评价。

（2）把对产品满意的顾客调查记录列成一张表或者印刷成册，拿出给顾客看。

（3）展示关于公司的信誉、相关工艺技术、设备、科研成果、专利项目的证书或资料等。

（4）指出顾客的真正利益点所在，使顾客知道你关心他的利益。

（六）以退为进术

当顾客以产品或者服务的某处不足为理由，要求推销人员在价格上让步时，推销人员可以先肯定对方意见中非实质性的内容，与客户产生共鸣，再借机顺势地表达自己不同的看法。例如：“正如您说的，我们的产品知名度的确不高，那是因为我们没有在广告宣传上投入太多，我们大部分资金都用在产品研发、技术更新方面，毕竟企业的真正知名度在于顾客对产品质量的认可，对技术的赞赏。现在我们产品的质量和技术都走在行业的最前沿。您看，这是我们荣获的一系列荣誉证书。”

（七）先紧后松术

推销人员在确定了顾客的购买欲望后，面对顾客异议，特别是压价的要求，先要以坚定的口气，心平气和地向顾客解释不降价的理由，然后再根据顾客的态度逐渐改变还价策略。

同步案例

不降价的理由

顾客："这款手机你究竟什么价格能卖？"

销售员："大哥，真的很抱歉，这款手机一向规定不打折，因为我们的产品在质量上是从不打折的，所以也很难在价格上打折，如果这样做，很容易影响我们品牌和我们企业在顾客心目中的地位。"

顾客："我刚从手机市场看了价格过来，那里的老板讲，如果我真的购买，2 600 元能卖给我，同样的品牌，同样的型号，你们却贵了 500 多元。"

销售员："其实，买东西大家都是希望买一个放心、舒心、顺心，手机市场里也有可能有个别经营者用'山寨'货来坑骗消费者，损害厂家品牌形象，为自己牟取私利。您这么有身份的人，愿意在那种地方购买手机吗？而且我们的赠品是 128GB 的存储卡，而他们是 64GB 的存储卡，这两种卡价格相差将近 100 元，我们既有品质保证、售后服务，目前还有赠品促销，总的来说，价格是相差不大，但能确保是正品。"

顾客："哦，好吧。"

问题：怎么认识先紧后松术？它运用的条件是什么？

分析提示：真实而迫切的需求是前提，紧松的节奏和转换节点是本案的关键。

（八）借用外力术

推销人员面对那些过于重视价格的顾客，多是又爱又恨。因为他们是产品的目标，但对价格要求太认真，很难达成交易。面对这样的顾客，聪明的推销人员喜欢借助领导或者主管的帮忙，把这种较为棘手的价格问题转移给领导，让顾客感觉这个价格的下浮的确不容易，从而产生愧疚或感谢的心理。

针对不同顾客行为运用不同的技巧来解决，就能达到满足顾客需求的目的。

同步测试

1. 选择题

（1）使用转折处理法，应尽量少用（　　）这个词，防止顾客警觉与反感。

A. 没问题　　B. 所以

C. 但是　　D. 因为

（2）（　　）以外的各种顾客异议，都可采用反驳法进行处理。

A. 无关异议　　B. 无知异议

C. 敏感异议　　D. 真实异议

（3）（　　）是推销人员使用补偿法处理顾客异议的基本原则。

A. 有得必有失　　B. 以得补失

C. 实事求是　　D. 以少补多

（4）推销人员在确定了顾客的购买欲望后，面对顾客异议，特别是压价的要求，先要以坚定的口气，心平气和地向顾客解释不降价的理由，然后再根据顾客的态度逐渐改变还价策略。这属于异议处理技术中的（　　）。

A. 先紧后松术　　B. 以退为进术

C. 收集证据术　　D. 自信商品术

2. 判断题

（1）客户提出很多异议，但这些异议并不是他们真正想要解决的地方，比如“这件衣服是去年流行的款式，已过时了”，这就是虚假异议的典型表现。（　　）

（2）推销人员不能立即给顾客一个满意的答复时，就应当暂时搁下，并把不能作答的原因坦率地告诉顾客。这属于不予回答策略。（　　）

（3）对于顾客的一些不影响成交的反对意见，推销人员最好不反驳，也不立即回答，以免惹顾客生气或使顾客觉得推销人员总是和他持相反的意见。这就是冷处理策略。（　　）

（4）顾客的一些借口、肤浅的见解、明知故犯的发难、无法回答的奇谈怪论、废话、戏言等，这些异议是可以不回答的。（　　）

3. 简答题

（1）应该如何理解推销异议？

（2）推销异议的常见表现形式有哪些？

（3）推销异议的基本成因有哪些？

（4）浅谈推销技法中询问法的使用技巧。

专项模拟实训

1. 实训目标：了解各种类型的顾客异议表现，并掌握基本的应对技法。

2. 实训内容：快问快答和案例分析。

3. 实训背景：

（1）小组成员每人自设情境，模拟两种以上顾客表现（示例如下），小组其他成员应答。先分析顾客异议类型，再模拟应对。

（A）顾客（一位老年妇女）："我这把年纪买这么高档的化妆品干什么？一般的护肤品就可以了。"

（B）顾客："算了，连你（推销人员）自己都不明白，我不买了。"

（C）顾客："这种鞋设计太古板，颜色也不好看。"

（D）顾客："嗯，听起来不错，但我店里现在已经有 7 个品牌、21 种型号的牙膏了，没地方放你的牙膏了。"

（E）顾客："某公司是我们的老关系户，我们没有理由中断和他们的购销关系，转而向你们公司购买这种产品。"

（F）顾客："给我 10% 的折扣，我今天就给你下订单。"

（2）案例分析。

刘梦海看中了一只名牌手表，但觉得价格昂贵。

刘梦海：这表看起来不错！

销售员：您很有眼光！这是 ×× 新推出的款式，在中国限量销售。

刘梦海：价格有点贵……

销售员：名表哪有不贵的呀？戴这种表就是为了显示身份。

刘梦海：我可不这么看，买的是品质，可不是牌子。

销售员：这个牌子就是这个价码，你可以看看别的，那边的便宜。

刘梦海：怎么，你以为我买不起？

销售员：难道你买得起？

刘梦海：你这是什么态度，不可理喻！

问题：

① 这位销售员在处理顾客异议时违背了什么原则？

② 如果你是这位销售员，你将如何回答顾客提出的异议？

4. 实训要求：见实训目标和实训背景问题。

5. 实训步骤：小组内部提问快答→小组评价个人异议处理能力→小组案例讨论分析→个人心得报告。

6. 成果评价：通过模拟实训和异议处理报告撰写，引导学生初步掌握顾客异议处理方法。

08

Chapter

第八章

推销成交技术

【学习目标】

※ 素养目标

- 培养诚实守信和真诚待人的职业素养，以诚信促成交
- 学会换位思考，合理选择推销成交方法，培养决策能力

※ 知识目标

- 了解推销成交的概念和基本方略
- 熟悉推销成交的主要方法
- 掌握推销成交的信号、条件和障碍

※ 技能目标

- 能够熟练运用常用的推销成交方法
- 能够灵活识别推销成交的信号

【思维导图】

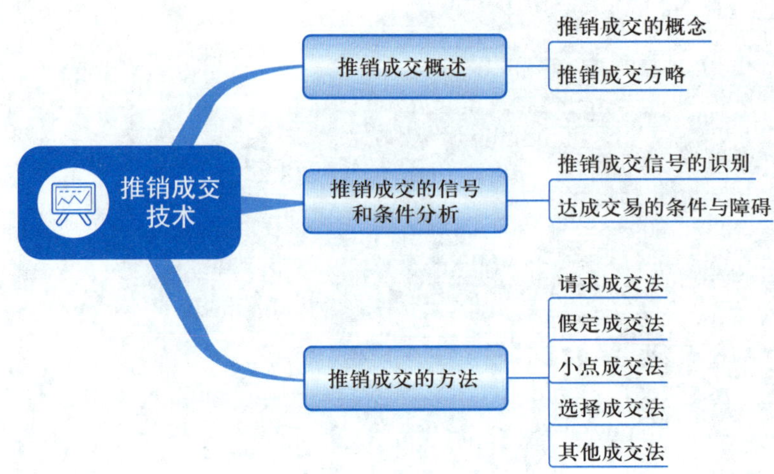

案例导入

丢失的订单

业务员李小姐经多方打听，得知一家公司需要几套新型螺杆空压机，外加配套的处理设备。5 月份李小姐正好到那家公司附近出差，便打电话询问。

李："喂，张工吗，我是 ×× 公司的小李，是德国 ×× 设备在国内的总代理。听说贵公司需要进几套大型的空气压缩设备，我想来贵公司拜访您一下，您看方便吗？"

张："哦，是的，你的消息是哪儿来的呀？你过来看看吧，我正好想向你们请教些相关的知识呢。欢迎，欢迎！"

李小姐当即去了那家公司。

李："您就是张工，久闻大名。"

张："哈哈，不必客气，你就是小李呀，我们都是很随意的，那我就直接请教了。由于我们是新上这些设备，不懂这方面的知识，正好向你请教些专业知识。"

李："没问题，有需要的话，我还可以请我公司的专家过来，您尽管说吧！"

……

张："我们全谈到点子上了，你看厂房正在搞验收，设备是计划 11 月底 12 月初引进安装，这不假，你可是第三家来访的，由于你在本地，现在按你的诚意与价格，你是优势最大的一家，保持联系，最后就看你们产品的质量了。"

从此以后李小姐与该公司经常联系，中途还上门了三次，为了安装的问题，李小姐所在公司的工程师也上门两次，万事俱备，只欠交货。

11 月 20 日，这家公司要确定这批设备的供货商了，于是召集最有竞争力的三家公司前来开碰头会，从中确定一家。

第一家来了老板及工程师，第二家来了业务员与工程师，第三家来了李小姐与工程师。由于前期工作做得到位，李小姐对其入围胸有成竹。

经过几个回合的谈话，谈到质量时买方提出：“你们以什么来保证你的产品是最好的呢？”

第一家公司的老板说：“不收贵公司一分钱，先试用三个月，满意的话再支付；不满意的话，设备还给我，全部费用由我公司自己承担。”

第二家与第三家公司来的都是公司的业务员，一听要冒不拿货款这么大的风险才能行，顿时哑口无言。李小姐的订单泡了汤，煮熟的鸭子飞了。

案例思考：请思考李小姐的订单丢失的原因何在？推销过程中达成交易的基本条件和成交障碍有哪些？希望大家带着这些问题学习本章。

第一节 推销成交概述

一、推销成交的概念

在推销过程中，成交是一个独特的阶段。它是整个推销阶段的最终目标，其他推销阶段只是达到推销目的的最终手段。换言之，其他推销阶段的活动都是为最终成交准备条件。只有到了成交阶段，顾客才决定是否购买推销品。因此，成交是推销过程中最重要、最关键的阶段。没有成交，推销人员所做的一切努力都是徒劳的。因此，一个优秀的推销人员应该具有明确的目的，千方百计促成交易。

所谓推销成交，是指顾客接受推销人员的推销建议及推销演示，立即购买推销产品的行动过程。推销成交是面谈的继续，也是整个推销工作的最终目标。在成交时，推销人员不仅要继续接近和说服顾客，而且要采取有效措施帮助顾客做出最后的选择，促成交易，并完成一定的成交手续。

可以从以下几个方面理解推销成交：

第一，推销成交是推销人员积极发挥主观能动性，实现最终目标的过程。

推销人员是推销成交的主体，而顾客是推销成交的客体。顾客虽然是推销成交的客体，但不是被动地接受推销，特别是在买方市场条件下，顾客引导着推销人员的推销活动。因此，要想实现推销成交，推销人员必须善于发挥主观能动性，采取恰当的推销手段和方法进行劝说和演示，积极建议顾客购买。

第二，推销成交是说服顾客，促使其采取购买行动的过程。根据消费心理学的研究，顾客购买心理的变化过程可分为四个阶段，即注意（Attention）、兴趣（Interest）、欲望（Desire）、行动（Action）。根据上述四个阶段的特点和推销实践经验，推销专家把成功的推销总结成四个步骤：引起顾客注意→唤起顾客兴趣→激发顾客购买欲望→促成顾客购买行动。这套程序即第一章所讲到的爱达模式。

第三，推销成交又是推销人员和顾客之间进行反复信息沟通的过程。推销成交离不开信息沟通。一方面，推销人员要接受顾客发出的信息，了解他们的购买心理；另一方面，还要向顾客传递信息，通过多种渠道和方法，如广告、建议、劝说、演示等，让顾客了解自己的企业和所推销的产品。这一过程不可能一次完成，推销人员和顾客要经过多次反复的信息交流和沟通，才能实现推销成交的目的。

二、推销成交方略

推销成交方略是促成交易活动的基本计策和谋略，适用于各种商品或服务的买卖活动。推销成交的实现取决于推销人员是否真正掌握并能灵活运用推销成交的基本方略和技术。

（一）正确识别顾客的成交信号

成交信号是指顾客在接受推销成交的过程中有意无意流露出来的各种成交意向。我们可以把它理解为一种成交暗示。在实际推销工作中，顾客出于所处地位的特殊心态，往往不首先提出成交，更不愿主动明确地提示成交。其目的是保证自己所提出的交易条件，取得心理上的优势。但是，顾客的成交意向总会通过各种方式表现出来。对于推销人员而言，必须善于观察顾客的言行，捕捉各种成交信号，及时促成交易。

（二）保持积极成交态度

成交的障碍主要来自两个方面：一是顾客异议障碍，这是属于顾客方面的成交障碍，也是比较明显的成交障碍，推销人员可以利用有关的技巧和方法加以适当处理，消除障碍。二是成交心理障碍，是属于推销人员方面的成交障碍，主要是指各种不利于成交的推销心理状态。推销人员的态度是与顾客会谈取得成功的基础。只有树立正确的成交态度，加强成交心理训练，才能消除各种不利的成交心理障碍。

推销人员正确的成交态度应包括：① 以积极、平静而坦然的态度对待成交的成败；② 要克服职业自卑感；③ 要主动沟通，不要被动等待顾客提出成交要求。

（三）保留一定成交余地

在推销活动中，推销人员应该保留一定的成交余地。这有两个方面的要求。

一是在推销面谈中，推销人员应及时提出推销重点，开展重点推销，去说服和吸引顾客，但注意不能和盘托出。因为顾客从对推销产生兴趣到做出购买决定，总是需要经过一定的过程。到了成交阶段，推销人员如能再提示某个推销要点和优惠条件，就能促使顾客下最后的购买决心。有些推销人员不了解顾客心理，一张嘴就口若悬河，既不利于顾客逐步地接受销售信息，又不利于最后成交，使自己在成交时处于被动地位。所以，为了最后促成交易，推销人员应该讲究策略，注意提示的时机和效果，留有一定的成交余地。

二是即使某次推销过程的成交不能实现，推销人员也要为顾客留下一定的购买余地，希望日后还有成交的机会。因为顾客的需求总是在不断变化的，今天不接受推销，并不意味着永远不接受。一次不成功的推销之后，如果推销人员能给顾客留下一张名片和产品目录，并对顾客说："如果有一天您需要什么的话，请随时与我联系，我很愿意为您服务。在价格和服务上，还可以考虑给您更优惠的条件。"那么，推销人员日后可能就会发现回心转意的顾客。

（四）把握成交时机，随时促成交易

一个完整的推销过程，要经历寻找顾客、接近顾客、推销洽谈、异议处理和推销成交等不同阶段。但并不是说每一次成交都必须逐一地经过每一个阶段。这些不同的阶段相互联系、相互影响、相互转化，在任何一个阶段里，随时都可能达成交易。推销人员必须机动灵活，随时发现成交信号，把握成交时机，促成交易。

把握成交时机，要求推销人员具备一定的直觉判断。只有具有这种特殊的职业敏感，才能及时有效地做出准确的判断。一般地说，下列三种情况可视为促成交易的好时机：① 重大的推销障碍被处理后；② 重要的产品利益被顾客接受时；③ 顾客发出各种购买信号时。

总之，在成交过程中，推销人员要讲究一定的推销策略，坚持一定的成交原则，并配合相应的成交技术和成交方法，只有这样，才能成功地促成交易，完成推销任务。

第二节 推销成交的信号和条件分析

一、推销成交信号的识别

推销人员应该密切注意各种成交信号，积极促成交易。成交信号是顾客在成交前所表现出来的各种成交意向。成交信号不同于成交行为，但它作为成交行为的前奏，是一种暗示成交的行为和提示。在实际推销过程中，顾客往往不首先提出成交要求，更不愿主动明确地请求成交，即便内心很想成交，也会因害怕先提成交吃亏而不做任何明示，只能以各种形式的成交信号将这种内心要求暗示出来。成交信号主要取决于推销环境、推销气氛、顾客个性和购买动机四个因素，其表现形式十分复杂，顾客在有意无意之中流露出来的种种言行和情绪都可能是明显的成交信号。

（一）推销成交信号的表现形式

推销成交信号常以下列形式表现出来：

1. 顾客乐于接受推销人员的约见

在大多数情况下，推销人员不会愿意重复约见同一位成交无望的顾客，如果顾客乐于经常接受推销人员的约见，就暗示着这位顾客有了购买意向。推销人员一定要利用好这一有利时机，及时促成交易。

2. 顾客对推销人员的态度逐渐转好

有些顾客拒绝接待推销人员，即使勉强接受约见，也是不冷不热，让推销人员自讨没趣。如果顾客的接待态度逐渐转好，表明他开始注意推销物品，并且产生了一定的兴趣。态度转变是一种明显的成交信号，暗示着顾客有了成交的意向。为了促使顾客转变接待态度，推销人员要多一点积极乐观、无畏挫折、自强不息的精神。

3. 顾客主动提出更换面谈场所

在一般情况下，顾客是不会随意提出更换面谈场所的，只有当成交有望时，顾客才会提出某种请求。比如，把面谈场所由会客室换到办公室，或由客厅换至书房等。这种更换是一种有利的成交信号。

4. 集团购买决策人关照推销人员

在推销过程中，推销人员总是首先接近购买决策人，而集团购买决策人并不负责具体的购买事宜，也很少直接参与有关具体购买条件的商谈。一旦集团购买决策者主动向推销人员介绍本单位的采购人员和有关业务人员，表明他已初步做出购买决策，具体事宜交给下属去商谈。这也是一种明显的成交信号。

5. 顾客要求推销人员回答有关问题

顾客向推销人员提出与成交有关的各种问题，如质量、性能、价格、售后服务、与同类产品的比较等，都表明他们对推销物品有了一定的兴趣。这是一种很明显的成交信号，推销人员要真实、耐心地回答顾客提出的有关问题。

6. 顾客提出各种购买异议

购买异议是顾客针对推销建议和推销物品所提出的不同意见或相反看法。推销实践一再证明："挑剔的顾客才是真正的买货人。"因此，顾客异议既是成交的障碍，也是成交的信号。

在实际推销中，成交信号还表现为许多其他的形式。例如，顾客要求推销人员展示物品，拒绝约见其他公司的推销人员，认真阅读推销资料，索取产品样本，认真杀价，应邀参加展会等。

（二）推销成交信号的类型

在实际推销工作中，成交信号不仅取决于一定的推销环境和推销气氛，还取决于顾客的购买动机和个人特性。因此，推销人员要注意分析推销环境和推销气氛，随时了解和揣摩顾客的心理，捕捉各种有利的成交信息，当机促成交易。成交信号的表现形式十分复杂，常见的有下列几种类型：

1. 语言信号

顾客的语言可能是表示顾客成交意向最直接的信号。当顾客说出以下语言时，推销人员可以认为顾客有成交的意向：

（1）肯定语言。顾客对推销人员的介绍给予积极的肯定的回应。例如，顾客说"值得考虑""不错，好主意"；顾客向第三者征求意见，"我以前没买过这样的产品，你认为怎样？"或者第三者主动给予了肯定的答复"可以，这笔生意不赖"等。

（2）询问相关细节问题。如果顾客询问一些关于成交的具体事项，可以认为是成交的信号。例如，顾客询问最快交货时间及限制条件，货物的运输、储存、拆装及使用的安全问题，零配件的供应等。

（3）用假设的口吻说出一些肯定或否定的话。有的顾客有了成交的意向，但是为了保险起见，也为了给自己一个回旋的余地，往往用假设的口吻谈出自己对推销的肯定意见和态度。例如："即使签了合同，我在下个月 3 号前也无法筹措这么一大笔资金。""如果我们需要购买的话，你必须在月底交货，如果你不能在月底前交货就没得商量了。""我根本没有这么多的钱，一时也根本不可能筹措那么多，我答应你买也没有用。"这时候，如果推销人员能够给予顾客更多的鼓励，成交的可能性就比较大。

（4）其他语言。例如，询问最迟答复日期；在询问价钱、讨价还价并得到肯定答复后，对一些产品的很次要的问题提出看法，如对产品包装的颜色提出看法、对产品外包装的字体内容提出意见等。这些问题都表明顾客已经接受推销并有购买产品的意向。

2. 动作信号

推销人员可以通过观察顾客的动作和表情，判断顾客是否已经做了购买决定。因为顾客经过激烈的思考后，会认为自己已经完成了对推销从感性到理性的认识过程，完成了一个艰苦的心理活动过程，因此可以做出决定了。动作信号主要有：

（1）顾客动作发生变化。顾客在思考问题时比较紧张，可能由于专心致志，身体一动不动。但是如果顾客的思考有了结果，就会因为心理活动的放松而在行动上有所表示。例如，动手操作产品；仔细触摸产品；把产品拿在手上反复观看，多角度审视；由远走到近，或由近走到远；低头俯身向着产品，一边看一边点头，或是一边屈指盘算，一边口中念念有词；身体往后靠在椅背上，一副放松的样子；用手拢头发；舒展身体的某个部位；由原来坐着变为站起来等。反过来，顾客从原来的动态转为现在的静态，如不出声，用双手或单手托腮沉思等，也是一种成交信号。

（2）顾客主动靠近推销人员。即顾客进一步审视推销人员，对推销人员的态度从一开始的漠不关心转变为表示出专注的样子。例如，身体前倾，对推销人员的每个答复都仔细倾听并频频点头。

（3）有成交的动作。如果顾客成交意向比较强烈，反映在动作上是顾客有以下行为：找笔、摸手袋或伸手向推销人员要合同单；拿起放在桌子上或顾客面前的订单反复看，或者打电话叫具体办事人员到现场等。

（4）其他人的动作。如果推销活动的现场有顾客一方的其他人参与，他们比较了解主要决策人的习惯，也可能出于对主要决策者的尊重，会一齐望着一个人等待他（她）的反应。这可能说明他们都没有意见，只等领导人点头了。

3. 表情信号

顾客的面部表情不易观察，但只要推销人员长期用心留意，积累经验，仍然是可以捕捉到一些信息的。例如，眼球运动由慢转快又由快转慢，而且神采奕奕；也许原来紧咬着的牙关不再用力，于是面部肌肉放松；紧锁的眉头舒展开来，表情放松、活泼、友好；情感由冷漠、怀疑、深沉变为热情、信任、开朗、随和等。

4. 事态信号

如果推销活动的形式发生了以下变化，也说明顾客对于购买行为的思索有了结果，起码是事态开始向有利于成交的方向发展。例如，顾客主动提出转换洽谈环境地点，由门厅换到客厅，由大会议室换到小会议室，或者把推销人员带到具体办事人员身边；顾客主动要求改变洽谈程序，如要求推销人员住下来，让有关人员为推销人员安排吃住事宜；询问推销人员的日程安排，并与自己的日程对照，然后提出找个时间再谈；向推销人员介绍其他有关人士，尤其是对决策起重要作用的人等。

即问即答

推销成交信号类型有哪几种？

提示：成交信号分为语言信号、动作信号、表情信号和事态信号。成交信号往往可以结合这四个类型进行综合判断。

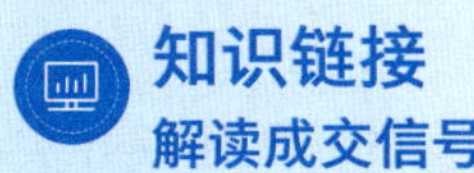

知识链接

解读成交信号

信号一：在向顾客作完商品说明后，如果顾客表现出兴趣，并且再仔细听取提出的成交条件、商品价格。这表明成交的最佳时机已经到来，推销员可以提出成交，用热情的态度问：“你觉得怎么样了？”“你是否觉得满意。”这时就等着顾客的好消息吧。

信号二：在向顾客作完商品推销说明后，顾客一般会征求其他顾客，尤其是同伴们的看法和意见，他们可能会看着对方或问一句“你觉得怎么样？”“值得买吗？”。

信号三：当顾客对交易不太感兴趣，表现出不在意的神态时，不要气馁，而应积极主动地接近顾客，调动顾客的积极性，使其参与到交易中来。可以这样说：“您需要试试吗？”“您先试用一下吧？”

信号四：在作完商品推销说明后，应立即把商品拿到顾客的跟前，建议他自己试试。这样，他对商品的看法就会受推销说明的影响，让他觉得商品确实像说明里说的那样好。这样，可以紧凑的节奏来调动顾客，直到交易完成。

信号五：在作商品推销过程中，有些顾客会产生焦虑不安、神情不定的情况。此时若还跟他大谈交易，要求签约，则很难成功。

信号六：在推销过程中，如果顾客老问有关商品质量和性能方面的问题，表明他对商品已经产生了深厚的兴趣，并且有意准备购买了。此时是否应对他提出的问题做详细的回答呢？不一定。可以挑战性地回答说：“您还是自己试试吧。”

信号七：常言道：“眼睛是心灵的窗户。”从眼睛里可以获得很多顾客心理活动的信息，其中有对推销工作十分有用的东西。根据这些重要的信息，可以调整好交易的进程和节奏。

信号八：在与顾客的交谈过程中，有的顾客静心地听着销售员的话语，仔细看商品推销资料。而有的顾客正相反，在交谈中大发议论，饶有兴趣地谈论着有关商品的一些问题，积极地发表自己对商品的一些意见。这两种人其实都是对商品颇感兴趣的人，这时正是提出成交的最佳时机，千万不要错过。

二、达成交易的条件与障碍

成交是推销的直接目的与结果，推销全程中的任何一个环节出了问题，都会导致推销的失败。成交阶段是推销的最后阶段，也是最关键的时刻。这一阶段的技术和方式一旦使用不当便会使推销前功尽弃。

（一）达成交易的基本条件

成交意味着顾客接受推销人员的推销介绍，认可推销人员的购买建议并实际进行了购买。能够进行成交还说明顾客有以下几个方面的行为表现：顾客信任推销人员，顾客接受了推销介绍，顾客接受了推销的产品，顾客有强烈的购买欲望，顾客采取了实际的成交行为。回顾一下推销活动各个阶段的目的与要求，就会明白推销全部过程的共同目标指向：

（1）约见与接近阶段的技术要求是要引起顾客的注意以及发现与确定顾客的需要，并使推销活动转向推销洽谈阶段。

（2）推销洽谈阶段的技术要求是把顾客的需要与推销联系起来，并且让顾客了解这种联系的正确性和必要性。

（3）异议处理阶段的技术要求是通过向顾客证实这种联系，引起顾客对产品的购买欲望，证实推销产品可以更好地满足顾客的需求。

（4）推销成交阶段的技术要求是要使顾客接受产品，并促使顾客采取实际的购买行为。

在推销成交阶段，推销人员必须有足够的心理准备，像百米赛跑的最后冲刺一样，全力以赴抓住有利时机，激起顾客的购买欲望，促使顾客产生实际购买行为，实际占有和消费推销产品，并且在使用和消费推销产品后，对推销人员和推销产品感到满意。

（二）顾客的成交障碍

成交对于顾客来说是一个艰难的选择过程，不少顾客在成交前表示犹豫、胆怯和却步。推销人员应该从体贴、关怀顾客的角度出发，了解与确认顾客的成交障碍，帮助顾客跨越这些障碍而顺利成交。顾客在成交时的障碍与顾虑主要来自对以下几个方面的考虑：

1. 信任担忧

信任担忧是指顾客对于推销人员和推销产品的信心不足而引起的心理忧虑。这是一种情感忧虑，在一些顾客的心目中，由于信息不对等，推销活动中可能存在很多不诚信的问题，这让他们在成交时总是顾虑重重。因此，需要推销人员在情感上给予同情与再次保证。

2. 货币损失担忧

货币损失担忧是指顾客对失去自有货币而没有收获所产生的忧虑心理。货币损失担忧的实质是因为顾客担忧在交付货币后不能得到预计的购买利益，这是顾客成交时的主要障碍。面对的企业越是商业信用低越是担忧；掌握的信息越少越是没有把握；收入水平越低越会疑虑重重；越是小本生意越会害怕；越是购买风险大就越是患得患失；越是金钱得来不易，心理紧张程度就越大。所以，在顾客没有充足的心理准备前，推销人员一拿出合同，顾客就会因为害怕损失而逃避。

3. 机会损失担忧

机会损失担忧是指顾客担心由于购买了推销产品而丧失了购买其他更好产品的机会而产生的消极心理。当顾客属于法人购买者时，顾客总是希望以有限的货币去寻找赚取最大利润的机会；个体消费者也总是担心购买了推销产品，就意味着失去可能存在的其他更好机会，因此会表现出忧虑。这其实是推销竞争在顾客心理上的反应。

顾客总是把机会让给在心目中占据第一位置的产品。作为一个有购买需要和购买能力的顾客，肯定会有不少推销人员前往拜访，而顾客最终将会选择购买在他心目中占据第一位置的产品。可以说，谁能够更好地满足顾客的第一愿望，谁能够让顾客相信购买推销产品是最好的选择，相信推销产品是最好的品牌，谁就有机会与顾客进行成交；谁的推销介绍符合顾客的实际情况或者个性，能够成为顾客最信赖的推销人员，谁就有可能与顾客成交。

4. 后果担忧

后果担忧是指顾客考虑购买决策的行为后果而产生的消极心理。这些担忧主要有：

（1）推销担忧。顾客会对推销人员的介绍及承诺表示担心。

（2）他人担忧。有的顾客因为考虑到购买推销产品后，不知道“其他的人（上级、同行、同事、朋友以及家人等）”将会有什么样的看法而产生担忧。

（3）服务担忧。一些顾客对购买了产品后推销员能否做到令人满意的售后服务感到担忧。他们害怕有了问题找不到推销员，害怕推销人员对原来的承诺不负责。如果推销人员说：“有问题找我们。”或者只是笼统地说：“不会有问题。”顾客心里就会不踏实。

5. 制度担忧

在成交前，有的顾客会产生购买行为与现行制度是否有矛盾的担忧。就像顾客会产生制度异议一样。这实质上是人际关系的担忧。事实上，只要顾客有强烈的购买欲望，有坚定的意志而下决心购买的话，他总有办法解决内部的职权与人事问题。必要时，推销人员也要对顾客企业内部的“反对派”进行推销。

6. 其他担忧

顾客在成交前总是有很多顾虑和担忧的。可以说有多少顾客异议，就有多少担忧；有多少推销活动的不足，就有多少购买的担忧。例如，关于组织和职权的担忧；关于人际关系的担忧；关于自己工作和晋升的担忧；关于家庭和睦

即问即答

顾客成交障碍主要有哪几个方面?

提示：顾客成交障碍即顾客在购买商品时的顾虑，主要包括信任担忧、货币损失担忧、机会损失担忧、后果担忧、制度担忧等方面。

的担忧等。在顾客有更多选择的情况下，顾客的担忧也许更多。除了推销人员的帮助外，顾客自己的心理承受能力也是一个关键的因素。这涉及顾客对购买行为的心理冲动力。

第三节 推销成交的方法

成交方法是在成交过程中，推销人员在适当的时机，用以启发顾客做出购买决定，促使顾客购买的推销技术和技巧。常用的成交方法有下列几种：

一、请求成交法

请求成交法是一种最简单、最常见的建议成交方法，也叫直接成交法。它是指在接到顾客购买信号后，用明确的语言向顾客直接提出购买建议，以求适时成交的方法。一般来说，推销人员和顾客在经过一番洽谈以后，就主要问题一般已经达成一致的看法，这时推销人员应抓住时机主动向对方提出成交请求。比如，推销人员对客户说："既然没有什么问题，我看我们现在就把合同定下来吧！"这种方法一般适用于推销人员对最后成交很有把握，或顾客已有购买意图，但因某种原因而不便主动开口的情况。当然，若对方是非常熟悉的老顾客，也可采取这种方法。该方法运用的关键是要把握恰当的时机，注意运用语言的技巧，要让对方感到顺理成章，而不要带有勉强之意。

请求成交法的优点在于若能正确运用该方法，就能有效地促成交易。因为从顾客心理来看，他一般不愿主动提出成交要求。为了有效地促成交易，就要求推销人员把握时机，主动提议，说出顾客想说又不愿说的话，从而促进交易。另外，采用请求成交法，可以避免顾客在成交的关键时刻故意拖延时间，贻误成交时机，从而有利于节约推销时间，提高推销活动的效率。

但是请求成交法也存在着局限性。若推销人员不能把握恰当的成交机会，盲目要求成交，很容易给顾客造成一种压力，使顾客产生一种抵制情绪，破坏本来很友好的成交气氛。此外，若推销人员急于成交，就会使顾客以为推销人员有求于自己，从而使推销人员丧失成交的主动权，使顾客获得心理上的优势。还有可能使顾客对先前表达的条件产生怀疑，从而增加成交的困难，降低成交的效率。

二、假定成交法

假定成交法也叫假设成交法，即在不管成交与否的条件下，对方仍持有疑问时，推销人员就假定顾客已接受推销建议，而直接要求其购买的一种策略。

采用假定成交法有利于节省推销时间，提高推销效率。而且在整个推销过程中，顾客随时可能流露出成交意向，若推销人员能及时觉察的话，就可正确使用假定成交法，将成交信号转化为成交行动，及时促成交易。

但是，推销人员若在把握时机上出现偏差，盲目假定顾客已有了成交意向而直接明示成交，很容易给顾客造成过高的心理压力，导致可能成功的交易失败。这种方法若使用不当，还会使顾客产生种种疑虑，使推销人员陷于被动，增加了成交的困难。

三、小点成交法

小点成交法又叫局部成交法，是推销人员利用小点（局部）成交来促成大点（整体）成交的一种策略。一般来说，顾客在做出重大决策时往往存在较强的心理压力。顾客对于成交决策也比较慎重，迟迟不肯决定。面对较小的成交问题，顾客在做出决策时，心态往往比较轻松，容易下定决心。为了减轻顾客对待成交的心理压力，帮助顾客尽快下定决心，推销人员可以采取化整为零的办法，将整体性的全部的决定化为分散性的逐个的决定，先征得对方的部分同意，让顾客逐个拿定主意，最后再综合起来，以促成整体购买决策的做出。

同步案例
局部成交

一位顾客在购买笔记本电脑时犹豫再三，下不了决心。推销人员可以采取局部成交法，来促成交易。

推销员："您要买一台××牌的笔记本，对吗？"

顾客："对。"

推销员："您想要一台高配置的游戏本，对吗？"

顾客："是。"

推销员："您想要6 000元以下的，没错吧？这台特价5 200元。"

顾客："确实，很合适。"

推销员："您看，这台笔记本电脑采用最新一代处理器，硬件质量绝对可以放心。您要的不就是这样的吗？"

问题：小点成交法的优点在哪里？

分析提示：小点成交利用了顾客的成交心理活动规律，以此来避免直接提示顾客比较敏感的重大成交问题。逐渐由局部到整体，由局部攻整体，由局部求整体，先小点成交，再大点成交，最后促成顾客做出购买决策。

推销人员循序渐进地引导，可以让顾客意识到这正是自己所要购买的商品而最终下定购买决心。采用这种方法时，推销人员要尽量强调双方看法的共同之处，先把有争议的问题搁置起来，让顾客意识到该产品令其称心如意的一面。此外，推销人员在引导顾客时，要避免直接提示重大的成交问题，以免让顾客犹豫不决。

正确地使用局部成交法，有利于营造良好的成交气氛，减轻顾客的心理压力。推销人员可利用各种成交小点来尝试成交，即使遭到拒绝，也可以继续提出其他成交小点，进一步尝试成交。而且，推销人员可以充分并及时地利用各种成交信号，将其直接转化为成交行为，从而达成最后的交易。

但是若使用不当，将提示的小点集中在顾客比较敏感或不满的地方，顾客的注意力容易被集中到推销人员不希望其注意的地方，很容易使顾客只看到其缺点或扩大了缺点，不利于成交。而且，若推销人员急于减轻顾客压力，盲目转移顾客注意力，还容易引起顾客的误会，不利于双方的交流。此外，这种方法一般需要多个回合才能解决问题，浪费推销时间，并降低成交效率。

四、选择成交法

选择成交法是推销人员向顾客提供几种可供选择的购买方案来促成交易的策略。这种方法的前提是假定顾客已下定决心购买，但尚未确定买哪一个，在这种情况下，推销人员提供几种选择，促使顾客下决定。这种方法在现实生活中比较常见。

在商场的一个柜台前正在甩卖T恤衫，一位顾客好奇地上前观看。这时一位推销员招呼他道：“怎么样？买一件吧。你要蓝色的、红色的还是白色的？”这都属于选择成交法。

若顾客回答，就是表示他已决定要买所推销的商品了；如果他迟疑片刻后表示尚未做出最后决定，推销人员也没有任何损失，仍然可以继续采用新的方式继续进行推销工作。

问题：选择成交法的运用技巧表现在哪些方面？

分析提示：推销人员所提供的选择事项应让顾客能够做出一种肯定的回答，而不要给顾客一个拒绝的机会。在向顾客提出选择时，要尽量避免向顾客提出太多的可选方案，否则将不能达到尽快成交的目的。

采取选择成交法，可以避免令顾客感到难以下定决心是否购买的问题，而使顾客掌握了一定的主动权，即选择权，从而比较容易做决定。但真正成交的主动权仍在推销人员手中，因为顾客选来选去，无论选择哪一种都会成交。而且，当推销人员直接将具体购买方案摆到顾客面前时，顾客会感觉难以拒绝，从而有利于促成交易。

但是，有时采用选择成交法会让顾客感到无所适从，从而丧失购买信心，增加新的成交心理障碍；有时也会让顾客感到压力较大，从而产生抵触情绪，并拒绝购买。

课堂活动

模拟演示成交场景

目标：通过模拟演示，让学生掌握常用的成交方法。

内容：将班级分为若干组，每组 6~8 人，各组抽签选择两种成交方法分别进行模拟，并交叉扮演推销人员和顾客，完成推销活动。

要求：事先自行设计场景和内容；交叉轮换进行，尽可能让每个成员能模拟不同角色；事先准备录音录影设备，对模拟活动即时记录，以备考核。

步骤：推销员出场→顾客出场→推销员接待→顾客询问→进入主题

组织形式：在模拟谈判实验室分组进行。

考核要点：在上述步骤中分别考核模拟演示中推销员的语言规范、动作规范、口头表达、解决问题方式等。

五、其他成交法

（一）限期成交法

限期成交法是指推销人员通过限制购买期限从而促使顾客购买的方法。例如，许多商店贴出“存货有限，欲购从速”“三周年店庆，降价三天”等告示，都是典型的限期成交法的实例。它是利用了顾客的“机不可失，时不再来”的心理，从而推动顾客购买商品。

人们往往对各种各样的机会，特别是那些一去不复返的机会给予极大的关注，而且特别希望抓住这样的机会。因而采取限期成交法往往能制造出有利于成交的环境氛围，吸引顾客的注意力。而且，采取这种方法往往确实能给顾客带来实际的好处，故而比较受顾客的欢迎，能取得较好的效果。

但是，限期成交法有可能使未在优惠期购买的顾客感到气愤，而且有些商店不断贴出“最后一天”的标识，使顾客感到上当受骗，从而丧失推销的信誉。如果限期过短，还会使顾客丧失购买信心而放弃尝试购买。

（二）从众成交法

从众成交法是指推销人员利用大众购买行为促进顾客购买的方法。从众行为是一种普遍的社会现象。顾客在购买一件商品前，往往会询问买这种商品的人多不多。推销人员也往往利用人们的这种从众心理来促使顾客下定购买决心。

从众成交

服装店的一位推销员在推销服装时说：“您看，这件衣服式样新颖美观，是今年最流行的款式，颜色也适合，您的气质这么优雅，穿上它一定很漂亮，我们昨天才进了四套，刚上架就被买走了三套，今天就只剩下最后一套了。”顾客一听，很快便达成了交易。

问题：顾客为什么会有从众心理？

分析提示：从众心理是一种普遍的社会心理现象。一般来说，顾客之间的相互影响和相互说服力可能要大于推销人员的说服力。从众成交法利用了顾客的这种心理，营造了一定的众人争相购买的紧张气氛，从而促成顾客迅速做出购买决策。

采用从众成交法，可以用一部分顾客去吸引另一部分顾客，从而有利于推销人员寻找和接近顾客，提高推销的效率。由于推销商品已取得了一些顾客的认同，使推销人员的推销更加有说服力，有利于顾客消除怀疑，增强购买信心。但是，有些顾客喜欢标新立异，与众不同。若推销人员对这些顾客错误地使用了从众成交法，可能引发顾客的反从众行为，从而拒绝成交。如果推销人员所列举的“众”不适当的话，非但无法说服顾客，反而会制造新的成交障碍，失去成交的机会。

（三）保证成交法

保证成交法是推销人员向顾客提供某种成交保证来促成交易的方法。顾客在考虑购买推销品时，因往往害怕上当受骗而拖延成交时间，甚至最后放弃购买。保证成交法就是由推销人员向顾客提供某种保证，以解除顾客的疑虑，增强其成交信心，从而促成交易。

同步案例

保证成交

一位顾客在讨价还价后仍不放心，怕买亏了，为此迟迟不肯成交。推销员为其指出："您放心，我这儿绝对是全市最低价，如果您发现别家的货比我的货便宜，我可以立即给您退货。"经推销员这么一说，顾客打消了疑虑，与其达成了交易。

问题：保证成交的前提条件是什么？

分析提示：从根本上来说，推销人员向顾客推销产品，本身就是在做出一项承诺，顾客接受产品实质上就是对推销员的承诺表示信任。使用保证成交法一定要了解顾客的心理障碍，同时承诺必须依据事实，不要过度承诺。

保证成交法通过提供保证使顾客没有了后顾之忧，增强了购买信心，从而可以放心购买推销品。另外，该方法在说服顾客、处理顾客异议方面有不同寻常的效果。若推销人员能够出示有关的推销证据，则更有利于增强说服力和感染力，诱使顾客做出购买决策。

使用保证成交法时，一方面，一定要针对顾客的顾虑提供保证，否则风马牛不相及，不但不能达到保证的目的，而且容易使顾客反感；另一方面，一定要做到言而有信，为一时的利益而信口承诺，结果又无法实现，必将丧失推销信用，不利于顾客关系的长久维护。

（四）优惠成交法

优惠成交法是推销人员通过提供某种优惠条件来促成交易的方法。它利用了顾客在购买时希望获得更大利益的心理，实现让利销售，促成交易。

同步案例

优惠成交

优惠成交最为通俗的一个例子是："顾客先生，如果您现在就签字并购买我的产品，我可以给您特别优惠，再降价 3%。"销售行业目前普遍采用的"买一送一”“送货上门”等，也是这种方法的实际应用。

问题：优惠表现在哪些方面？

分析提示：优惠成交法的出发点就在给予顾客一定条件的优惠，来满足顾客的经济要求或者心理要求。一般做法是价格优惠，此外还有付款方式优惠、售后服务优惠或者其他产品购买优惠等。

正确地使用优惠成交法，利用顾客的求利心理，可以吸引并招揽顾客，有利于营造良好的成交气氛。而且利用批量成交优惠条件，可以促成大批量交易，提高成交的效率。该方法尤其适用于推销某些滞销品，减轻库存压力，加快存货周转速度。

但是，通过优惠成交法，给顾客让利来促成交易，必将导致销售成本上升。若没有把握好让利的尺度，还会减少销售收益。此外，采用优惠成交法，有时还会让顾客误以为优惠产品是次品而不予信任，从而丧失购买的信心，不利于促成交易。

（五）最后成交法

最后成交法是指推销人员通过告知顾客现在是购买最为有利的时机来促成交易的方法。一般当推销品供不应求时这种方法尤为有效。它利用了顾客害怕失去某种利益机会的心理大做文章，变购买时的压力为成交的动力。

最后成交法的关键在于把握有利的时机，若使用得当，往往具有很强的说服力，产生立竿见影的效果，并能节省推销时间，提高推销效率。

采用最后成交法，最忌讳的是欺骗顾客。例如，有些销售员往往采取这种伎俩，对顾客说：“只剩这些了，××钱全包了。”等顾客买完离开后，又拿出一些商品来欺骗下一个顾客。这种做法一旦被发现，就会令其丧失信誉，失去顾客的信任。

（六）激将成交法

激将成交法是推销人员用激将的语言刺激顾客购买，促成交易的方法。这种方法利用了顾客自尊心强、要面子的心理，刺激顾客的购买欲望。

采用激将成交法时一定要给顾客留面子。聪明的推销人员决不会逼着顾客回答“到底是买还是不买”之类的问题。这种方法最大的缺陷就是如果把握不好，有可能激发的不是自尊心，而是怒气，不但破坏了成交气氛，也可能使顾客拂袖而去，失去了成交的机会。但这种方法若使用得当的话，有可能使不太想买的顾客最终购买了推销品，并有利于节约推销时间，提高推销的效率。

（七）让步成交法

让步成交法是指推销人员在推销的关键时刻退一步来促成成交的方法。在双方僵持不下时，推销人员退让一小步，有可能将洽谈推进一大步，进而达成交易。而且推销人员可以采取先紧后松的方法，即先叫较高的条件，再逐步松口，这种方法一般不会给实际的推销带来实际的损失，反而可以求得一个双方都很满意的结果。要注意的是，推销人员切不可以一次性让一大步，这样不仅失去了洽谈的优势，而且有可能使顾客存在一种可能继续让步的希望，从而继续纠缠下去，迟迟不肯达成交易。这也是让步成交法的缺陷所在。

同步案例

让步成交

某推销员与顾客双方就主要条款达成一致，而在价格上存在小的异议，双方僵持不下。这时，推销员提出："这样吧，您是我的老客户，我就让一步，优先给您发货，可以吗？"结果对方放弃了价格防守，接受了推销员的让步条件。

问题：让步是无条件的吗？

分析提示：顾客在购买商品时，总是希望获得更大利益而进行讨价还价。推销员如果能够把握这个机会，把讨价还价和成交相结合，利用让步满足顾客求利的心理，就能促成顾客做出购买决策。

（八）饥饿成交法

饥饿成交法是通过让产品处于一种供不应求的状态来促成交易的方法。事实上，产品并非一定要供不应求，只是要在供求之间始终保持时间差，如几天的时间，用以促使顾客做出购买决定。这种方法一般只适用于名优产品。只有这类产品才会使顾客耐心等待，一般产品是没有这种吸引力的。因此，在采用此方法时，首先应考虑产品条件如何；其次要把握好让顾客保持"饥饿"状态的时间，避免时间过长，使顾客"饥不择食"而去选择其他商品，这就违背了采用此方法的初衷。

（九）欲擒故纵法

欲擒故纵法是指推销人员先假装消极销售的样子来引诱顾客积极购买，从而实现交易的方法。

在市场上常有这样的现象，有时推销人员越积极的推销，越没人理睬；而推销人员采取消极态度后，反而有顾客问津了。这是因为顾客可能认为，推销人员之所以积极推销是因为产品销路不好或有什么质量问题。但是，当推销人员装得若无其事的样子时，顾客反而变得积极主动了。这大概是因为，推销人员采取的这种姿态会给顾客一个“我的商品不愁卖不出去”的信息。俗话说“欲速则不达”，欲擒故纵法使用的是假纵真擒，假消极、真引诱，促使顾客积极购买的策略，这也正是这种方法的优点所在。

同步测试

1. 选择题

（1）下列选项中不属于成交信号表现形式的是（　　）。

A. 认真阅读推销资料　　B. 认真杀价

C. 焦虑不安　　D. 索取产品样本

（2）成交阶段是推销活动的第（　　）个阶段。

A. 3　　B. 4　　C. 5　　D. 6

（3）下列不属于顾客成交障碍中后果担忧的是（　　）。

A. 货币损失担忧　　B. 推销担忧

C. 他人担忧　　D. 服务担忧

（4）推销成交方法中最简单、最常见的建议成交方法是（　　）。

A. 选择成交法　　B. 直接成交法

C. 保证成交法　　D. 优惠成交法

（5）推销员利用局部成交来促成整体成交的方法称为（　　）。

A. 选择成交法　　B. 小点成交法

C. 保证成交法　　D. 从众成交法

（6）许多商店贴出“三周年店庆，降价三天”是（　　）。

A. 饥饿成交法　　B. 让步成交法

C. 优惠成交法　　D. 限期成交法

（7）让产品处于一种供不应求的状态来成交的方法是（　　）。

A. 饥饿成交法　　B. 让步成交法

C. 优惠成交法　　D. 最后成交法

2. 判断题

（1）推销成交是推销人员积极发挥主观能动性，实现最终目标的过程。（　　）

（2）成交行为是顾客在成交前所表现出来的各种成交意向。（　　）

（3）在推销活动中，推销人员应该保留一定的成交余地。（　　）

（4）成交信号主要取决于推销环境、推销气氛和顾客个性三个因素。（　　）

（5）正确使用请求成交法，有利于营造良好的成交气氛，减轻顾客的心理压力。（　　）

（6）推销人员利用大众购买行为促进顾客购买的方法称为激将成交法。（　　）

（7）推销人员先假装消极销售的样子来引诱顾客积极购买，从而实现交易的方法称为饥饿成交法。（　　）

3. 简答题

（1）推销人员正确的成交态度包括哪几个方面？

（2）什么情况可视为促成交易的好时机？

（3）简述推销成交信号类型。

专项模拟实训

1. 实训目标：通过模拟推销过程，认识和掌握推销成交的基本技能。

2. 实训内容：按背景材料解决后面的模拟问题。

3. 实训背景：

信号 A：当顾客走到柜台前，说明想要购买的商品名称后，推销员先介绍该商品，然后以和蔼可亲的口吻说："先生，您要不要先试试看？"然后静静地等待顾客的回答。如果顾客还有什么异议，就应该设法打消他的内心疑虑，这是非常重要的。

信号 B：听完有关商品的介绍后，顾客彼此间可能会相互对望，动一动眉毛，或者眼神里传递"你的意见怎么样"的表情时，表示出他在征求他人的同意，这时，你就可以提议："请试一试吧？"这时，他的同伴可能会说："你看呢？我想就按你的意思办吧。"出现这种状况时，你不妨插嘴谈些别的话题，如果到来的顾客是一对夫妻，则最好的话题是围绕他太太的。"先生，像您两位这样，真是夫妻相敬如宾的典范，现在既然太太已发表过意见了，您就照办吧！"这种说话技巧，不但会逗人发笑，也会让女方感兴趣，重新把她引到交易中来，这是接待伉俪顾客的一种策略。如果是一群顾客到来时，应牢记的是，决不可冷落其中任何一人，否则交易必然失败。

模拟问题：

（1）三人一组，以教室当商场（办公室），安排一个学生当推销员，另外两个同学扮演一对夫妇，可以不拘泥于对话中的内容和形式，模拟识别顾客成交的信号。其他同学认真观摩表演，从中发现相关的问题。

（2）指出在模拟实训过程中用到了哪些成交方法。

4. 实训要求：课外分组初步模拟，每组挑选一对代表正式模拟，设置相应场景，其他同学认真观摩，围绕推销成交从中发现相关的问题，写出启示。

5. 实训步骤：课外分组模拟选拔→确定正式模拟代表→情境模拟及观摩→观摩启示汇总→教师总结点评。

6. 成果评价：通过模拟，让学生初步掌握推销成交的基本方法和技巧。

09

Chapter

第九章

顾客维系技术

【学习目标】

※ 素养目标

- 在推销过程中与顾客保持良好的关系，保护客户信息，强化数据安全
- 践行社会主义核心价值观，保持诚实友善的工作态度

※ 知识目标

- 了解顾客维系的意义
- 熟悉顾客维系的一般程序
- 掌握顾客维系的基本方法

※ 技能目标

- 能够熟练运用处理实际顾客关系问题的方法和手段
- 能够熟练运用顾客档案来维系顾客关系

【思维导图】

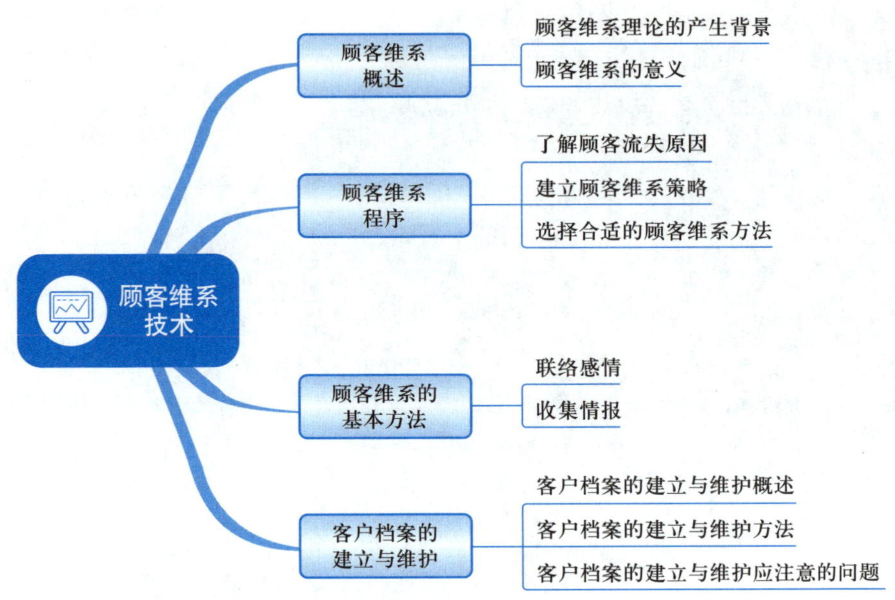

案例导入

顾客关系管理，距离产生美

案例 1：张先生是一家软件公司的销售工程师，深谙顾客关系管理之道，并把顾客档案维护作为重要内容去做，想尽一切办法与顾客保持良好的关系。有一天，当打听到一位重要顾客的夫人过生日时，张先生试图给顾客一个惊喜，在没有任何暗示的情况下突然而至。万万没有想到的是，这位顾客不仅没有表现出预想的惊喜，反而面带不悦，后来更是逐步疏远张先生和他的同事。

案例 2：A 企业是生产和销售治疗保健用品的公司，为了推销其最新研制和生产的药品，在选择大药房等渠道销售的同时，还通过医院的途径获取患者的个人档案，并邮寄该药物的相关宣传资料。结果一患者以侵犯公民隐私权的名义将 A 公司和医院推上了被告席。

案例思考：销售人员应该如何维系与顾客之间的关系，如何保持适当距离？

第一节 顾客维系概述

一、顾客维系理论的产生背景

顾客维系是指企业通过采取一系列手段和方法留住现有顾客，不断地根据顾客的特点有针对性地调整和推出适合顾客需求变化的产品与服务的营销活动。

研究表明：企业争取一个新顾客的成本是保留一个老顾客成本的 5 倍；一个公司如果将其顾客流失率降低 5%，其利润就能增加 25%~85%。因此，保留老顾客比争取新顾客更重要。此外，不同的顾客对企业的贡献是不一样的，因此，对不同价值顾客的投入和管理就成为企业营销管理的一个重要课题。

即问即答
顾客维系理论产生的原因是什么？
提示：开发新顾客的成本远远大于维系老顾客的成本，维系顾客是培养顾客忠诚度的重要环节。

正是基于上述认识，自从顾客关系管理理论于 1997 年由美国的高德纳咨询公司（Gartner，Inc.）首次提出后，就受到实业家和理论界的广泛重视。顾客关系管理旨在通过管理企业与顾客之间的关系，减少销售环节，降低销售成本，挖掘新市场和新渠道，提高顾客价值、顾客满意度、顾客贡献度、顾客忠诚度等措施，实现企业与顾客的双赢。

二、顾客维系的意义

进攻性营销明显要比防守性营销花费得更多，因为公司需要花更多的努力和成本将满意的顾客从现有的竞争对手那里引导并转变到本公司。因此，如今的公司都在竭尽全力地维系顾客。越来越多的公司已经意识到维系住现有顾客的重要性。通过维系顾客能够给企业带来如下好处。

（一）从现有顾客中获取更多顾客份额

忠诚的顾客愿意更多地购买企业的产品和服务，忠诚顾客的消费支出是普通顾客消费支出的 2~4 倍。而且，随着忠诚顾客年龄的增长、经济收入的提高或顾客单位本身业务的增长，其需求量也将进一步增长。

（二）减少销售成本

企业吸引新顾客需要大量的成本，如各种广告、促销费用以及了解顾客的时间成本等，但维持与现有顾客长期关系的成本却是逐年递减的。

（三）形成口碑宣传

对于企业提供的某些较为复杂的产品或服务，新顾客在做决策时会感觉有较大的风险，这时他们往往会咨询企业的现有顾客。而具有较高满意度和忠诚度的老顾客的建议往往具有决定作用，他们的有力推荐往往比各种形式的广告更为奏效。

（四）有利于提高员工忠诚度

如果一个企业拥有相当数量的稳定顾客群，也会使企业与员工形成长期和谐的关系。在为那些满意和忠诚的顾客提供服务的过程中，员工可以体会到自身价值的实现，而员工满意度的提高必然会导致企业服务质量的提高，从而使顾客满意度进一步提升，形成一个良性循环。

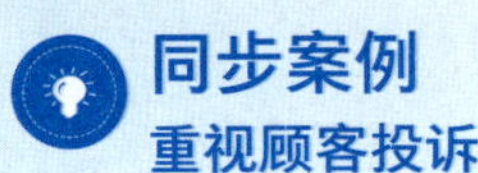

重视顾客投诉

小张是一家汽车制造企业的客服人员，主要负责处理日常的顾客咨询及投诉等工作。一天，小张接到顾客李先生的投诉，反映汽车发动机的响声异常，经过仔细的询问，小张判定这是一个比较复杂的技术问题，可是技术工程师王师傅恰巧又不在公司。

正在挠头之际，电话铃又响起，小张急忙接听，一位赵女士又反映了与李先生同样的问题。看来这个问题确实比较严重，同时还具有一定的普遍性。恰好，此时王师傅回到了公司，通过王师傅的详细解释，顾客终于得到了满意的答复。然而，在之后的一个星期中，小张常常会接到类似的电话，却又因为王师傅外出而耽误了下来。

没过几天，客服经理将小张叫到办公室，告诉他最近总是有顾客投诉，反映得不到及时的反馈服务。小张急忙解释，但客服经理却说这只是推脱责任的借口。委屈的小张垂头丧气，王师傅了解到这件事后，给小张提供了一个标准解答办法，这招还真灵，小张很快就能对顾客的咨询对答如流了。然而这还是不能满足众多顾客的需求，小张常常要同时接 2~3 个电话。

忙碌不堪的小张认为，这样下去还是会使顾客感觉服务品质下降，通过思考，他改变了原来被动的做法，而是主动出击，将所有购买此款汽车的顾客资料全部调出来，然后将王师傅提供的解决办法做成模板，以致歉信的形式用电子邮件统一发送给这些顾客。这些工作仅仅占用了小张半天的时间，而且此后基本上就没有顾客再询问相关问题了。

因此，小张不仅获得了客服经理的表扬，年底还被评选为公司的优秀员工。

问题：小张遭受顾客投诉的原因是什么？他是如何处理这一难题的？

分析提示：售后服务不到位。此时，可以主动针对顾客可能存在的问题与顾客联系，提供解决方案并主动维系与顾客之间的关系。

第二节 顾客维系程序

一、了解顾客流失原因

顾客的流失，通常主要出现在以下几种情况中。

（1）员工跳槽，带走了顾客。

（2）竞争对手夺走顾客。竞争对手往往会不惜代价来吸引那些资源丰厚的顾客。

（3）言而无信让顾客丧失信心。有些业务员喜欢向顾客随意承诺条件，结果又不能兑现。

（4）企业内部服务意识淡薄。顾客提出的问题不能得到及时解决，咨询无人理睬，投诉没人处理，服务人员工作效率低下，也是直接导致顾客流失的重要因素。

（5）企业产品质量不稳定，顾客利益受损。

（6）产品带给顾客的利益空间越来越小，顾客就会另寻他路。

（7）自然流失。

综合来看，顾客流失的问题不是企业某个部门、某个岗位能够解决的，需要由企业多个部门参与才能解决。

知识链接
顾客价值与顾客流失

现代公司通过计算一位顾客总共能为公司带来多少销售额和利润来衡量顾客价值。例如：一位顾客平均每周去某超市一次，平均每次购物 100 元，一年如果去 50 周就是 5 000 元，假定他在该区域居住 10 年，就是 5 万元；按 10% 的利润计算就是 5 000 元利润。所以，一位不满意的顾客可能意味着该店失去 5 万元的收入及 5 000 元的利润。

此外，公司通过计算顾客流失成本，可以了解顾客价值。如果一家公司有 5 000 个客户，假定因劣质服务，今年流失 5% 的客户，即 250 位，若平均每位客户的销售收入是 8 000 元，则收入损失 200 万元，利润为 10% 的话，利润损失 20 万元。

市场调查显示，一个公司平均每年有 10%~30% 的顾客在流失。但很多公司常常不知道失去的是哪些顾客，什么时候失去，也不知道为什么失去，更不知道这样会给他们的销售收入和利润带来怎样的影响。冷静地研究顾客流失的原因，对于企业摆脱危机、健康成长具有十分重要的意义。

二、建立顾客维系策略

企业和顾客之间的关系发展，一般可以分为提升、成熟、流失三个状态。

（一）提升状态的维系策略

提升状态的维系策略的目标，就是通过顾客价值的提升策略引导顾客关系向前发展，形成顾客与企业之间互动、稳定的价值交集。提升状态的维系策略主要有提供基础产品和服务、品牌形象的树立、业务创新与引导等。

由于顾客提升状态是新增顾客的不稳定阶段，因此，在这一阶段要特别重视对顾客的服务。首先，要保证顾客基础产品的质量不影响顾客的满意度；其次，通过针对性的营销来让顾客感觉到企业对顾客的关怀；最后，通过针对性的服务增加顾客的“心理份额”，增强企业与顾客之间的“黏性”，也就是提高顾客忠诚度。

（二）成熟状态的维系策略

对于处于成熟状态的顾客，企业的培育目的就是要维持好顾客的忠诚度，因为这个时期是顾客对企业价值贡献最大、最平稳的时期。具有较高的忠诚度既是这一阶段顾客的特征，也是企业的客户工作重点。因此，维持顾客并延长其成熟状态的时间的主要途径就是，在达到顾客行为忠诚的基础上提高顾客的满意度，建立顾客的忠诚度。成熟状态的维系策略主要有：

1. 增大顾客忠诚度代价策略——“积分”策略

按照交易额、交易频次、交易年限对顾客进行积分让利，增大顾客的消费剩余。

2. 提高顾客流失成本——“长期合作协议”策略

“长期合作协议”策略是企业维系顾客常用的方法。其基本思路是企业与其顾客签订长期合作协议，根据顾客承诺的消费额，给予一定的优惠。

（三）流失状态的维系策略

大多数情况下，顾客流失是受到相应的诱导因素驱动的。即使该顾客对企业提供的服务 100% 满意，仍然存在流失的可能。总体来说，诱导顾客流失的因素主要有品牌观转移、竞争对手促销、差异化业务、业务需求消失等。

在某种情况下，即使顾客想流失，但在有些因素作用下仍不能流失，这些因素称之为顾客流失壁垒因素，常见的有联系变化损失、交易成本差异、忠诚度代价、交易行为惰性、区域垄断等。因此，针对流失阶段的顾客，维系策略就是针对诱导因素来合理设置壁垒因素，同时采取竞争的应对措施，如开发针对性的产品、设计针对性的服务等，从而消除诱导因素对顾客的影响。

三、选择合适的顾客维系方法

顾客维系的专家提出了三个层次的策略，无论在哪一层次上实施顾客维系策略，都可以建立不同程度上的企业与顾客间的联系，同时也意味着为顾客提供不同的个性化服务。

第一层次，利用价格刺激来增加顾客关系的财务利益。在这一层次，顾客乐于和企业建立关系的原因是希望得到优惠或特殊照顾。例如，酒店可对常客提供高级别住宿；航空公司可以给予经常性旅客奖励；超市可对老顾客实行折扣退款等。尽管这些奖励计划能改变顾客的偏好，但很容易被竞争对手模仿，因此不能长久保持与顾客的关系优势。企业应该采取有效措施使顾客主动与企业建立关系。

第二层次，既增加财务利益，又增加社会利益，而社会利益要优先于财务利益。企业员工可以通过了解单个顾客的需求，使服务更加个性化和人性化，来增加企业和顾客的社会性联系。例如，在保险业中，企业与顾客保持频繁联系以了解其需求的变化，逢年过节送一些卡片之类的小礼物以及共享一些私人信息，这些都会增加此顾客留在该保险公司的可能性。

第三层次，在增加财务利益和社会利益的基础上，附加了更深层次的结构性联系。所谓结构性联系即提供以技术为基础的顾客化服务，从而为顾客提高效率和产出。这类服务通常被设计成一个传递系统。而竞争者要开发类似的系统需要花上几年时间，因此不易被模仿。

同步案例

东方饭店的特色服务

于先生因公出差T国，曾下榻东方饭店，第一次入住时，良好的饭店环境和服务给他留下了深刻印象，而第二次入住时的几个细节，更使他对饭店的好感迅速升级。这天早晨，他刚走出房门准备用餐，楼层服务生恭敬地问道：“于先生是要用早餐吗？”于先生很奇怪，反问：“你怎么知道我姓于？”服务生说：“我们饭店规定，晚上要背熟所有客人的姓名。”这令于先生大吃一惊，因为他往返世界各地，入住无数酒店，这种情况还是第一次碰到。于先生高兴地乘电梯来到餐厅，刚出电梯，餐厅服务生就说：“于先生，里面请。”于先生更加疑惑：“你知道我姓于？”服务生答：“上面电话刚刚下来，说您已经下楼了。”如此高的效率让于先生再次大吃一惊。于先生刚进餐厅，服务小姐微笑着问：“于先生还要老位子吗？”于先生的惊讶再次升级，心想“尽管我不是第一次在这里吃饭，但最近的一次也是一年前了，难道这里的服务小姐记忆力那么好？”看到于先生惊讶的目光，服务小姐主动解释说：“我刚刚查过记录，您在去年6月8日在靠近第二个窗口的位子上用过早餐。”于先生听后兴奋地说：“老位子！老位子！”服务小姐接着问：“老菜单？一个三明治，一杯咖啡，一个鸡蛋？”现在于先生已经不再惊讶了：“老菜单，就要老菜单！”这一次早餐给于先生留下了终生难忘的印象。

后来由于业务调整，于先生 3 年没有去 T 国。生日这天，他却突然收到一封东方饭店发来的贺卡，里面还附了一封短信：“亲爱的于先生，您已经 3 年没有光顾东方饭店了，我们全体人员非常想念您，希望能再次见到您。今天是您的生日，祝您生日愉快。”于先生当时非常感动，发誓如果再去 T 国，一定住在东方饭店，而且要说服所有去 T 国的朋友也像他一样选择东方饭店。这就是顾客关系管理的魔力。

问题：东方饭店的特色服务有何特别之处？

分析提示：维持顾客关系的主动性在处理顾客关系中具有重要的意义。

第三节 顾客维系的基本方法

本质上，提供售后服务就是为了做好维系顾客的工作。这种维系是售后服务的主体，售后服务工作是否做得到位、圆满，主要看是否充分做好了与优良顾客之间的关系维系工作。

一、联络感情

售后服务在很大程度上是做与顾客联络感情的工作。由交易而产生的人际关系往往比较自然、融洽。与顾客联络感情的方法通常有以下几种：

（一）拜访

经常去拜访顾客非常重要，拜访并不一定是为了推销，主要目的是让顾客感觉到业务员和厂家对他的关心，同时也是向顾客表明厂家对销售的产品负责。业务员拜访顾客时不一定有明确的目的，也许只是为了问好，也许是顺道拜访。主要把握一个原则：尽可能使拜访行为更为自然，不要使顾客觉得你只是有意讨好，更不要因拜访而干扰顾客的正常工作和生活。

知识链接
拜访的礼仪

（1）拜访前应事先和被访对象约定，以免扑空或扰乱被访人的计划。拜访时要准时赴约。拜访时间长短应根据拜访目的和被访人意愿而定。一般而言，时间宜短不宜长，万一因故不得不迟到或取消访问时应立即通知对方。

（2）到达被访人所在地时，一定要用手轻轻敲门，进屋后应待被访人安排指点后坐下。后来的客人到达时，先到的客人应该站起来，等待介绍。

（3）拜访时应彬彬有礼，注意一般交往细节。到达拜访地点后，如果与被访人是第一次见面，应主动递上名片，或作自我介绍。对熟人可握手问候。

（4）如果被访人因故不能马上接待，应安静地等候，有抽烟习惯的人，要注意观察该场所是否有禁止吸烟的标识。如果等待时间过久，可向有关人员说明，并另定时间，不要显现出不耐烦的情绪。

（5）如果与被访人的意见相左，不要争论不休。对被访人提供的帮助要致以谢意，但不要过分。

（6）谈话时开门见山，不要海阔天空地聊天，以免浪费时间。

（7）要注意观察被访人的举止表情，适可而止，当被访人有不耐烦或为难的表现时，应转换话题或口气；当被访人有结束会见的表示时，应立即起身告辞。告辞时要同被访人和其他客人一一告别，说“再见”“谢谢”；被访人相送时，应说“请回”“留步”“再见”。

（二）书信、电话联络

书信、电话都是联络感情的工具，在日常生活、工作中被广泛使用。当有些新资料需要送给顾客时，可以附上便笺，用邮寄的方式寄给顾客；当顾客喜忧婚丧时，可以致函示意，如邮寄各种贺卡。用打电话的方式与顾客联络也是一种很好的方式，偶尔几句简短的问候会使顾客感到高兴，但对于这些友谊性的电话，要注意语言得体、适当。

知识链接
接打电话的礼仪

1. 拨打电话的礼仪

（1）选好通话的时间。拨打电话，首先要考虑在什么时间最合适。一般不要在早 7 点以前、晚 10 点以后打电话，也不要在用餐时间和午休时间打电话。

（2）礼貌的开头语。当对方拿起听筒后，应当有礼貌地称呼对方，亲切地问候“您好”。如果需要讲的内容较长，可问：“现在与您谈话方便吗？”

（3）用声调传达感情。讲话时语言流利、吐字清晰、声调平和，能使人感到悦耳舒适。

（4）有所准备，简明有序。如果要谈的内容较多，可在纸上列出。尤其是业务电话，内容涉及时间、数量、价格，有所记录是非常必要的。

（5）电话 3 分钟原则。通话不超过 3 分钟的做法又称“打电话的 3 分钟原则”，即尽量将单次通话时长控制在 3 分钟内，它是所有商务人员都要遵守的一项原则。

（6）礼貌的结束语。打完电话，应当有礼貌地寒暄几句，可使用“再见”“谢谢”“祝您成功”等恰当的结束语。

2. 接听电话的礼仪

（1）及时、礼貌地接听电话。电话铃响了，要及时去接，不要怠慢，更不可接了电话就说“请稍等”，撂下电话半天不理人家。如果确实很忙，可表示歉意，说：“对不起，请过 10 分钟再打过来，好吗？”

（2）自报家门。自报家门是一个于人方便、于自己方便，且节约时间、提高效率的好方式。

（3）认真倾听，积极应答。接电话时应当认真听对方说话，而且不时有所表示，如“是”“对”“好”“请讲”“不客气”“我听着呢”“我明白了”等，或用语气词“唔”“嗯”“嗨”等，让对方感到你是在认真听。

（4）认真清楚地记录。在电话中传达有关事宜时应重复要点，对于号码、数字、日期、时间等，应再次确认，以免出错。随时牢记 5W1H 技巧，即 When（何时）、Who（何人）、Where（何地）、What（何事）、Why（为什么）、How（如何进行）。

（5）友善对待打错的电话。如果对方打错了电话，应当及时告知，口气要和善，不要讽刺挖苦，更不要表示出恼怒之意。

（6）正确代接电话。替他人接电话时，要询问清楚对方的姓名、电话、单位名称，以便在接转电话时为受话人提供便利。在不了解对方的动机、目的是什么时，请不要随便说出指定受话人的行踪和其他个人信息，比如手机号等。

（7）巧问对方姓名。如果对方没有报上自己的姓名，而直接询问上司的去向，应礼貌、客气地询问对方：“对不起，您是哪一位？”

（8）礼貌地挂断电话。电话一般由上级、长辈先挂，双方职级相当时，一般由主叫方先挂。挂断电话前的礼貌不可忽视，要确定对方已经挂断电话后，才能轻轻挂上电话。

（三）互联网联络

随着信息技术的不断发展，现如今新增了多种互联网联络方式。如E-mail、微信、QQ等新的联络方式，逐渐成了与顾客进行感情联络的重要手段。

互联网时代下的新的联络方式侧重于沟通，使用恰当时也更具有商业性。通过即时通信工具，不仅可以发送文字，还能发送图片、语音、视频等，相较于传统的书信和电话等单一形式的沟通，沟通的体验性和便捷性更强。但在使用时也要注意如下问题：第一，勿逞一时的口舌之能；第二，沟通中要顾全客户的面子；第三，不要太“卖弄”专业术语；第四，要善于抓住顾客的心；第五，学会适时适度称赞对方；第六，学会“倾听”；第七，付出真诚和热情；第八，以数据和事实说话；第九，注意相关的礼仪，语言要得体、恰当。

（四）赠送纪念品

这是一种常见的手段。成功的企业和销售人员会为其顾客提供包括赠送纪念品在内的各种服务。这种方式至少可以起到两种作用：一是满足人们的某种心理；二是可以借此作为再次访问及探知情报的手段和机会，这是进行销售的一种技巧。

知识链接

馈赠时应注意哪些礼仪

1. 送礼礼仪

（1）注意礼品的包装。精美的包装不仅使礼品的外观更具艺术性和高雅的情调，而且可以显现出赠礼人的文化和艺术品位，还可以使礼品产生和保持一种神秘感，既有利于交往，又能引起受礼人的兴趣和探究心理及好奇心理，从而令双方愉快。赠礼时应当着受礼人的面，以便于观察受礼人对礼品的感受，并适时解答和说明礼品的功能和特性等，还可有意识地向受礼人传递选择礼品时独具匠心的考虑，从而激发受礼人的感激之情和喜悦之情。

（2）注意赠礼时的态度、动作和言语表达。只有平和友善的态度，落落大方的动作并伴有礼节性的语言表达，才是令赠受礼双方所能共同接受的。那种做贼似的悄悄将礼品置于桌下或房中某个角落的做法，不仅达不到馈赠的目的，甚至会适得其反。

（3）注意赠礼的具体时间。一般来说，应在相见或道别时赠礼。

2. 受礼礼仪

（1）受礼者应在赞美和夸奖声中收下礼品，并表示感谢。一般应赞美礼品的精致、优雅或实用，夸奖赠礼者的周到和细致，并伴有谦恭态度的感谢之辞。

（2）双手接过礼品。视具体情况拆看或只看外包装，还可提出请赠礼人介绍礼品功能、特性、使用方法等的邀请，以示对礼品的喜爱。

（3）只要不是不能收的礼品，就最好不要拒收，因为那会很驳赠礼人的面子，可以找机会回礼。

二、收集情报

这是开展售后服务工作的另一个潜在目的，精明的业务员会利用提供“售后服务”与顾客接触的机会收集情报。

（一）了解顾客背景

业务员都应该有意识地、有技巧地询问或了解顾客背景，包括其家庭背景、职业背景及社会关系。对于这些顾客背景资料，业务员应及时地加以记录、整理。

（二）连锁推销

老顾客可以成为厂家及业务员的义务“传播者”。顾客被业务员的真诚和热情打动后，往往愿意做一些热情的连锁介绍，这些由顾客口中道出的“情报”往往具有很大的价值。

同步案例

沃尔玛的顾客维系策略

一、沃尔玛顾客维系的整体思路

沃尔玛顾客维系的整体思路是：充分认识到顾客维系对企业竞争力的战略意义，弄清顾客维系的各个因素及其内在联系，对现有顾客进行细分，将顾客数据纳入信息化管理，动态跟踪，有的放矢，以增加顾客价值为基础，加大顾客转移成本，努力提高顾客的满意度，谋求顾客信任，最终赢得顾客忠诚，进而扩大与顾客的交易量，实现沃尔玛与顾客的双赢。

二、沃尔玛顾客维系的具体措施

（一）从细节着手积累顾客满意度

顾客维系的基础是顾客满意度。对一些卖场的细节也应该尽量让顾客满意，如连锁商店的店址选择。同时店址也决定了企业形象。

建立顾客忠诚的前提是要让顾客满意。让顾客满意，还必须提供最基本的服务，这包括服务人员的态度、企业对顾客投诉的反应、企业对顾客的尊重等。

（二）灵活利用价格策略

沃尔玛根据其顾客在生命周期不同阶段对价格的敏感程度，同时结合市场竞争的要求，有针对性地制定灵活多样的价格政策，并及时有效地加以实施，使新顾客得到满意，而从老顾客处收获信任，一步步建立起顾客的忠诚。例如，采取打折活动、降价活动和返券送礼品活动等。

（三）有意加大顾客转移成本

加大顾客转移成本首先要努力提高顾客价值，特别是使得沃尔玛的顾客通过和企业竞争对手的横向比较，感知到自己在目前的服务商得到的价值高于其他服务商，这是转移成本的基础。如沃尔玛可以进行购物积分有奖活动等。

（四）建立顾客信任，用真诚换忠诚

从企业长远利益出发，从建立顾客忠诚出发，不赚眼前的小钱，而求顾客的长期稳定，这是一种高明之举，一种真诚为顾客着想的好做法。

（五）“一对一”服务是建立顾客忠诚的重要手段

在任何情况下，“一对一”为顾客服务，或者经常性地通过电话联系，或者顾客生日时赠送鲜花，总能够使顾客感到一种特别的亲近感。在建立顾客忠诚时，如能经常性地回访顾客，了解顾客购买产品和接受服务的情况，介绍促销活动，听取他们的意见，让顾客感到亲人般的关心，顾客即使有某些意见也不会轻易弃你而去。

（六）整合 CRM，将顾客维系纳入动态管理

CRM 即顾客关系管理，它是一套计算机系统，也是一种管理理念。为了有效地实施顾客维系，可以对 CRM 进行有效的整合，使之能够及时地收集顾客信息，并利用这些信息，采用科学的量化手段，转化成我们所要利用的顾客维系的各种因素，然后再将这些因素放入各自顾客生命周期的相应阶段，分析整理，得出相应顾客在顾客维系上的动态特征和需求，利用管理手段，及时地将这些结论作为顾客维系工作决策的依据，有的放矢，制定策略，采取手段，积极主动地开展顾客维系工作。

（七）既要细分市场，又要点面结合

建立顾客忠诚，必须考虑公司的承受力。要通过细分市场，有选择地建立顾客忠诚。企业的着眼点应该是他们所服务的顾客。只有明确自己的顾客，实行专业细致的顾客管理，企业才能真正实现赢利的目的。

问题：沃尔玛的顾客维系策略对其他企业的顾客维系有什么启示？

分析提示：企业顾客维系不仅是战术层面上的工作，还应该是企业战略设计所要考虑的问题。即企业顾客维系应该有整体的设计，并通过具体的操作手段去实施。

第四节 客户档案的建立与维护

一、客户档案的建立与维护概述

客户档案，顾名思义，就是有关客户情况的档案资料，是反映客户本身及与客户关系有关的商业流程的所有信息的总和。客户档案包括客户的基本情况、市场潜力、经营发展方向、财务信用能力、产品竞争力等有关顾客的方方面面。它是企业在与客户交往过程中所形成的客户信息资料、企业自行制作的客户信用分析报告，以及对订购的客户资信报告进行分析和加工后，全面反映企业客户资信状况的综合性档案材料。

（一）客户档案的内容

1. 客户档案原始资料

客户档案原始资料是客户档案的基础内容，常见的客户档案原始资料主要有：交易过程中的合同、谈判记录、可行性研究报告和报审及批准文件；“企业法人营业执照（副本）”或“营业执照（副本）”复印件，“事业单位法人登记证（副本）”或“事业单位登记证（副本）”复印件；客户履约能力证明资料复印件；客户的法定代表人或合同承办人的职务资格证明、个人身份证明、介绍信、授权委托书的原件或复印件；客户担保人的担保能力和主体资格证明资料的复印件；双方签订或履行合同的往来电报、电传、传真、电子数据交换、电子邮件、信函、电话记录等书面材料和视听材料；签证、公证等文书材料；合同正本、副本及变更、解除合同的书面协议；标的的验收记录；交接、收付标的、款项的原始凭证复印件。

在对客户档案资料进行保管分析的过程中，各类原始资料的保管和整理是最基本的工作。因为在交易过程中逐渐形成的客户档案原始资料是非常多的，为了避免今后的经济纠纷，这些书面的原始档案资料应该被完好地保存起来，切实防范企业与客户经济往来过程中发生的合同风险、法律风险和信用风险。

2. 客户资信调查报告

客户资信调查报告是客户档案的核心内容，它是对客户档案原始资料进行整理和分析基础上形成的综合反映客户资信情况的档案材料。从资信调查报告的形成过程和主要用途来看，它是由企业资信调查人员撰写的一种反映客户信用动因和信用能力的综合报告，是详细记录客户资信信息的载体。

资信调查报告的主要内容有：被调查公司的概况、股东及管理层情况、财务状况、银行信用、付款记录、经营情况、实地调查结果、关联企业及关联方交易情况、公共记录、媒体披露及评语、对客户公司的总体评价、给予客户的授信建议等。此外，资信调查报告还可以包括经过分析得到的分类类别、交易的趋势、客户的购买模式和偏好特征等内容。企业资信调查报告的格式没有严格的规定，在实践中可以根据企业的具体情况选择不同的格式，通常在撰写过程中可以参考专业资信调查机构的标准报告来进行。

（二）客户档案管理的对象

（1）从时间序列来划分，包括老客户、新客户和未来客户。以老客户和新客户为重点管理对象。

（2）从交易过程来划分，包括曾经有过交易业务的客户、正在进行交易的客户和即将进行交易的客户。对于第一类客户，不能因为交易中断而放弃对其档案的管理；对于第二类客户，需逐步充实和完善其档案管理内容；对于第三类客户，档案管理的重点是全面收集和整理客户资料，为即将展开的交易业务准备资料。

（3）从客户性质来划分，包括政府机构（以国家采购为主）、特殊公司（如与本公司有特殊业务等）、普通公司、顾客（个人）和交易伙伴等。这些客户因其性质、需求特点、需求方式、需求量等不同，对其实施的档案管理的特点也不尽相同。

（4）从交易数量和市场地位来划分，包括主力客户、一般客户和零散客户。

二、客户档案的建立与维护方法

应该如何建立客户档案，以便充分利用这一珍贵的工具呢？

1. 多途径收集客户档案资料

因为尽可能多地积累客户信息是档案建立的基础，包括订房间、记单、账单、投诉处理记录、客户拜访记录、客户意见书，以及平时通过观察收集的一些其他资料。主要包括以下几个方面：

（1）有关客户最基本的原始资料，包括客户的名称、地址、电话，以及他们的个人性格、兴趣、爱好、家庭、学历、年龄、能力、经历背景等，这些资料是客户管理的起点和基础，需要通过销售人员对客户的访问来收集、整理归档形成。

（2）关于客户特征方面的资料，主要包括所处地区的文化、习俗、发展潜力等。其中对外向型客户，还要特别关注和收集客户市场区域的政府政策动态及信息。

（3）关于客户周边竞争对手的资料，如对其他竞争者的关注程度等。对竞争者的关系要有各方面的比较。对于客户产品的市场流向，要准确到每一个订单。

（4）关于交易现状的资料，主要包括客户的销售活动现状、存在的问题、未来的发展潜力、财务状况、信用状况等。

需要特别指出的是，顾客档案的建立不仅仅要依靠服务部员工或由某个具体部门来完成，而且有赖于各部门全体工作人员的共同努力、互相支持和配合。

2. 档案资料的整理必须及时

这要求有一个客户档案管理的归口组织或部门来牵头，及时将各部门收集到的信息分门别类，整理归档。具体可考虑根据如下情况进行编排：

（1）客户基础资料，如客户背景资料，包括销售人员对客户的走访、调查的情况报告。

（2）客户购买产品的信誉、财务记录及付款方式等情况。

（3）与客户的交易状况，如客户产品进出货的情况登记表，实际进货、出货情况报告，每次购买产品的登记表，具体产品的型号、颜色、款式等。

（4）客户退赔、折价情况。例如，客户历次退赔折价情况登记表，退赔折价原因、责任鉴定表等。

以上每一大类都必须填写完整的目录并编号，以备查询和资料定位；客户档案每年分年度清理，按类装订成固定卷保存。

3. 档案内容的更新必须强调动态管理

客户的个人情况、喜恶厌好是在动态变化的，这也增加了档案管理的难度。除了要求加快沟通速度外，档案管理本身需要借助多种有效的信息载体，如传统的表单、卡片，以及具有快速查询更改功能的计算机系统，不断更新信息，确保档案资料的准确和真实。

总之，客户档案的建立是一项复杂而系统的工程，必须采用正确科学的方式方法。只有高质量的信息，才能对管理决策产生参考价值。

三、客户档案的建立与维护应注意的问题

首先，档案信息必须全面详细。客户档案所反映的客户信息，是推销员对该客户确定一对一的具体销售政策的重要依据。因此，档案的建立，除了客户的名称、地址、联系人、电话这些最基本的信息之外，还应包括客户的经营特色、行业地位和影响力、分销能力、资金实力、商业信誉、与本公司的合作意向等更为深层次的因素。

其次，档案内容必须真实。这就要求业务人员的调查工作必须深入实际，

那些为了应付检查而闭门造车、胡编乱造客户档案的做法是要不得的。

最后，对已建立的档案要进行动态管理。

同步测试

1. 判断题

（1）一般来说，争取一个新顾客的成本大约是保留老顾客成本的5倍。（　　）

（2）有效的顾客维系有利于提高员工的忠诚度。（　　）

（3）企业和顾客之间关系的发展一般可以分为成熟、提升和流失三个状态。（　　）

2. 简答题

（1）顾客维系的程序是什么？

（2）顾客维系的基本方法有哪些？

（3）如何建立和维护顾客档案？

专项模拟实训

1. 实训目标：通过模拟训练维系顾客的技能。

2. 实训内容：按背景材料解决后面的模拟问题。

3. 实训背景：

背景材料一

20××年某日，某购物广场顾客服务中心接到一起顾客投诉，顾客反映其从商场购买的“晨光”牌酸奶中喝出了苍蝇。投诉的内容大致是：顾客李小姐从商场购买了“晨光”牌酸奶后，马上去一家餐馆吃饭，吃完饭李小姐拿出酸奶让自己的孩子喝，自己则在一边跟朋友聊天，突然听见孩子大叫：“妈妈，这里有苍蝇”。李小姐循声望去，看见小孩喝的酸奶盒里（当时酸奶盒已被孩子用手撕开）有只苍蝇。李小姐当时火冒三丈，带着小孩来商场投诉。正在这时，有位值班经理看见便走过来说：“你既然说有问题，那就带小孩去医院，有问题我们负责！”顾客听到后，更是生气，大声喊：“你负责？好，现在我让你去吃10只苍蝇，我带你去医院检查，我来负责好不好？”边说边在商场里大喊大叫，口口声声说要去消费者协会投诉，引起了许多顾客围观。假如你是这家购物广场的顾客服务中心经理，你将如何处理这一事件？

顾客服务中心经理模拟开始……

背景材料二

国庆节期间，几位商界老板谈完生意后，相约到“××餐厅”共进午餐，同时为其中A老板的爱女庆祝生日。“××餐厅”是这座城市有名的粤菜馆，全国连锁，因此大家对品尝粤式风味美食提议一致赞同。

用餐时，一道色香味俱佳的“油焖芥蓝”上来后，大家举箸分享。忽然，B老板将菜吐到了小碟里。原来，B老板感到下咽时喉咙有异样感，吐出来一看，一根长长的头发与菜搅和在一起。菜里有头发！满桌人顿时感到不舒服，便向服务员反映了情况。雅间的服务员在确认头发是菜里带着的以后，去向上级反映问题。如果你是该餐厅的相关负责人，你该如何应对？

模拟开始……

4. 实训要求：课外分组初步模拟，每组挑选一对代表正式模拟，设置相应场景，其他同学认真观摩，围绕沟通礼仪，从中发现相关的问题，写出启示。

5. 实训步骤：课外分组模拟选拔→确定正式模拟代表→情境模拟及观摩→观摩启示汇总→教师总结点评。

6. 成果评价：通过模拟实训，让学生初步掌握顾客维系的技能。

10

Chapter

第十章
推销管理

【学习目标】

※ 素养目标

- 遵纪守法，遵守推销行为规范和操作规范
- 培养推销过程中的大局意识和组织协调能力，增强全局观念

※ 知识目标

- 了解推销目标的类型和作用
- 熟悉推销计划的类型、体系及其内容
- 掌握推销组织组建的基本方法
- 掌握推销控制的程序、内容和基本方法

※ 技能目标

- 能够独立确定推销目标，制定推销计划
- 能够学会推销组织组建的基本方法
- 能够掌握推销控制的方法

【思维导图】

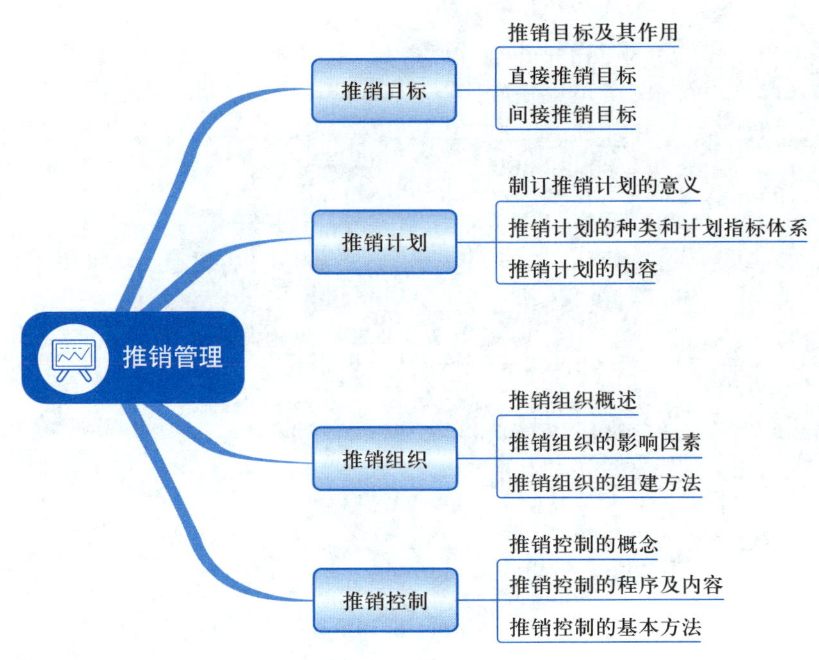

案例导入

格力开启“全员销售”计划

2019年年初，格力电器启动了“全员销售”计划，即让格力的每位员工都参与到销售工作中，给予每人1万元的销售任务，卖少了没考核，卖多了有奖励。在全员销售平台上，全体员工可以向亲人、朋友等推荐格力的产品。这些产品，不仅包括空调、手机等主力产品，也包括冰箱、电饭煲、净水器、加湿器等其他产品。在该政策的引导下，不少员工都注册了网店，其中有部分员工通过业主群对外推广格力的电器产品。网店销售的产品价格为官网统一价格，该价格较天猫、京东有一定程度上的优惠。据悉，董明珠也亲自披挂上阵，在格力分销商城开了一家“董明珠的店”，还一度将微信头像换成了网店二维码。开张仅一个月，“董明珠的店”的销售额就超过了200万元。

格力所推行的“全员销售”计划源于其在2023年前要达到6 000亿元营收的目标。单从数字来看，格力的这个目标的难度不亚于“再造一个格力”。但公司管理者认为，只要格力人足够努力，别说6 000亿元，8 000亿元的目标都可以实现。据其估计，仅家用空调就能实现2 000亿元的营收，冰箱、洗衣机各能实现1 000亿元的营收，再加上生活电器、中央空调、消费品类、芯片等的营收，足以支撑6 000亿元营收的目标。

当然，格力电器“全员销售”计划的推行也引发了部分员工的不满，认为这样的政策可能会导致格力军心不定，甚至出现员工离职的情况。

案例思考：董明珠推行的“全员销售”计划是否有利于企业推销队伍的管理？通过该案例可以得到什么启示？

第一节 推销目标

一、推销目标及其作用

（一）推销目标的含义

所谓推销目标，是指企业在推销活动中预期完成的推销任务和预期取得的推销成果。推销目标一般有直接推销目标和间接推销目标之分。直接推销目标是企业运用推销人员进行推销时所预期完成的推销任务和预期取得的推销成果，一般由推销人员具体制定。间接推销目标则是指企业运用非人员推销时预期完成的推销任务和预期取得的推销成果。

（二）推销目标的重要性

（1）推销目标是推销计划得以制定和落实的前提。可以说，没有推销目标则没有推销计划，没有推销计划则没有成功、有效的推销。

（2）推销目标为推销指明了方向，规定了任务，确定了成果标准，强化了推销的目的性，减少了推销的盲目性。

（3）推销目标为企业产品的推销提供了向心力。

（4）推销目标的制定，有利于企业强化目标管理，使企业的各个职能部门目标明确。此外，制定行之有效的推销目标，便于企业加强管理，为检查推销的成效提供了依据，从而促进推销效益的提高。

（三）推销目标与销售效率之间的关系

有效的推销目标是提高推销效率的前提和关键。有了推销目标，则有了努力的方向，再加上推销人员向着目标不懈地奋斗，巧妙而灵活地运用推销技巧，推销在很大程度上就已经成功了。如果有行之有效的目标，即使推销人员努力的程度不够，或采取的方法、技巧不当，也不至于获得负效果。相反，如果没有行之有效的推销目标，即使推销人员非常努力，技巧非常熟练，也有可能取得负效果，得不偿失。再者，如果推销人员按照一个错误的目标和导向进行推销活动，其努力程度越大，推销技巧越熟练，所取得的效率就越低，成交的可能也就越小。因此，制定行之有效、切合实际的推销目标，往往会收到事半功倍的效果。

（四）推销目标与推销计划的关系

推销目标与推销计划之间的关系可以归纳为三个方面。其一，推销目标是推销计划的前提和基础，没有推销目标的计划是不现实、不可能的；行之有效的推销计划必须建立在有效的推销目标的基础上，不切合实际的推销计划则意味着推销目标不切合实际，要么目标错误，要么目标过高过大，要么目标过低过小。其二，推销计划是推销目标的具体反映。将推销目标具体化、手段化，即围绕推销目标制定出切实可行的方案，并相应采取行之有效的手段，这就是推销计划。从这个意义上讲，推销目标是推销计划的浓缩，推销计划则是推销目标的扩展。其三，推销目标与推销计划反映了目的和手段之间的关系。即推销目标是制定推销计划的目的，推销计划是实现推销目标的手段。因此，有效的推销是把二者有机结合起来的推销。

二、直接推销目标

直接推销目标，按其推销过程分为推销时间目标、推销面谈目标、利益推销目标、相互磋商目标（解决异议目标）和促使承诺目标。

（一）推销时间目标

推销时间目标是指推销人员在接触顾客时，为自己所确定的推销目标，主要表现在推销时间的控制上。因此，推销目标也可称为接触顾客目标。成功的推销人员必须认识到，在接触顾客时，应该尽量使自己有效接触顾客的时间最大化，而使无效接触顾客的时间最小化。

1. 有效接触顾客时间最大化

要实现这一目标，首先，推销人员必须明确，有效接触顾客时间最大化，意味着增加销售潜力的机会，使销售潜力最大化；其次，推销人员还必须明确，要实现这一目标不能单凭运气，而应该在设立这一目标后，围绕这一目标制定出切实可行的推销计划；最后，推销人员必须排除干扰，有意识地力求有效地支配和使用自己的时间。

2. 无效接触顾客时间最小化

当推销人员使自己有效接触顾客时间最大化时，并不意味着无效接触顾客的时间最小化。因而还必须为自己确立无效接触顾客时间最小化目标。这一目标主要是指通过减少工作中没有实际效果的部分，如差旅时间、等待时间、花在错误对象上的时间、与顾客过多交谈与推销无关事宜的时间等，以实现推销成本的最小化。同时，推销人员还必须明确，要实现这个目标，同样应将其纳入推销计划，并排除干扰，有效、合理地支配和使用自己的时间。这里所讲的“无效接触”不能与“和顾客闲谈”等同起来。在现实生活中，通过“闲谈”常常能收集到重要信息，发现重要的营销机会。作为推销人员，应时刻牢记“三句话不离本行”。

3. 排除干扰

要确定并实现上述两项目标，关键在于排除干扰，有效、合理地支配和使用自己的时间。这里所说的“干扰”，主要是指妨碍目标实现和计划执行的诸方面因素。例如，突如其来的变故或要求会打乱计划；顾客抱怨的处理也会妨碍目标实现；接触顾客的时间有多长，在接触前是个未知数，这也有碍于确立准确的目标。这就要求推销人员树立时效观念，排除“干扰”，权衡利弊轻重，处理好突发事件与实现目标之间的关系，做到既能实现推销目标，又能兼顾处理突发事件。

即问即答

有效接触顾客的时间最大化与无效接触顾客的时间最小化是同样问题的不同表述吗？如何使得与顾客的接触做到“有效”？

提示： 不是。尽管在某一单位时间内有效接触顾客时间最大化，相对而言无效接触顾客时间就会变短，但有些形式上的有效接触实际上并没有发挥应有的效用，在某些无效用的接触中花费太大的成本费用，也是与无效接触顾客时间最小化相悖的。

（二）推销面谈目标

推销面谈目标，是指推销人员与顾客开始推销面谈时所确定的目标，也称会晤目标。推销人员必须十分清楚会晤的目的。如果没有明确的推销目标，就不可能作切合实际的准备。

1. 首要目标

首要目标也就是进行推销面谈前推销人员所确立的首要的、应达到的目的，也可称为一级目标。在推销活动中，由于推销人员与买主的关系不同，交易中买卖双方的情况不同，以及与决策机构成员的联络水平不同，因而每一项具体的推销面谈，其首要目标均有所不同。但总的来说，有效会晤的首要目标，一般应包括如下几个方面的内容：① 确立谁是能够影响购买过程的关键负责人；② 提出一个报价；③ 提供关系密切的最新情况资料；④ 争取结识决策者；⑤ 获得同意后去给用户公司的有关人士做示范或介绍；⑥ 解决索赔问题；⑦ 签订一份长期合同。

2. 次级目标

推销人员在力图实现会晤的首要目标时，往往也会碰到困难，难以全面实现其首要目标。究其原因，主要在于会晤目标的可测性有大有小。当可测性较小时，推销人员还必须确定次级目标，即摆在第二位的会晤目标。同样地，次级目标也可以从如下几个方面考虑：① 证实所提供的服务能够满足客户的预期；② 向买主通报有关市场上最新的技术变化；③ 确定会晤面谈的日期；④ 鉴定客户公司所需要的信息资料；⑤ 弄清竞争对手在服务领域的活动情况。

（三）利益推销目标

成功的推销，在相当大的程度上取决于利益推销；而成功的推销人员，则往往是能够把所有通过使用产品或服务能给客户带来的利益都确实找出来并灵活加以运用的推销人员。

利益推销目标，一般包括全部潜在利益目标和最大吸引力利益目标。

1. 全部潜在利益目标

全部潜在利益目标，是指推销人员在对使用企业产品或服务能给顾客带来的全部潜在利益进行推销时，所应完成的任务和应达到的成果。一般应包括如下几项内容：① 分析本企业的营销状况及其所提供的服务；② 列出本企业的服务特点；③ 将服务特点一一转化为客户的利益；④ 设计出本企业全部潜在利益的表格；⑤ 熟练地记下这些利益以及与每项利益相关联的每个特点；⑥ 在推销面谈中让客户明确本企业所能提供的这些利益。

2. 最大吸引力利益目标

在利益推销过程中，除了向客户明示本企业所能提供的全部潜在利益外，推销人员还应把握利益推销的重点，找出最能吸引客户的利益进行推销。也就是说，推销人员还应制定一套最大吸引力利益目标。一般地说，最大吸引力利益因客户而异，在推销过程中，可从如下几方面考虑：① 进行标准利益即共同利益的推销；② 进行企业利益即企业全部潜在利益的推销；③ 观察客户的反应，进行差别利益即与其他企业不同的利益的推销；④ 抓住客户最感兴趣、承诺最多的利益的推销。

（四）相互磋商目标（解决异议目标）

对于推销人员来说，在整个推销面谈中，如果期望客户不提出一点异议，那是很不现实的。只要客户有异议提出来，推销人员就必须予以回答，否则便不可能取得进展，最终难以完成推销工作。这就说明，在推销面谈过程中，必然存在着相互磋商、解决异议的问题。这也说明，推销人员必须为自己确立相互磋商目标或解决异议目标。

推销人员解决异议的首要目标是从一开始就预防客户将异议提出来，次要目标则是对付已经提出的异议。

1. 预防异议提出

预防异议提出，是指推销人员应尽可能地预料到客户有可能提出的异议，并相应采取行之有效的措施，将其纳入推销面谈计划。在面谈时先发制人，不让顾客说“不”，使异议消除在客户提出之前。

同步案例

多让客户说“是”

美国西屋电气公司（简称西屋公司）的推销员约瑟夫曾这样描述他的一段推销经历：在一个偶然的机会里，我向S厂推销了数台发动机，我相信，如果发动机运转顺利的话，他们一定会大批订购。然而，当我满怀信心跨进S厂大门时，他们的总工程师对我说：“我们不要你公司的发动机了。”我当时感到非常惊讶，但是，我这样反问：“史密斯先生，是什么原因使您得出这样的结论呢？”他说发动机温度过高，工人无法触碰。

于是我说：“您说得很有道理，如果真有这种情况，我们绝对不敢要求您购买。您应该选择温度低于美国电器制造商协会规定标准温度的发动机，您说是吗？”他表示赞同。这样，我得到对方第一个“是”。

接着我请教他，美国电器制造商协会规定的发动机标准温度，是不是可以比室温高72华氏度①。他仍然回答“是”，并补充说：“虽然如此，那些发动机却比规定的温度高得多。”

我不反对他的话，只是问：“你们工厂的温度是多少呢？”“大约75华氏度吧。”于是我问：“75华氏度加上规定的72华氏度，一共是147华氏度。如果用手摸，是不是会被烫伤呢？”他不得不回答“是”。

“那么，如果请工人不要用手去触摸发动机，不就能够免于被烫伤吗？”“对，你说得对。”于是，他又订购了西屋公司3.5万美金的货物。

问题：为什么要多让顾客说“是”？

分析提示：以上案例说明，在推销面谈中，为了预防顾客提出异议或者消除顾客异议，推销人员应通过推销语言的设计，更多地让对方说“是”，而不让对方说“不”。这是有效推销的关键。

2. 对付已经提出的异议

推销人员在进行正式面谈之前，应充分预料到客户有可能提出的异议，并制定出甚为周密的推销面谈计划。尽管如此，但仍不可能面面俱到。因此，推销人员还必须学习和掌握一些相关的技巧，用以对付那些在准备阶段没有考虑到的异议。

（五）促使承诺目标

只有当买主有明确的订货承诺时推销过程才算结束，而要促使顾客承诺，

① 一种温度计量单位，用字母“F”表示。

则要求推销人员在推销期间不失时机地拍板。因此，促使承诺目标也可称为拍板成交目标。推销人员所制定的促使承诺目标可以归纳为三种，即尝试目标、强迫目标和询问目标。

1. 尝试目标

尝试目标即试探性促使承诺目标。也就是说，推销人员在推销过程中，适时抓住拍板机会，以试探性的口气使顾客承诺。其内容包括：① 试探买主的反应；② 发现异议；③ 匹配买主的兴趣；④ 加快销售；⑤ 保持主动。

2. 强迫目标

强迫目标即强制性促使承诺目标。这一目标表明，当拍板机会迟迟没有到来时，推销人员应抓住适当的时机，利用强制性（并非生硬）的语言，促使顾客承诺。

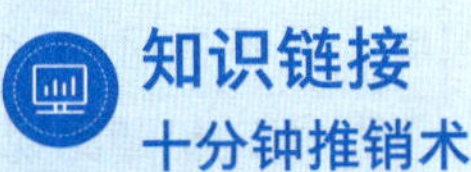

知识链接

十分钟推销术

日本著名推销员井户口健二所著的《十分钟推销术》提出了这样一个观点，客户虽然有各种类型，但在七至八分钟出现购买念头却是共同点，绝不容错过。按井户口健二的观点，当推销时间超过十分钟还没有定论，则注定推销要失败。当然，也有人赞成“马拉松”式的推销，但从整体来讲，与其在某一客户身上花费更多的时间，倒不如把剩下的时间用在对其他有可能购买的客户的推销上。从这个意义上讲，井户口健二的观点不无道理。

3. 询问目标

询问目标即通过直接询问促使承诺的目标。它是指推销人员通过直截了当地询问一些细小的问题，以赢得客户的承诺。确定这一目标，首先要求推销人员列出的问题（询问的问题）必须是细小的问题。如若成功，则可促使顾客承诺；如若失败，对推销人员的损失也并不大，不至于影响推销目标的最终实现。此外，要求推销人员善于从客户对细小问题的回答中发现异议。即使是否定的回答，也能帮助推销人员抓住客户的意向。

三、间接推销目标

间接推销目标主要包括最大销售额目标、最高知名度目标、最佳服务目标、最守信誉目标和最妙符号目标。

（一）最大销售额目标

销售额的大小是判断企业推销效益好坏的重要量化指标，成功的推销反映在量上是销售额的最大化。即企业应尽最大努力去实现潜在销售额，并合理、有效地利用销售额的可塑性，使销售额最大化。这就要求企业要制定最大销售额目标并努力实现。

考察企业销售额一般通过潜在销售额进行。潜在销售额包括市场潜在销售额和企业潜在销售额。市场潜在销售额是指整个市场销售额潜力的大小，企业潜在销售额则是指本企业能够通过努力而实现的市场潜在销售额的大小。

知识链接

市场潜在销售额

市场潜在销售额可采用“连续比率法”加以测算。例如，某种皮鞋的市场潜在销售额 = 人口 × 每人可支配收入 × 可支配收入中用于服装类的百分比 × 服装类支出中用于鞋类的百分比 × 鞋类支出中用于皮鞋的百分比。

企业潜在销售额可用如下公式计算：

企业潜在销售额 = 市场潜在销售额 × 企业市场占有率

从企业来讲，应该以潜在销售额为首要目标，以市场潜在销售额为终极目标。也就是说，企业首先应尽最大努力实现企业有可能实现的销售额，以保持和不断提高企业市场占有率，最终达到占领或垄断整个市场的目的。

（二）最高知名度目标

知名度一般包括产品知名度和企业知名度，它主要是通过企业提供独特的利益、持续地开展市场营销，以及抓住时机制造“轰动效应”等途径来加强和提高的。

1. 产品知名度

产品知名度的高低与该产品的推销效果是成正比例变化的。企业应充分发挥各种推销手段的作用，尽可能地提高产品的知名度，即实现产品最高知名度目标。设立产品知名度目标可从如下几方面考虑：第一，利用有效的广告反复刺激顾客，以加深顾客对产品的印象；第二，利用公共关系宣传树立产品形象，以求得社会公众对产品的好评；第三，利用强有力的营业推广手段进行推销，以扩大产品的销售量和普及使用率；第四，利用“事件营销”，制造“轰动效应”，以提高产品的知名度。

2. 企业知名度

企业知名度往往建立在产品知名度的基础之上，产品知名度的高低往往可以反映出企业知名度的高低。制定企业知名度目标必须与产品知名度目标统一起来。必须说明的是，企业知名度虽然能够通过产品知名度体现出来，但其含义范围往往又要宽得多，它包含了产品知名度所不能包含的其他一些方面。因此，在制定企业知名度目标时，一般应考虑如下三个方面的问题：首先，利用各种有效手段提高产品知名度，以提高企业知名度；其次，利用企业资源，搞好店容店貌，扩大营销规模，更新设备，提高工作效率等，以提高企业知名度；最后，通过做好推销服务，以及参加社会公益活动，扩大声誉和影响，以提高企业知名度。

（三）最佳服务目标

推销服务一般包括推销前、推销中和推销后三个阶段的服务。在商品经济高度发展、竞争日益激烈的今天，推销服务的好坏是推销成败的又一关键。正如 IBM 公司总裁曾说过的“我们公司并非推销计算机，而是推销服务”一样，推销服务日益为人们所重视。企业在进行产品推销的前期、中期、后期，都必须制定一系列的推销服务目标。

1. 推销前的服务

据一份有关的调查报告介绍，实行“三包”的产品，要求退换的 47% 的商品是由于用户使用不当造成的，而使用不当的原因往往与产品质量混同起来，增加了生产和经营单位的负担。如果在推销前就对产品进行了认真细致的介绍，不仅会减少这种现象，而且会增强顾客对本产品的依赖性。因此，企业推销前的最佳服务目标，必须是全方位地、系统地介绍企业所经营的产品，指导消费者进行消费，增强消费者的信心，提高消费者对产品的使用效率。例如，开展销售示范、现场表演等活动，以及附带详细使用说明书等形式，使顾客在购买使用之前就能充分了解本企业的产品。

2. 推销中的服务

由于推销是面对面进行的，因而推销中的服务就某项具体的推销来说往往具有决定意义。推销中的最佳服务目标应该是：以最优良的服务态度接触顾客，使顾客自始至终得到尊敬、友善和帮助，以最上乘的服务质量取信于顾客，使顾客得到他意想不到的收获和利益，以最有益于顾客的“便民措施”，使顾客得到最大限度上的方便。

3. 推销后的服务

与推销前、推销中的服务相比，推销后的服务显得尤为重要。对企业的长远利益和整体推销来说更是如此。因为无论多好的推销技巧也难以扭转坏产品给顾客留下的恶劣印象，而某些好产品也往往由于推销后的服务不佳而迅速改变人们对它的好印象，从而影响其复购率。企业推销后的最佳服务目标就是要在最大限度上满足顾客在使用本企业产品时所产生和提出的一切正当要求。例如，通过上门咨询服务、设立维修咨询服务点、实行“三包”政策等，为顾客提供最佳的推销后的服务，从而增强企业声誉，提高产品的重复购买率。

（四）最守信誉目标

优秀的企业之所以能给人以深刻的好印象，关键在于它已树立起来的信誉。信誉看起来虚无缥缈，实际上却货真价实，它早就作为一种“无形资源”受到企业的高度重视。作为一个企业来讲，进行有效的推销，无疑应树立良好的信誉，并把它作为推销的“命脉”。

1. 誉从信中来

“人无信不立，店无信莫开。”一个享有盛誉的企业，必定是一个讲求信用的企业。企业要树立良好的声誉，以扩大产品销量，就必须要以最守信用为目标。它要求企业“言必信，行必果”，做到言而有信。具体地讲，就是企业在进行产品推销过程中，应切实履行有关企业所能提供的服务、利益、保证等诺言；严格履行合同，按期交货；做到公平交易，童叟无欺。

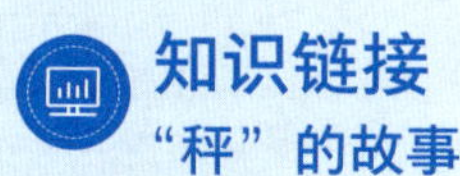

知识链接

“秤”的故事

古人创造旧制十六两一市斤的“秤”时，煞费苦心。每一两以一颗星表示：北斗七星、南斗六星，再加上福、禄、寿三星，共计十六两，用金、银颜色的金属条镶嵌在秤杆上，隐喻心地纯正，买卖公平，不短斤少两。它提供了一种启示，企业经营、推销一定要讲信誉，以信招人，以信服人，以信胜人。

2. 诚招天下客

“诚招天下客，信收海内心。”在企业的推销活动中，真挚友善是成功的法宝。从具体的推销活动看，不成交的主要障碍大都在于企业的推销行为和表现没有得到顾客的充分信赖，克服的方法唯有日积月累的诚实表现。按推销的整体概念而言，诚而有信，必能成功。从企业来看，以“真诚”为推销目标，必须是一个长远的目标。企业应该时时处处、永永远远、真挚地为顾客着想，在每一次具体推销活动中真诚待人，并一以贯之。

（五）最妙符号目标

企业的推销符号包括产品品牌名、厂牌、商标、包装装潢、名片、电话用语、广告宣传、公共关系、营业推广等。最妙符号目标，就是要使以上诸方面具有独到之处，做到先声夺人。

1. 新颖——雅而不俗

无论是产品品牌名、厂牌、商标，还是广告宣传、公共关系；无论是文字的符号，还是图像的符号，都应力争新颖别致，雅而不俗。因为这样一个新颖的符号会给顾客留下深刻的、难以忘怀的印象，使企业的推销事半功倍。

2. 奇特——匠心独具

推销符号，贵在其有独到之处，能紧紧吸引顾客。这就要求推销符号必须讲究其艺术性和技巧性。从这一点上讲，最佳推销符号应该奇特，具有独特的意境。

3. 巧妙——锦上添花

企业成功的推销，除了要善于运用各种推销符号，使之新颖、奇特，具有强烈的吸引力外，还应注意各种推销符号巧妙地结合运用。诸如有创意的商标配以新颖的广告宣传之类，可以锦上添花。

第二节 推销计划

所谓推销计划，就是企业或推销人员按照推销目标对所进行的推销活动全过程的决策以及把决策具体化的过程。推销活动是企业整体营销活动的一部分，因此企业进行推销活动时必须通盘考虑，要确保推销活动和企业整体营销活动相一致、相协调。要做到这一点，就必须制订推销计划。而且，就推销活动本身来说，有计划的推销比无计划的随意推销更为有效。

一、制订推销计划的意义

首先，正确地制订推销计划，可以为制订生产计划和财务计划提供可靠的依据，可以合理安排企业的生产经营活动，有助于企业内部活动的协调。

其次，正确地制订推销计划，可以满足社会需要，提高企业的经济效益。企业的推销计划如果制订得合理，既能扩大企业的销量，又能充分发挥企业现有的生产能力，从而取得良好的经济效益。反之，推销计划制订得不合理，就会影响经济效益的提高。

最后，正确地制订推销计划，是推销成功的关键。只有制订正确的推销计划，在推销活动开始前对推销品种、推销过程、推销方式等做到心中有数，并按预先制订的推销计划有步骤地进行推销，避免盲目推销，才能使推销成功。

二、推销计划的种类和计划指标体系

（一）推销计划的种类

企业的推销活动是复杂的，要把企业的全部推销活动纳入计划的轨道，就要有多种多样的计划。各种计划各有其不同的内容和作用，但又是相互联系、相互制约的，它们共同构成一个完整的企业推销计划体系。

1. 长期计划

长期计划，又称战略规划及长远规划，是指计划期在一年以上（如三年、五年、十年等）的长远发展计划。它是推销部门配合企业的生产或经营、人事、财务等方面的长远发展战略规划而制定的相应推销战略规划。编制长期计划是企业有效地进行推销活动所不可缺少的。长期计划能使企业推销活动具有远见，有利于确保计划的连续性和稳定性，提高计划的科学性和预见性，从而更好地掌握推销活动的主动权。

长期计划的内容，没有一个统一的模式，它根据企业的具体情况和企业对长期计划的要求而定。一般说来，长期计划有以下几个组成部分：① 推销发展方向规划，主要包括推销方式和方法、推销战略、推销规模、主要推销指标的水平等；② 推销组织规划，主要包括人员推销和非人员推销的组织形式，推销组织的安排和重大调整等；③ 推销员培训与智力开发规划，主要是规定推销员培训的数量、应达到的水平、所采取的主要措施等。

在编制方法上，大多采用“滚动计划法”，即按照“近细远粗”的原则，把近期的指标订得具体些，把远期的指标订得宽泛些，每年根据计划执行结果和出现的新情况对计划作一次调整、修改，并将计划向前延伸一年。

2. 年度计划

年度计划是长期计划的具体化，它是以长期计划为依据，结合年度的实际情况而制订的，规定着企业在计划年度内推销活动的具体任务。一般说来，年度计划包括下列专业计划：① 人员推销计划；② 广告计划；③ 公共关系计划；④ 营业推广计划。年度计划的各个组成部分各有其特定的内容和作用，但它们并不是孤立的，而是以推销为主体，围绕着提高经济效益，相互依存，相互制约，构成一个统一的年度计划体系，其中任何一个计划发生脱节，都将影响到其他计划和整个推销任务的完成。

年度计划的各项计划指标，一般都要按季分列。每个季度再根据当季的具体情况编制季度计划，对年度计划中规定的分季推销任务进一步加以具体化，或调整补充。季度计划的内容与年度计划基本相同，只不过更具体些。

3. 月度计划

月度计划是年度计划和季度计划的延伸和具体化，它是根据当月的具体情况，把年度计划和季度计划任务进一步加以分解落实，化为每个推销单位甚至每个柜台在单位时间（月、旬、周、日）内的计划任务。因此，月度计划是组织日常推销活动的有力工具，每项推销工作都应编制好短期的月度计划，并认真付诸实施。

上述三种计划构成一个完整的企业计划体系。它们是由粗到细，由概括到具体，逐步深化和具体化的，彼此之间环环相扣，紧密衔接。长期计划是年度计划的依据，而年度计划是长期计划的具体化和补充，并且是实现长期计划的手段；年度计划是月度计划的依据，而月度计划则是年度计划的具体化和补充，并且是实现年度计划的手段。

（二）计划指标体系

计划指标就是企业用数字表示的在计划期内推销活动应达到的目标。在推销活动中，有很多计划是靠指标来反映的。所以，计划指标构成计划的具体内容。各种计划的内在联系也就表现为计划指标的相互联系。由于每一计划指标只说明推销活动的某一方面的经济现象，只从某一方面反映对推销工作的要求，所以为了全面反映推销活动及对其的要求，就要借助于系列的计划指标。这些相互联系的计划指标就构成了计划指标体系。

计划指标体系是各项计划和推销工作内在规律性的反映，是指导推销活动和考核计划完成情况的依据。如何设置和设置哪些计划指标，要根据考核的要求及企业的营销条件而定。

推销的计划指标多种多样，可以从不同的角度加以分类。

（1）按计划指标的性质分，有数量指标和质量指标。数量指标，反映计划期内推销活动应达到的数量要求。它一般用绝对数表示，如推销商品的品种数、销售量、推销总成本、流动资金占用额、推销收入、利润总额等。质量指标，是对推销活动在质量上的要求。它一般用相对数（如比例、比值、百分比等）来表示，如市场占有率、资金利润率、销售增长率等。数量指标与质量指标是相互联系、相互制约的。没有数量指标，质量指标就失去了依据；达不到质量要求，数量再多也失去了意义。因此，必须辩证地对待数量指标和质量指标的关系。

（2）按指标所采取的计量单位的属性分，有实物指标和价值指标。实物指标，是用事物的个体单位或自然物质单位来计算和表示的指标。如用条数表示毛巾的数量，用台数表示电视机的数量，用千克表示糖果的质量等。实物指标直接反映使用价值的数量，能具体表现推销活动的规模和水平，但不能对不同的实物进行综合使用，往往只能单独使用。价值指标，是用货币单位来计算和表示的指标，又称货币指标，如成本、资金、销售额、利润等。价值指标代表一定的社会必要劳动量，能对不同的实物指标进行综合计算。但由于比较抽象，一般都要和实物指标结合起来应用。

三、推销计划的内容

（一）人员推销计划

人员推销包括门市推销和推销员推销，这里以推销员推销为例介绍人员推销计划。其内容包括拜访前和拜访后两个方面。

拜访前：

（1）顾客是谁？包括顾客的姓名、职务，顾客公司（单位）的状况等。

（2）顾客需要些什么？包括可能出现的态度、可能遇到的阻力、主要的购买动机、购买政策等。

（3）我能提供些什么？包括洽谈（业务磋商）、能提供的产品、其他服务项目、洽谈要点（洽谈什么）等。

（4）我应怎样进行推销？包括洽谈要点（怎样洽谈）、注意力、兴趣、欲望、购买行动、特殊点等。

（5）我要达到什么目的？包括拜访目的（推销、促使顾客做出购买决定、影响、介绍情况）、观察与思考等。

拜访后：

（1）我取得了哪些成绩？包括结果、有益的启示等。

（2）我下一步应该怎么办？包括何时拜访、怎样拜访等。

列好了这张清单以后，在“顾客是谁？”后面填上顾客公司的有关情况，在“我应怎样进行推销？”中的“洽谈要点（怎样洽谈）”后面，要写上什么样的行为，要求可能取得的最佳效果；确定什么样的辅助物或辅助资料（如宣传手册、PPT、样品等）真正有助于达到会晤目标，确定一个最合适的会谈地点，准备好开场白或提问，以使面谈能有良好的开端。“拜访目的”也非常重要，如果业务洽谈没有目标，洽谈效果就无从谈起。

同步案例

聚友公司某推销员销售拜访详细日程表

表 10-1 是聚友公司某推销员销售拜访详细日程表。

表 10-1　销售拜访详细日程表

时间	工作项目
8：00—9：00	·上班前 10 分钟到达公司（7：50） ·早操活动（7：55） ·参加晨会，接受上司的指示，记下重要事项 ·确定本日预订销售的重点产品及数量，拟订谈话内容 ·出发前和客户通电话，或接听客户打来的电话 ·准备完毕，登记于黑板之后，在 9：00 之前出发，出发时要精神抖擞地和同事道别
9：00—12：00	·开始拜访第一位客户 ·开始洽谈，事先确定对方的库存量，介绍本公司的重点产品，然后接受订货 ·其他客户或负责人不在时，调查其库存状况 ·决定之后，确认进货期限、价格及付款条件，填写订货单 ·结束洽谈后，借闲聊来互换资料情报。离开时，诚恳道谢 ·上午拜访三家客户（每个客户预留时间 20 分钟）
午餐时间	·午餐时间 1 小时（用餐前和公司联络）。此时，总结上午的工作情况，拟订下午的销售策略
13：00—17：00	·开始下午的活动，完成预订拜访的三家客户。紧急送货的部分，当场与公司联系
回公司时间 17：00	·无法准时回去时，要事先联络。抵达公司后，确认本日外出期间，是否有客户联络，若有，立刻加以回电处理
17：00—18：00	·确定本日接受订货的产品的库存量，登记订货传票，调度缺货，登记当日出货的单价 ·填写日报表并向上司提交。同时，口头向上司报告本日工作要点，接受指示 ·本日应做的工作全部完成，18：00 离开公司

问题：制订销售拜访详细日程表有什么作用？

分析提示：以上是具体的推销员销售拜访详细日程表，属于推销计划的一个部分。掌握它的内容和制订方法对我们编制推销计划有很大帮助。

边学边练

让学生充当某公司推销员，围绕某产品推销的一次客户拜访，设计一份客户拜访日程表。

第一种方式：全体同学各自独立设计，当堂完成。

第二种方式：老师课后布置任务，学生课外完成设计。

老师当堂抽查点评或下节课总结点评。

（二）广告推销计划

广告推销计划就是对进行广告推销活动全过程的决策和把决策具体化的过程。广告推销计划在广告推销活动中居于中心地位，它为各种有机联系的广告活动规定了努力方向、行为规范和评价标准。一般说来，全面周详的广告计划主要包括以下内容：

1. 广告目标

广告目标就是从事广告活动要达到什么样的目的。虽然广告推销的最终目标是企业要达到扩大销售、增加盈利的目的，但由于广告任务的不同，还需要制定出具体的目标要求。企业广告目标可以归纳为如下三种类型：

（1）创牌广告目标。此类型广告的目标是开发新产品和开拓新市场。主要是通过对产品的性能、特点和用途的宣传介绍，提高消费者和用户对产品的认识程度。其中着重要求提高消费者和用户对新产品的认知度、理解度和对厂牌商标的记忆度。

（2）保牌广告目标。此类型广告的目标是巩固已有的市场占有率，并在此基础上进一步提高市场占有率，开发潜在市场和刺激购买需求。它主要通过连续广告的形式，加深对已有商品的认识，使现有消费者和用户养成消费习惯，使潜在消费者发生兴趣和购买欲望。广告的重点是要保持消费者和用户对产品的好感、偏爱和信心。

（3）竞争广告目标。此类型广告的目标是加强产品的宣传竞争，提高市场竞争能力。广告的重点是宣传本产品比其他同类产品的优异之处。

2. 广告对象

广告对象就是要向哪个目标群体实施广告宣传，即广告要引起哪些人的注意和兴趣，激发哪些人的购买行为。确定广告对象要结合产品的目标市场和目标顾客进行分析。

3. 广告传播地区

广告传播地区是指广告计划中规划广告推销活动的地理范围。广告推销活动的地理范围可分为三类：① 以特定地区作为广告传播地区；② 以全国范围作为广告传播地区；③ 以特定国际市场作为广告传播地区。

4. 广告内容

广告内容要明确广告的诉求范围与诉求重点。所谓广告诉求，是指告诉视听者认知些什么，要求视听者做些什么，即通过广告传播来促使消费者认知和行动。广告的诉求范围主要分为产品广告诉求、劳务广告诉求、企业广告诉求。广告诉求重点是指在广告诉求范围内突出宣传的内容。如产品广告诉求，有的突出宣传商品的新用途，有的突出宣传商品的商标、企业名称、厂牌，有的突出宣传商品的效果等。

5. 广告媒体组合

广告媒体组合即广告活动计划采用何种有效而经济的媒介物来传达广告内容，为扩大广告的影响，计划采用哪些不同媒体进行相互配合。其具体内容包括两方面：① 只用特定的媒体；② 综合运用互联网、电视、广播、纸媒及其他媒体。选择媒体时要考虑广告目标、广告内容、产品特点、广告费用、顾客媒体习惯、媒体传播范围、媒体影响力等多种因素。

6. 广告预算

广告预算是在广告计划中确定某一广告期间所支出的广告活动的费用总和。广告预算的确定要根据企业的战略目标和广告目标来进行。制定广告预算计划时涉及广告预算的计算。常见的广告预算方法有三种：① 销售比例法。即以一定时期内销售额的比率计算出广告费用。② 目标与任务法。企业具体规定和详细列出为完成广告目标所必须进行的各项工作，并计算各项工作的费用，然后以这些费用之和作为广告费用预算。③ 可能额确定法。按企业财务可允许支付广告的金额，或按上年广告费、前期广告费来确定本期广告费，或根据市场供求变化和企业营销情况灵活进行调整。这种方法简便易行，适用于小型企业和临时广告开支。

边学边练

让学生充当某公司推销员，围绕某产品的推销，设计一份广告策划方案。

第一种方式：老师课后布置任务，全体同学各自独立设计。

第二种方式：将学生分为 4 组，每组 10 人左右，成立模拟营销公司，围绕公司某产品的广告活动开展课外研讨，协作完成设计。

老师总结点评。

（三）公共关系宣传推销计划

公共关系作为一种推销手段，一种非人员推销方式，其目的主要是通过各种方式和途径制造舆论，使社会公众了解企业的经营方针和政策，了解企业产品和服务的特点和优点，在社会上树立企业的崇高信誉，促进产品推销的顺利进行。公共关系宣传推销计划主要包括如下内容：

1. 公共关系推销目标

制定企业公共关系推销目标时，必须注意公共关系目标应尽量具体化、数量化。公共关系推销活动的总目标是树立和宣传企业的良好形象这样一个抽象概念，但在制定具体的公共关系活动目标时，所确立的目标应当是具体的，并能用数量方式表达出来。

2. 公共关系活动主题

公共关系活动不能没有主题，一项规模较大的公共关系活动是由一系列较小的活动项目组成的，要为大规模的公共关系活动设计出鲜明统一的主题，以统率一系列较小的活动，使公共关系活动形成一个有机的系统，围绕主题展开活动。

3. 选择传播媒体

传播媒体的选择，要根据公共关系的目标和对公众的分析来决定。由于各种传播媒体有各自相对稳定的受众对象，企业在选择传播媒体时应考虑以下因素：媒体是否与公众范围相符，所选择媒体的节目或栏目是否与公众范围相符，媒体的影响力和效率是否与公众范围相符等。

4. 确定公共关系活动项目

公共关系活动项目是为实现公共关系目标，围绕公共关系主题而采取的一系列有组织的活动。一般说来，公共关系活动项目可分为四种类型：① 利用企业现有设施开展活动的项目。例如，邀请社会公众、消费者参观企业；利用企业设施或资金赞助演出，举行庆祝活动，赞助各类体育、文艺比赛等。② 以提供信息为内容的活动项目。它是指向社会提供符合公众利益和兴趣的信息、知识和思想，同时，获得传播媒体的注意与报道。这类项目包括记者招待会、学术讨论会、演讲会、各类竞赛活动等。③ 介绍产品和服务的活动项目。这类项目由公共关系部门和企业销售部门配合实施。主要是向各种传播媒体寄送产品和服务的新闻发布稿、评论、特写、文章和照片等，拍摄产品或服务的新闻视频，并向公众播放等。④ 利用节假日、纪念日举行活动的项目。即在全国性的重大节日、休假日、纪念日举办庆祝会，减价销售，组织消费者和用户联欢等。

5. 公共关系活动预算

公共关系活动计划方案必须编制公共关系活动项目的预算。公共关系活动预算是在公共关系推销活动计划中确定某一项公共关系活动的费用总额。公共关系活动预算的确定要根据企业的营销目标和公共关系活动项目来进行。公共关系活动预算包括人力、时间和费用三方面的预算：① 人力方面，指企业对整个公共关系活动计划的实施需要投入的人力以及人员结构。② 时间方面，包括企业整个公共关系计划需要的时间，各项目、各阶段的活动需要的时间，开始、结束的时间选择，对各项公共关系活动项目在时间上要进行的统筹安排。

③ 费用方面，指在制定公共关系推销活动计划时，必须要综合考虑企业的财务状况、公共关系活动的内容等，将费用开支先做预算，并将预算列入企业的总预算中，再根据具体情况做适当调整。

边学边练

让学生充当某公司推销员，围绕某产品的推销，设计一份公共关系活动策划方案。

第一种方式：老师课后布置任务，全体同学各自独立设计。

第二种方式：将学生分为 4 组，每组 10 人左右，成立模拟营销公司，围绕公司某产品的公关活动开展课外研讨，协作完成设计。

老师总结点评。

（四）营业推广推销计划

营业推广推销是刺激销售的有效手段之一。要有效地开展营业推广推销活动，取得预期的成效，就必须制定周全的营业推广推销计划。一般来说，营业推广推销计划包括如下内容：

1. 奖励的大小

奖励的大小指企业在营业推广推销活动中给予顾客的奖励是多少。在营业推广推销活动中，给予某种程度的奖励必不可少，这是作为促销手段的营业推广推销活动的条件之一，也是营业推广推销活动之所以能刺激销售的根本所在。可以通过研究过去各种营业推广推销活动的成效，来确定采取适当的奖励和奖励的大小。

2. 参与营业推广推销活动的对象

参与营业推广推销活动的对象既可以遍及每一个消费者和用户，也可以只限于某些特定的消费者和用户。比如，某种赠品或抽奖，既可以遍及所有的消费者和用户，也可能只限于局部范围的一些消费者和用户，或对产品扩大销售有益的典型消费者。

3. 营业推广推销活动的方式

营业推广推销活动的方式必须根据市场需求、竞争状况等情况来选择。例如，为了抵制竞争者，可采取折扣价格；为了争夺顾客，可采取赠送样品等方式。

4. 营业推广推销活动的时间

营业推广推销活动的时间若过短，许多潜在顾客不一定会在这段时间重新购买这种商品，或根本不了解这个信息，从而无法获得预期的推销效果。但如果活动时间拖得很长，则顾客又会觉得是长期性削价销售，从而失去兴趣，便失去了促使顾客“立即购买”的意义。一般说来，最佳活动频率约每季三次，当然，这还必须结合推销的不同品种来考虑。活动时间最好选在节假日。

5. 营业推广推销活动预算

营业推广推销活动预算是指在营业推广推销活动计划中，确定某一项营业推广推销活动的费用总和。编制营业推广推销活动预算的方法有两种：一种是自下而上，循序渐进，由销售人员先决定当年所需要的各种营业推广活动，再估计其各个成本，从而列出总预算；另一种是使广告与营业推广在整个促销预算中维持一定的比例，由此得出营业推广活动预算。

边学边练

让学生充当某公司推销员，围绕某产品的推销，设计一份营业推广活动策划方案。

第一种方式：老师课后布置任务，全体同学各自独立设计。

第二种方式：将学生分为 4 组，每组 10 人左右，成立模拟营销公司，围绕公司某产品的营业推广活动开展课外研讨，协作完成设计。

老师总结点评。

第三节 推销组织

众所周知，要使企业的推销活动具有高效率和高效益，必须要以科学、合理的推销组织作保证。因此，研究如何建立科学、合理的推销组织是十分必要的，也是推销管理的重要环节。

一、推销组织概述

现代推销组织是指在企业中为履行推销职能，实现企业的推销计划任务，贯彻推销方针政策而建立起来的集体。它的基本职能是推销本企业经营的产品。它通过一系列推销活动，及时顺利地将企业产品推销出去，从而完成不断满足消费需要、促进企业生产发展、加速企业资金周转、树立企业良好形象的使命。

推销组织是企业的重要组成部分，是完成企业目标的一个子系统，是企业进行生产经营活动的一个重要力量。一个完善、合理、科学、素质较高的推销组织对企业的成功经营有着决定性的影响。

第一，完善合理的推销组织能把企业中专门从事推销活动的人员的智慧、才干、积极性和信心发挥出来。

第二，完善合理的推销组织能够把企业内从事推销活动的各部门之间的关系制度化，从而保证组织领导关系和分工协作关系的稳定性和连续性。

第三，完善合理的推销组织有利于避免各环节之间推诿责任的现象发生，并减少各推销职务之间的摩擦和冲突。

第四，完善合理的推销组织是提高推销效率的基本保证。

除此之外，推销组织对于加速企业资金周转，树立企业良好信誉等方面都有不容忽视的作用。随着市场经济的不断发展，市场竞争也日益激烈，推销组织在企业中的作用将会更加令人瞩目。

二、推销组织的影响因素

影响企业推销组织组建的因素是多方面的，但一般可以从企业自身因素和企业外部因素两个方面进行考察。

（一）企业自身因素

从企业自身因素来看，主要有企业规模、企业类型、企业生产经营的产品和服务的特点等方面。

1. 企业规模

一般情况下，推销组织的规模与企业的规模是成正比的。企业规模越大，分工越细，人数越多，其推销组织的规模也就越大，部门划分越细，管理层次也越多。反之，企业规模越小，则其推销组织的规模一般也越小。

2. 企业类型

企业类型在很大程度上决定着企业推销组织形式。在一个企业中，从事主要业务的组织机构相对来说规模就大些，机构划分也相对细一些，地位和作用也显得更重要一些。但必须指出的是，其他类型的企业，如运输企业、金融企业、服务性企业等也都面临着如何顺利地将他们的产品或服务推销出去的关键性问题，作为企业经营者，对此必须充分重视。

3. 企业生产经营的产品和服务的特点

企业为社会所提供的产品和服务的种类、质量和生产成本都对企业的推销组织产生影响。首先，从产品种类上看，如果企业生产的产品种类繁多，且结构复杂，则需要投在广告宣传、营业推广和销售管理等方面的资金和人力就多；反之，所需要的力量相对就少。其次，从产品质量和生产成本上看，如果企业提供的产品质量高且成本低，或者是名优产品，则推销难度不大，推销组织就应注意加强开发新产品和顾客服务等部门的力量；反之，则应通过加强广告宣传和营业推广等手段尽力将产品推销出去。

影响企业推销组织的企业自身因素除了上述几方面之外，还有企业技术装备现代化的程度、企业的人员素质等其他因素，这些因素对推销组织也会产生不同程度的影响。

（二）企业外部因素

从影响推销组织的企业外部因素来看，最重要的是市场情况。市场是考虑建立或改变推销组织的重要因素。市场因素主要从市场供求状况和企业的客户等方面对推销组织产生影响。

1. 市场供求状况

通常条件下，市场供求状况可分为三种：一是供求基本平衡；二是供大于求；三是供不应求。在供求基本平衡的情况下，市场比较稳定，竞争不太激烈。这时企业推销组织机构的工作应侧重在市场调研、新产品开发、顾客服务，以及利用广告和公共关系树立企业形象等方面下功夫。在供不应求、产品畅销无阻的情况下，推销组织的工作重点一是要及时发现市场供求状况转变迹象；二是要引导消费转向替代商品市场，以减轻企业生产经营部门的压力；三是利用这个有利时机扩大企业影响。在供大于求的情况下，推销组织的任务繁重而复杂。此时，推销组织一方面要设法调动一切积极力量，采用各种推销手段开拓市场；另一方面又要根据市场需求情况为企业产品的转轨提供及时准确的信息、意见和建议。这时推销组织要特别注意营业推广、广告宣传等方面的工作。

2. 企业的客户

企业客户的情况及其发展变化对企业的推销组织也具有决定性影响。为此，企业的推销组织要根据本企业客户数量的多少、客户的类型、客户对企业提供的产品或服务种类和数量的需求，以及客户自身的发展变化来调整相应机构，确定推销人员的业务区域，制定推销方针策略，采取适当的推销方法和手段。

除了上述两方面的市场因素外，影响企业推销组织的外部因素还有企业所处的市场模式、社会生产力的发展、科学技术的进步、社会政治条件的变化等因素，它们从不同侧面对推销组织产生影响。

三、推销组织的组建方法

（一）职能组织法

职能组织法就是按照需要完成的推销工作或推销职能来建立推销组织机构

的方法，这是推销部门最常见的组织方法。企业决策都是按照推销职能来制定的，如市场调研、广告、人员推销和客户服务等，以此设立各专职部门有利于推销决策的实施和推销业务活动的组织。一般情况下，小型企业的职能组织方式是由最高推销主管直接负责管理推销职能部门，协调各部门工作，甚至可以直接对各分公司、门市部的推销工作进行管理和监督，如图 10-1 所示。

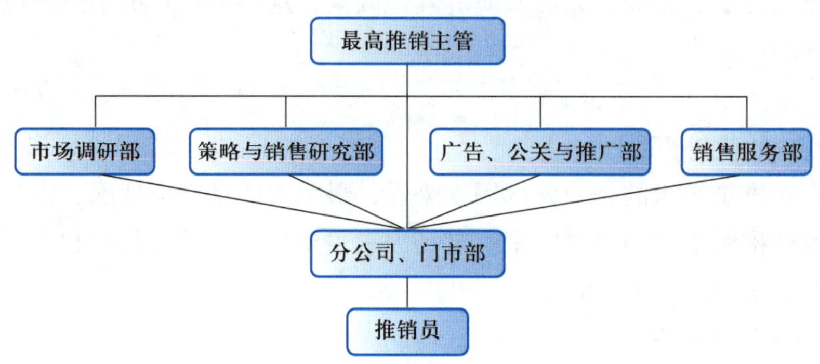

图 10-1　适用于小型企业的职能组织方式

在大中型企业，最高推销主管往往无暇顾及过多的职能部门，可将这些职能部门再按照推销规划职能与推销业务职能划分。这样最高推销主管就不必再考虑事务性工作，主要集中精力抓好规划与业务两大职能即可，而规划与业务的具体职能则可分别由推销规划经理与推销业务经理来承担，如图 10-2 所示。

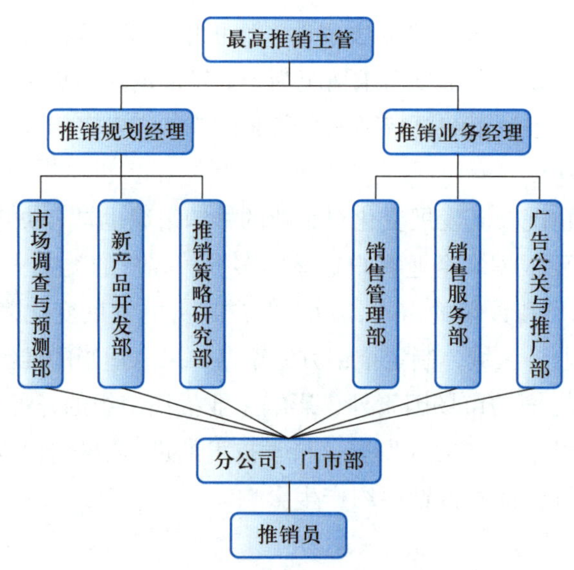

图 10-2　适用于大中型企业的职能组织方式

职能式推销组织的主要优点是：行政管理上比较简化，费用较低，但不大适应产品种类比较复杂或顾客较多的企业。

（二）产品组织法

产品组织法是指由专人负责某一产品的推销活动，通常称这些人为产品推销经理。它适合于有许多种不同的产品在同一市场上销售的一些大企业。如果根据产品的特性分别制定推销方案对企业更为有利，若是企业产品的种类或数量已超出职能部门或推销组织所能顾及的范围，就可以考虑按产品组织法来组建推销组织。这种方法并没有取代职能管理方法，只是以另一种管理形式出现。纯粹按产品组织法组建的推销组织是很少的，一般多为产品—职能混合式或职能—产品混合式，分别如图 10-3 和图 10-4 所示。

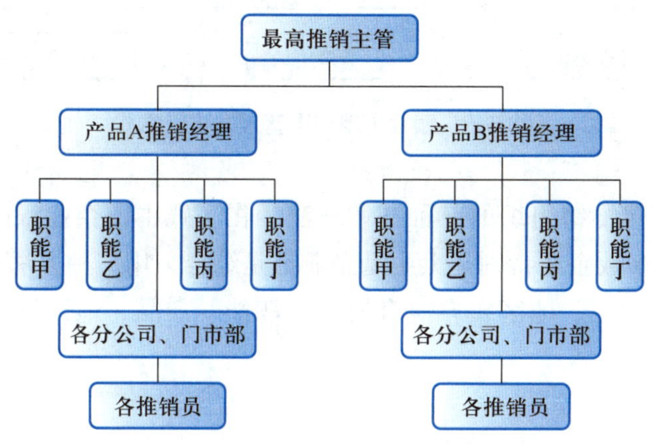

图 10-3　产品—职能混合式组织方式

产品组织法的优点是：能集中力量管好具体产品，尤其是占销售额比例大的产品。当市场上出现问题时，产品推销经理能迅速做出反应。其主要缺点是：费用高，产品推销经理集中经营一种或几种产品，可能会忽略全局发展。

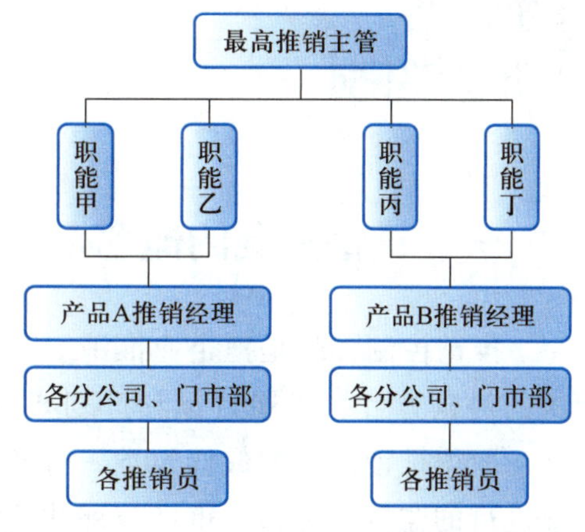

图 10-4　职能—产品混合式组织方式

（三）顾客（用户）组织法

顾客（用户）组织法也称市场管理法，是指企业派专人负责管理不同市场的所有推销业务。这样建立的推销组织以市场为基础，即以市场细分为目标的购买潜力最大的顾客（用户）为推销组织的核心。这种组织结构的形式最适合那些产品种类不多、产品固定、顾客（用户）较稳定且购买批量大的企业。如食品加工企业按零售商店、餐馆等细分市场组织推销。这种方法的最大优点是针对不同要求来进行推销活动，能够保持较稳定的市场。顾客（用户）

管理式组织方式如图 10–5 所示。

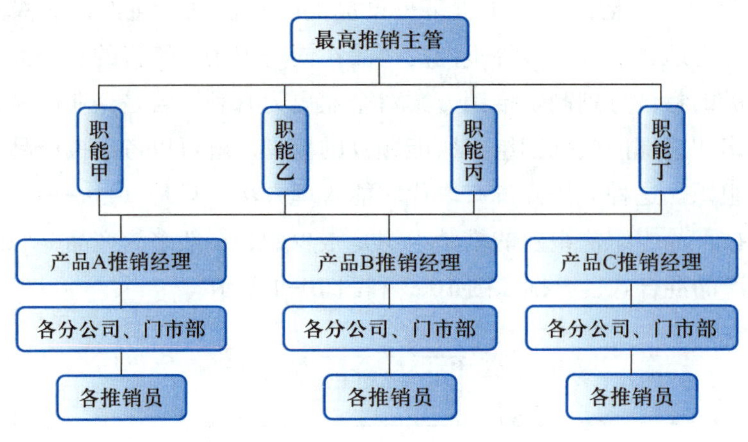

图 10–5　顾客（用户）管理式组织方式

以上是组建推销组织的三种基本方法。在实践中，企业很少只使用一种组织方法，大多数企业特别是大中型企业都是综合采用三种方法。此外，还可以按照地区组织法、地区顾客混合法以及职能、产品、地区混合法组建推销组织。

第四节 推销控制

一、推销控制的概念

推销控制，就是把企业推销组织的各个管理部门或环节的活动约束在组织的经营方针、发展目标和计划要求的轨道上，为尽快实现企业的营销目标，取得推销活动的最佳效益，对各推销要素的运动态势及相互间的协调状况进行的监督与考察、审计与评估、操纵与把握等一系列规范化约束行为的总和。

应该指出，整个推销控制活动并不是简单的、一次性完成的工作过程，而是周而复始、连续不断进行的复杂的运动过程。企业必须通过不同的推销控制方式全面掌握推销业务活动，才能保证推销活动沿着企业的既定目标顺利进行。

二、推销控制的程序及内容

推销控制要遵循如下程序，并完成相应的工作内容：

（一）确定应评价的推销业务活动

评价范围因各推销组织及人员的具体情况而异，有些推销组织需要对整个推销业务活动逐个进行评价，而有些推销组织只需对推销业务的几个主要方面进行评价。确定评价的业务范围过多，则费用开支太大；确定评价的业务范围过少，又达不到有效控制的目的。

（二）建立衡量标准

要根据已确定给予评价的推销业务活动来建立具体的衡量标准。衡量标准作为一种对预期结果在质量和数量上所给予的说明和规定，是用来衡量工作实绩的客观尺度。科学、合理的标准是企业的销售部门或推销组织的管理者对每一个具体的推销活动进行控制的主要依据，它与企业的总体战略目标有着十分密切的联系，是整体目标实现过程中的动态分解。衡量标准包括质和量两个方面。

标准的质是指标准的特定内涵即标准所反映的质域界定。标准的质的规定性，在大多数情况下，是指一系列具有针对性的可以反映某种行为内在本质的指标规范。有许多企业确定的衡量标准基本上是企业的主要战略目标，如预期销售量、推销费用预算、销售利润。标准的量是指将标准加以定量化。

建立标准时，企业往往希望采用综合性的工作绩效标准。例如，全体推销人员每次推销访问的平均费用为 500 元，这 500 元便成为综合的或平均的绩效标准。但在具体的推销访问过程中，其费用状况会由于各种主客观因素而呈现出较大差异。这样，企业在确定综合绩效标准时，还应规定绩效标准的偏差。又如，确定平均绩效标准为 500 元，其中最高不得超过 600 元，即任何推销人员每次推销访问费用都必须以 600 元为最高界限。

企业在确定绩效标准时，不仅要以企业以往的历史资料作为依据，而且应当大量收集外部资料以做参考，同时还必须考虑到评估与控制对象本身的差异。一般来说，需要考虑以下各项因素：每个推销人员所推销产品的具体特征；每个推销人员推销地域内的潜在销售量；每个推销人员推销地域内竞争产品的竞争力；每个推销人员所推销产品的广告强度；推销人员的业务熟练程度；推销人员的推销费用等。

（三）实际工作绩效的检查衡量

企业建立绩效标准的目的是要对具体的推销工作进行测度。而测度的前提则是对测度对象进行客观的了解与把握，这就需要采用各种方式和方法对实际工作状况进行科学的检查。检查可根据市场推销管理信息系统所提供的资料以及各种原始记录来进行。例如，通过月度销售量资料，可以检查推销工作的进度状况；通过推销人员的招待费用，可以检查推销人员在支用招待费时有无违规行为；通过用户的购物订单可以说明实际销售量；等等。检查还可以通过直接观察的方式来完成。

通过检查得到的工作实绩资料，还必须和已确定的绩效标准进行比较。只有通过比较，才能了解推销工作是否有利于企业预期目标的实现。由此可以看出，预期目标与实际工作绩效相比较的过程，实际上也就是对企业具体推销计划和工作绩效进行考察检查的过程。

（四）分析、改进绩效与修正标准

工作实绩与绩效标准的对比，会暴露出企业推销组织或推销人员中存在的问题与弱点。此时，企业就应进行绩效分析，寻找造成标准与实绩差异的原因。根据分析结果，企业需要做出以下两种不同的修正行动选择。

（1）如果分析表明标准是脱离实际的，就应当对标准加以修订，以反映推销工作的真实情况。

（2）如果标准是合理的，而推销活动却未能获得成功，那就有必要在具体的推销活动中寻找原因，提出相应的改进措施以提高工作效率。

三、推销控制的基本方法

企业为了对推销活动进行有效的控制，除了要明确具体的控制对象和确定合理的控制程序外，还必须针对不同对象，科学地选择和采用相应的控制手段和方法。策略控制、过程控制和预算控制是企业进行推销控制的三种有效方法，它们通过不同的方面全面控制企业的整个推销活动。

（一）策略控制

策略控制就是通过不同手段，对企业的推销环境、内部推销系统和各项活动进行定期、全面、系统的考核。其目的在于发现推销活动中所遇到的目标、策略性问题，并提出相应的改进措施，以保证推销任务的完成。策略控制由企业的最高管理层直接负责。

策略控制的重点可归纳为对推销环境、企业内部推销系统、各项推销业务活动三个方面的考核。

1. 对推销环境的考核

其主要对象包括市场方面、顾客方面、竞争方面和其他方面的因素。

（1）属于市场方面的有：企业主要目标市场的状况，细分市场状况，市场特性与发展前景等。

（2）属于顾客方面的有：顾客对本企业的看法，顾客如何做出购买决策，顾客目前与未来的需要等。

（3）属于竞争方面的有：谁是企业的主要竞争对手，哪些竞争趋势可预见等。

（4）属于其他方面的有：可能对本企业产生影响的人口、经济、技术发展状况等因素。

2. 对企业内部推销系统的考核

其主要对象包括企业目标方面、计划方面、推销人员和推销组织方面的因素。

（1）属于企业目标方面的有：企业的长期、短期总目标是什么，企业的推销目标是什么，目标是否明确、合理，是否全面反映了企业的竞争能力，是否把握了企业的有利时机，企业实现目标的核心策略是什么，这一策略是否有希望成功等。

（2）属于计划方面的有：企业能否调配足够的人财物来完成计划任务，资源调配是否得当，企业是否有一套完善、有效的年度推销计划，是否按期执行控制步骤以确保计划目标的实现，企业的推销情报系统能否满足各级人员对推销业务进行计划与控制的需要等。

（3）属于推销人员和推销组织方面的有：企业中从事推销活动的人员在数量、素质上是否符合要求，对各级推销人员是否有进一步培养、激励或监督的必要，推销组织结构能否适应不同产品、不同市场与各类推销活动的需要等。

3. 对各项推销业务活动的考核

其主要对象包括产品、定价、推销部门和广告宣传等方面一系列因素。

（1）属于产品方面的有：企业主要产品和一般产品的产品系列中有哪些产品应淘汰，哪些产品应增加，从整体来看，各项产品的情况是否正常等。

（2）属于定价方面的有：定价时是否全面考虑了成本、需求与竞争因素，提高价格或降低价格可能产生的影响，顾客对产品价格的反应等。

（3）属于推销部门方面的有：各推销部门是否都能实现企业目标，各推销部门是否按最佳分工方式组成，整个推销组织的士气、能力与成果是否相协调，评价劳动成果的目标体系是否合理等。

（4）属于广告宣传方面的有：是否有完整的广告宣传计划，广告宣传目标是否实际，广告宣传费用是否合理，广告宣传效果如何，广告媒体的选择是否恰当等。

通过以上三个方面的考核，企业可以发现自身在整个推销目标、方针和策略上存在的问题和发生的偏差，经过分析，对企业的推销目标、方针和策略进行修正，使推销活动沿着正确的轨道进行。

（二）过程控制

在实际工作中，常常会遇到企业的推销目标不能得到正确地贯彻落实的情况，为此，必须建立规律性的控制程序来对推销过程进行监督，以确保计划目标的实现。过程控制正是达到这一目标的有效控制方式。过程控制的核心在于实行目标管理，也就是将计划目标细分为若干小目标，分层落实，由上级定期审核成果，若有异常情况出现，立即分析原因，并制订计划，采取措施进行纠正。

上级定期审核推销成果可通过一系列图表反映，如销售累积图（见图 10-6）。

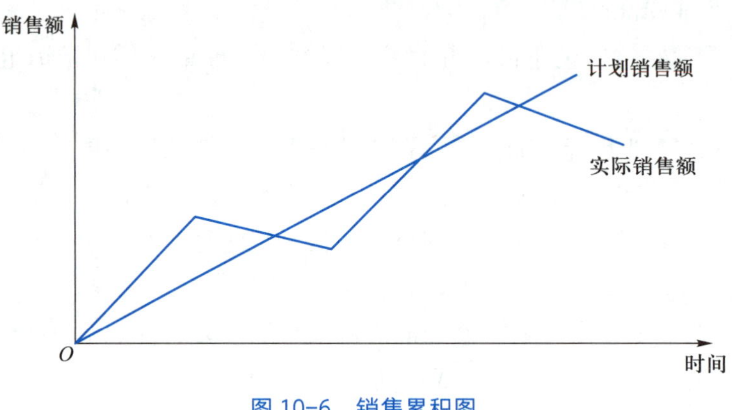

图 10-6　销售累积图

过程控制一般采取以下几种具体方法来进行：

1. 销售分析

销售分析的目的在于衡量各推销部门的实际销售额与计划销售额之间的差异，常用的有两种分析方式。

（1）销售差异分析。用于判断不同因素对实现销售目标影响的程度。

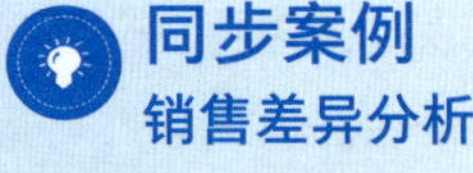

同步案例

销售差异分析

某公司计划第一季度以每双 50 元的价格销售 20 000 双布鞋，即销售额为 1 000 000 元。但到第一季度结束时，仅以 40 元一双的单价销售了 15 000 双，即 600 000 元。也就是说，销售差额为 400 000 元，与计划销售额相差 40%。某企业销售资料如表 10-2 所示。

表 10-2　某企业销售资料表

指标	计划数	实际数	差额
销售量 / 双	20 000	15 000	5 000
销售单价 / 元	50	40	10
销售额 / 元	1 000 000	600 000	400 000

问题：造成此种情况有多少是因售价降低所致，又有多少是因销量不足而引起？

分析提示：这个问题可通过下列计算来回答：

售价降低差额 =（50-40）× 15 000=150 000（元），占 37.5%；

销量降低差额 =50 ×（20 000-15 000）=250 000（元），占 62.5%。

通过上述计算，约有近三分之二（62.5%）的销售差额源于未能实现销量目标，这是影响目标实现的主要因素，应着重就此探讨解决办法。

（2）销售明细分析。用于判断究竟是哪些产品或哪些地区因素的影响使规定的销售目标未能实现。

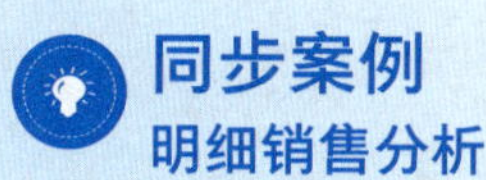

同步案例

明细销售分析

某企业在三个地区的预计销售目标分别为 3 000 件、1 000 件与 4 000 件，合计 8 000 件。可三个地区的实际销售量分别为 2 700 件、1 050 件和 2 200 件。

问题：通过计算找出三个地区的差异，分析销售目标未实现，问题出在哪里？

分析提示：根据上述资料，地区一比销售目标低了 10%，地区二超出销售目标 5%，地区三比销售目标低了 45%。显然，目标未能实现的主要问题出在地区三上。据此，推销组织领导应对地区三的情况进行分析，找出主要矛盾，并采取相应措施加以解决。

2. 市场占有率分析

一个企业的销售额等指标并不能反映企业产品在市场上所占的份额，而通过市场占有率则可以了解企业销售额变化是由于不可控的外在因素影响，还是企业本身的问题所造成的。如果一个企业的销售额下降而市场占有率仍保持不变的话，表示整个行业都受到了不可控因素的影响。市场占有率的计算公式为：

$$市场占有率=\frac{本企业某产品某市场销售量}{同行业同类产品同一市场销售总量}\times 100\%$$

进行市场占有率分析最重要的是定期收集整理本企业和整个行业及其他有关的销售资料，并据此进行分析。

3. 增长率（成长性）分析

它是用来分析、比较计划销售增长率与实际销售增长率的差异。增长率的相关计算公式为：

$$计划销售增长率=\frac{本期计划销售额-前期实际销售额}{前期实际销售额}\times 100\%$$

$$实际销售增长率=\frac{本期实际销售额-前期实际销售额}{前期实际销售额}\times 100\%$$

$$销售增长率计划完成率=\frac{实际销售增长率}{计划销售增长率}\times 100\%$$

如果销售增长率计划完成率超过100%，则说明本企业销售增长率计划完成较好，反之则完成情况较差。

注意，这里分析的通常是一个企业销售额增长率计划完成情况。为了和整个行业对比，还可引入一个实质增长率，以比较本企业在整个行业中的地位。实质增长率的计算公式为：

$$实质增长率=\frac{本企业销售增长率}{行业销售增长率}\times 100\%$$

如果实质增长率大于100%，则说明本企业销售增长幅度高于行业销售增长幅度；反之，则低于行业销售增长幅度。

4. 费用与销售比率分析

实行过程控制还需要定期考察销售费用与销售收入间的关系，以确保企业用较低费用实现销售目标。毛利与销售额比率是个重要指标，当这一比率下降时，表示费用增加，进而可以考察一下各项费用与销售额的比率，看看是哪几项费用超出计划目标。一般来说，考核重点可放在广告费用与人员推销费用上。进行过程控制的方法还有顾客态度追踪，也可以利用其他一些比率。通过过程控制能够及时把握在贯彻落实企业目标过程中的偏差并及时纠正。销售费用率的计算公式为：

$$销售费用率=\frac{销售费用}{销售额}\times 100\%$$

5. 销售利润（收益性）分析

它主要是通过计划与实际销售利润率指标进行对比分析，综合考察企业的推销成果。销售利润率的相关计算公式为：

$$销售毛利润率=\frac{销售毛利润}{销售额}\times 100\%$$

$$销售利润率=\frac{销售利润}{销售额}\times 100\%$$

（三）预算控制

预算控制是从资金、费用、利润等项目的预算上对推销活动进行控制。主要方法如下：

1. 推销效率的测量

推销效率的测量就是确定各种用于推销的资源的使用效果。使用效率的测量可以分析研究一定的推销资源可产生的推销效果，据此可以做出最有效地使用推销资源的决策。

2. 推销预算

常用的推销预算有人员推销费用预算和广告费用预算。推销预算的确定应与企业的预算目标配合，预算时应依据完成企业目标所必需的费用开支。预算是控制费用的有效方法，它迫使管理部门仔细研究确定为完成预计目标所必须支出的费用水平。预算不仅可以防止费用超支，而且是测量推销成效的标准。除非超额完成了推销计划目标，否则发生任何超过预算限度的费用支出都需要进行审核。

以上介绍了进行推销控制常采用的三种控制方式及其具体方法。企业可以通过策略控制、过程控制和预算控制三种方式的综合运用，对推销活动进行全面的、严格的控制，因为三种方式之间不是彼此孤立的，而是相互联系、彼此辅助的。应当尽量使所采用的方式方法相互协调、配套，形成一种有机的控制系统，建立和完善适合企业本身业务特点的、完整的、科学的推销控制制度。

（四）进行推销控制应注意的问题

搞好推销控制，除了要采用科学的方法外，企业在建立和推行推销控制制度时，还应当做好以下几方面的工作：

（1）明确控制的意义，建立和健全推销控制制度的组织系统。

（2）在确定控制标准时，尽量与被考察的推销人员协商。

（3）控制工作的出发点应该是推销工作绩效的改善。

（4）企业推销控制系统必须和实施目标管理制度相结合。

（5）企业的推销控制系统必须与企业的信息管理系统协调配套。

（6）控制过程应当“针对性管理”和“例外管理”相结合。

（7）推行推销管理控制制度，必须正确处理费用和利润的关系。

同步测试

1. 选择题

（1）直接推销目标，按其推销过程分为推销时间目标和（　　）。

A. 推销面谈目标　　B. 利益推销目标

C. 相互磋商目标　　D. 促使承诺目标

（2）相互磋商目标（解决异议目标）应该包括（　　）。

A. 阻止异议提出　　B. 预防异议提出
C. 坚信异议能消除　　D. 回避异议

（3）间接推销目标主要包括最大销售额目标和（　　）。
A. 最高知名度目标　　B. 最佳服务目标
C. 最守信誉目标　　D. 最妙符号目标

（4）下列指标中属于数量指标的有（　　）。
A. 推销商品的品种数　　B. 市场占有率
C. 推销总成本　　D. 推销收入

（5）下列指标中属于质量指标的有（　　）。
A. 资金利润率　　B. 市场占有率
C. 推销总成本　　D. 销售增长率

（6）顾客（用户）组织法又称为（　　）。
A. 顾客管理法　　B. 用户管理法
C. 市场管理法　　D. 产品管理法

（7）企业进行推销控制的有效方法是（　　）。
A. 策略控制　　B. 技巧控制　　C. 过程控制　　D. 预算控制

（8）策略控制的重点可归纳为（　　）。
A. 对推销环境考核　　B. 对企业内部推销系统考核
C. 对外部因素考核　　D. 对各项推销业务活动考核

2. 判断题

（1）当推销人员使自己有效接触顾客时间最大化时，并不意味着无效接触顾客的时间最小化。（　　）

（2）有了推销目标，就能使推销获得成功。（　　）

（3）计划实质上属于一种预见和控制。（　　）

（4）长期推销计划大多采用“滚动计划法”，即按照“近粗远细”的原则进行编制。（　　）

（5）人员推销计划就是推销人员计划。（　　）

（6）推销组织是企业的重要组成部分，是完成企业目标的一个子系统，是企业进行生产经营活动的一个重要力量。（　　）

（7）纯粹按产品管理法组建的推销组织是很少的，一般多为产品—职能混合式或职能—产品混合式。（　　）

（8）产品组织法最适合那些产品种类不多，产品固定，顾客（用户）较稳定且购买批量大的企业采用。（　　）

（9）产品组织法的优点是能集中力量管好具体产品，尤其是占销售额比例小的产品。（　　）

（10）推销控制的本质在于对推销活动的操纵与把握。(　　)

3. 简答题

（1）有效会晤的首要目标一般应包括哪些方面的内容？

（2）长期计划由哪几个部分组成？

（3）简述产品组织法的优缺点。

（4）进行推销控制时应注意哪些问题？

专项模拟实训

1. 实训目标：通过模拟推销计划的制订，认识和掌握推销计划制订的基本技能。

2. 实训内容：按背景材料解决后面的模拟问题。

3. 实训背景：

（1）将学生分为 4 个小组，分别成立 4 个模拟公司。

（2）4 个模拟公司基本情况如下：

① 四则服饰有限责任公司，主营服装产品的生产与销售；

② 树新集团有限责任公司，主营百货类产品的经营销售；

③ 家喜电子有限责任公司，主营家用电器产品的生产与销售；

④ 中天实业有限责任公司，主营百货类产品的生产与销售。

模拟问题：

① 划定推销产品的地理区域，确定市场范围和潜力目标。

② 列出推销区域内所有顾客和潜在顾客的名单，建立个人顾客资料卡并进行区域分类，列出顾客意见，如表 10-3 至表 10-5 所示。

表 10-3　现有顾客名单

地理区域	顾客类型	姓名	市场类型	使用产品	使用频率	与本企业关系	存在的问题
1 区	A						
1 区	B						
	C						
2 区	A						
	C						

表 10-4　潜在顾客名单

地理区域	姓名	地址	市场类型	预购产品及数量	使用频率	需要采取的行动步骤
1 区						
2 区						

表 10-5　个人顾客资料卡

姓名		性别		年龄	
住址		邮编		电话	
单位		职务		民族	
特长爱好					
性格					
推销方法					
访问记录					
备注					

③ 确定在一段时间内（通常以日为单位）需要拜访的顾客次数，确定的依据是一定时期内企业的推销目标和每月的推销效益指标。

④ 分别制订出每年、每月发展新客户的数量及地域分布。计划要具体，如全年要增加 5 个 A 类顾客，在 1 到 3 月间增加 2 个，7 到 8 月间增加 3 个等。

⑤ 制订出每月的顾客成交率，以督促推销人员的行动。每月的顾客成交率可以根据不同的市场环境而有所不同。

⑥ 制订出一个顾客计划总表，如表 10-6 所示。

表 10-6　顾客计划总表

时间	发展新客户数	需拜访客户数	平均日拜访次数	成交率
全年				
1 月				
2 月				
…				
12 月				

4. 实训要求：课外分组模拟，每组提交一份正式模拟结果。

5. 实训步骤：课外分组→每人提交各自的模拟计划→组长召集讨论→推选最优方案并完善→提交本组成熟的方案→教师总结点评。

6. 成果评价：通过模拟让学生初步掌握推销计划制订的基本方法和技巧。

11

Chapter

第十一章

推销战略

【学习目标】

※ 素养目标

- 培养创新意识和战略思维，养成探究学习和终身学习的可持续发展能力
- 强化社会责任感，在制定推销战略时实现可持续发展

※ 知识目标

- 了解推销战略的含义
- 熟悉推销战略与企业战略的关系
- 掌握推销战略的意义与基本特征

※ 技能目标

- 能够制定企业或团队的推销战略
- 能够实施推销战略管理

【思维导图】

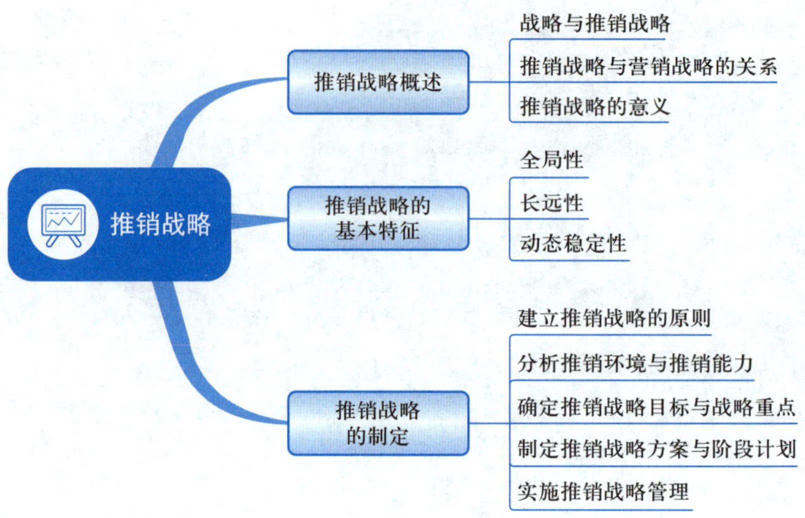

案例导入

艾丽特商务礼品公司推销产品

艾丽特商务礼品公司（简称艾丽特）是一家享有盛誉的提供各种商务礼品的批发商。其产品从印上名称、标志的手表到各式各样的干花，可谓是品种繁多。艾丽特的顾客基本上可以分为两大类：一类是各种商业机构及专业组织；另一类是各种礼品店，其中后一类顾客的销售额占其总销售量的 75%。在推销员凯恩的推销作业区里，大部分顾客都属于这类零售商。

阿特金礼品店是凯恩的潜在顾客之一，但目前这家店几乎没有几种艾丽特的产品，或者说该店客观上需要艾丽特的那些极为个性化的产品，但其老板不愿购进这些产品。

在起初的几次拜访中，老板阿特金夫人曾告诉过凯恩，她能经营的项目已经全都有了。但凯恩觉得艾丽特的产品对阿特金礼品店的生意肯定会有好处。这家小店位于一条步行街的林荫道旁，常有周围地区的人们前来光顾。事实上，小店也的确很小，不过艾丽特的产品目录和样品仍可以在不妨碍其他品牌产品陈列的情况下展列出来。此外，凯恩认为单靠几样品种有限的礼品小店将不会赚很多钱，但她面临着两道难题：一是小店目前的经营状况良好，足以令阿特金夫人感到满意；二是阿特金夫人不断变换其拒绝的托词。

凯恩已经对阿特金夫人密切观察了许久，偶尔也听说过她与其顾客间的对话。许多老顾客都对阿特金夫人为客人选择礼物的眼光大加赞赏，凯恩也注意到当受到表扬或被征求意见时阿特金夫人的脸上都会洋溢出满意之态。这种种表现说明阿特金夫人对她的经营工作很知足，而她也的确很热爱那些顾客，并善于与他们打交道。

凯恩如何能够把自己的产品成功地推销给阿特金夫人？对推销对象进行仔细的观察和分析固然重要，但不能仅限于此，要想把艾丽特的产品成功地推销给它的潜在零售商，需要在推销战略的指导下，在整个推销活动中灵活应用不同的推销策略。

案例思考：凯恩应如何解决面临的两道难题？作为推销人员，在整个推销活动中应怎样运用不同的推销策略？

第一节 推销战略概述

一、战略与推销战略

“战略”一词原为军事术语，源于军事科学对于战争问题的研究，是与“战术”相对而言的。从军事上说，战略是指对战争全局的筹划和指导战争全局的策略；而战术则是指为实现军事战略目标所采取的方法与手段，用于解决战争的局部或具体问题。后来，“战略”这一概念被广泛应用于政治、经济、科技、教育、管理等各个领域，其含义便逐步地普遍化了。作为广义的范畴，战略一般泛指有关总体目标与发展方向的带有全局性、根本性和长远性的重大的谋划与策略。

根据战略的一般特征和推销工作的具体实际，本书把推销战略定义为：企业与推销人员为顺利进行销售活动，依据推销内容、推销能力和推销环境而制定的总体目标、长远规划、重大决策以及基本策略。推销战略决定、制约着推销活动的各个环节和整个过程，对于企业与推销人员增强推销能力，提高推销效率，优化推销策略，最大限度地推销产品，最终实现企业经营总目标有着重要的意义。

二、推销战略与营销战略的关系

营销战略是企业在充分考虑外部市场机会和内部资源状况等因素的基础

上，确定目标市场，选择相应的市场营销组合，并进行有效实施和控制的过程。推销战略是营销战略有机的、重要的组成部分之一，是为营销战略服务的。营销战略任务的完成，离不开企业在目标市场上进行积极有效的推销活动，而积极有效的推销活动取决于科学合理的推销战略。因此，推销战略的建立以及推销战略计划的实施，将有力地促进企业营销战略目标的顺利实现。

推销战略受制于营销战略，若偏离企业营销战略来制定推销战略，就会缺乏目的性和长远性。营销战略如果没有推销战略作为子战略，则会缺乏完整性和有效性，企业效益总目标的实现过程就容易受到推销活动中的短期行为、功利主义、促销无术等消极因素的干扰甚至严重阻碍。

随着我国改革开放的深入和企业进一步走向市场，推销战略在营销战略和企业发展中的地位与作用日益突出和重要。推销战略已经成为企业经营管理走向现代化的一个重要标志。

三、推销战略的意义

（一）优化推销策略

推销策略是指在推销“战术”层次上的各种策略，是推销战略基本策略的具体运用，也是解决推销过程中实际问题的艺术、方式与办法。在推销战略基础上制定、调整和运用推销策略，便于对推销策略进行优化，而优化后的推销策略更利于提高推销成效。

根据推销战略制定诸如激发购买欲望策略、产品示范策略、报价策略、讨价还价策略、接待顾客策略、洽谈策略及成交策略等推销策略，要求在内容和形式上都要符合整体性、长远性、协调性和相容性，都必须服从和服务于实现推销战略的总目标。每一种推销策略都需要从推销计划与推销活动的整体出发来加以规定，应以推销者的长远利益为原则来进行设计，才能在推销过程中产生最优的功能。各种推销策略也要形成一个有机的整体，互相关联，互相协调，互相促进。

推销策略常常具体化为一些推销技巧，推销技巧运用的基本前提仍然是使之符合推销战略。若没有或偏离推销战略，推销技巧便难以生效甚至会弄巧成拙。在实际推销过程中，基于推销战略而综合或交替运用多种推销策略，往往能够强化推销行为的被接受性，收到较好的推销效果。推销活动是在动态的市场环境中进行的，因而，当环境发生变化致使原来的推销策略效果不理想或无效时，就应及时进行调整。只有站在推销战略的高度来修正和完善推销策略，才能不断克服推销过程中的困难，使推销活动顺利进行。

（二）提高企业市场竞争力

人员推销虽然得到重视和广泛运用，但并非所有的推销人员都推销得法，也并非所有企业都能在推销中获得成功。事实上，许多企业及其推销人员在推销活动中被对手击败。有些企业为达到推销目的甚至不遗余力地耗费资金、投入人员，在推销手段上用尽心机，却仍然在市场竞争中败北。究其原因，除了受到某些主客观条件的制约外，还与缺少推销战略有关。传统推销多为经验型的推销，凭经验就事论事，注重短期利益。在千变万化的市场环境中，这种推销模式往往顾此失彼，推销成效具有很大的不稳定性。

现代推销的一个重要特点，就是强调科学性与艺术性的统一，注重战略思考，从推销战略的高度出发来制定推销方案与措施，从而增强企业的市场竞争能力。随着市场机制的不断强化，面对同行业中的威胁和新兴产品的挑战，推销活动及其成败越来越影响甚至决定着企业的生存和发展，从而使"以销定产，以产促销"日益变成企业经营的战略方针。国内企业要在国际市场上取得并保持产品的竞争优势，就更需要建立大时空范围的推销战略，提升推销战略的层次，制定全面而长远的推销规划。

（三）提高推销人员素质和地位

改革开放以来，我国的市场经济得到了迅速发展，但推销人员的培养并没有跟上，致使推销人员数量不足，现有推销人员素质较低，优秀推销人才更为缺乏，而且许多企业推销人员的地位不高。造成这种现象的原因很大程度上在于推销人员过于注重推销策略与技巧而忽视了推销战略。这种状况远远不能适应我国市场经济发展的需要，并削弱了企业的推销能力和竞争实力。因此，从推销战略角度出发，加快培养推销人员尤其是优秀推销人才，提高推销人员的决策管理水平和整体素质，提升推销人员在企业中的地位，是我国企业推销工作亟待解决的问题。

第二节 推销战略的基本特征

一、全局性

推销战略是具有全局性的推销谋划与策略，因此，全局性是推销战略最重要的质的规定性。推销战略以整体为着眼点和出发点，研究影响和制约推销活动全局的各种基本因素及其相互关系。推销战略的全局性特征主要体现在下述几个方面：

（一）推销的战略方向

推销的战略方向即整个推销活动的基本取向与发展前景，包括空间方向和时间方向。空间方向是指推销区域，作为战略，空间方向应当选择与推销内容相关的最适宜的推销地区，并且最大限度地确定可以或可能达到的推销范围，包括国内市场和国际市场。时间方向是指推销远景，推销战略通常要展示出根据现有和将来创造的条件可以或可能变成现实的发展前景，作为企业与推销人员的努力方向。选定推销的战略方向是确立推销战略目标的前提。

（二）推销的战略目标

推销的战略目标是指企业的推销实力与推销人员的推销活动在一定时期内所要达到的总体水平和效果。推销的战略目标是推销战略思想的集中体现，在整个推销战略中处于核心地位。推销战略目标通常是一个包含了若干目标的目标体系，子目标的确立便于总目标的实现。推销战略目标又可分为阶段目标和长远目标，没有长远目标，阶段目标就不能上升到战略的高度，而不去确立和实现各个发展阶段的战略目标，就无法向推销战略的长远目标推进。

（三）推销的总体规划

推销的总体规划是指为实现推销战略目标而设计的总蓝图，是推销战略目标的具体化和程序化。推销的总体规划是在考察了推销活动的主客观条件以后所做出一种全局性谋划，从整体上宏观地框定了推销业务的发展模式、发展过程、战略步骤、战略措施等。推销的总体规划是制定具体推销计划的依据，具体的推销计划必须符合和服务于总体规划。推销的总体规划要具有合理性、现实性和可行性，否则就会变成纸上谈兵，或在实施过程中遭受挫折和失败。

（四）推销的基本策略

推销策略包括战略层次上的策略和战术层次上的策略。这里讲的基本策略是指前者，即战略层次上的策略。推销的基本策略是推销战略的重要组成部分，关系到推销的全局，是为实现推销战略目标服务的，对具体的推销策略和推销技巧具有指导意义。推销的基本策略具有观念性、指导性、多样性和艺术性，在推销活动中应正确而灵活地运用，并随着推销内容、形式和环境的变化而加以调整和完善。

（五）推销者与推销对象利益的统一性

推销者的利益和推销对象的利益是密切联系、互为条件的，在推销活动的基础上构成统一的整体，从整体出发，站在推销战略的高度处理好推销者与推销对象的利益关系，使之有机统一，是成功推销的重要前提。推销战略的制定要有利于推销者利益目标的实现，并能体现在维护推销者利益的措施上，使之避免受到侵害。推销目标得以实现不仅取决于推销者的推销行为，还取决于推销对象，即顾客和消费者的接受行为。而推销对象的接受行为又决定于推销者对推销对象的愿望和要求的满足程度。因此，满足推销对象物质和精神的需要，以高度的责任感维护顾客与消费者的利益，在观念上和行为上都具有重要的战略意义，是构成推销战略的重要内容之一。

即问即答

推销战略的全局性特征体现在哪些方面？

提示：推销战略的全局性特征可以从推销的战略方向、推销的战略目标、推销的总体规划、推销的基本策略、推销者与推销对象利益的统一性这几个方面体现。

全局性是推销战略最基本、最重要的特征。它要求企业与推销人员在推销工作中必须着眼于整体，认识、研究和重视推销活动全局发展变化的规律，而不能“一叶障目，不见泰山”，或“只见树木，不见森林”。

二、长远性

推销战略是为推销活动的未来发展而设计的，是为实现推销者的长远利益而进行的谋划。因而从时间来看，推销战略着眼于未来，通常在未来的一个较长的时期内指导和影响推销活动。正确的战略虽然效果最终是显著的，但有时却不能在短期内被看清楚。推销人员不能因推销战略近期净利润不明显而忽略或放弃推销战略，要把短期利益视为实现长远利益的一个步骤或环节，将短期利益放到长远利益的天平上来加以衡量。

同步案例

守住长远利益

早在 20 世纪 40 年代，美国塞洛克斯公司总裁威尔逊就与发明家约翰·罗棱合作，研制出了干式复印机。当时市场上出售的复印机都是湿式的，操作很不方便，而干式复印机成功地解决了这个问题。然而，当塞洛克斯公司把“塞洛克斯 914 型”干式复印机推向市场后，竟然 14 年无人问津。威尔逊坚信，有一天干式复印机肯定会取代湿式复印机，所以，从长远利益考虑，既不卖专利，也不降价格。14 年中，该公司付出了巨大的代价，为此花费了 7 500 万美元，威尔逊几乎花光了所有的积蓄，罗棱也被迫出售了自己的房屋和地产。1960 年，干式复印机一下子畅销起来，虽然公司拼命生产，仍供不应求。由于该产品专利权被塞洛克斯公司独家拥有，因而钱财像潮水般滚滚而来。1966 年，该公司的年营业额高达 5.3 亿美元，被评为美国 10 年内发展最快的公司，从此迈入了巨型企业的行列。

问题：威尔逊和罗棱为什么要坚持 14 年的付出？

分析提示：威尔逊和罗棱正是考虑到干式复印机的发展前景，才没有做出卖专利和降价的阶段性推销行为。由此可见，推销也需要有审时度势的战略眼光，才能使企业的利益最大化。

推销战略要求推销人员不急功近利，不贪眼前小利，一切从长计议，立足当前，放眼未来，在努力实现和积极维护长远利益的基础上去协调当前和未来发展的关系，达到当前利益与长远利益的统一。

为了进一步了解推销战略的长远性特征，推销人员需要把握以下几点：

（一）形象制胜

现代推销活动中无数成功和失败的例证表明：竞争已经由推销商品扩展到推销形象，而且竞争的重点逐步向后者转移，推销人员的形象是在竞争中取胜的重要法宝。因此，有远见的推销人员应把“形象制胜”确定为一项坚定不移的推销战略。

从消费心理来看，顾客往往是在认可和接纳了推销人员之后，才乐意接受其所推销的商品。而一味地就商品本身进行推销，容易使顾客因逆反心理而拒绝购买。顾客在潜意识中对推销人员的认可和接纳，主要是对其形象的认可和接纳。推销人员将自己的良好形象植入顾客的心目中，能有效地建立和维系长久的客户关系，从而有利于实现推销事业的长远利益。因此，推销人员的形象具有重要的战略意义，如何塑造和推销良好的形象便构成了推销战略的内容之一。

（二）优质服务

就长远性而言，优质服务也是推销战略的一项重要内容，在产品质量保证的前提下，同行业不同企业的同类产品，在推销过程中以优质服务取胜。优质服务之所以是一种战略考虑，不仅在于它是一种行为，而且更在于它是一个过程。作为战略意义上的“优质”，应当将高水平的服务工作自始至终地贯穿于推销活动，即提供优质的售前、售中和售后服务，并保持服务的恒定性和长久性。随着人们消费水平的提高和消费选择的增强，优质服务在现代推销活动中的地位和影响力越来越重要。服务工作的质量制约着产品推销的成效，产品好但没有好的服务，也会遭到顾客的拒绝。许多顾客会因推销人员的热情友好、亲切和蔼而产生购买行为；笑脸相迎、服务周到的商店总能顾客盈门。

（三）广结人缘

对推销人员来说，广结人缘是指能够同尽可能多的顾客建立和保持长期的友好往来关系。中国有句古话：天时不如地利，地利不如人和。有利的客观环境对于推销工作固然必要，“人和”的交往氛围对促进推销业务的发展更为重要。推销战略所要实现的长远利益，是同推销者拥有顾客的广泛性和与顾客和谐关系的持久性密切相关的。优秀的推销人员大多有一种共同的体验，即推销活动成功与否，取决于企业与推销人员能够获得多少客户的支持。良好的人际关系不仅能使推销人员通过自身的努力赢得日益增多的顾客，而且能使已有的顾客成为企业产品的义务宣传员，成为自觉和不自觉地协助推销人员扩大顾客队伍的帮手。推销实践证明，成功的推销人员往往是广泛交往、善结人缘的能手，并且善于借助良好的人际关系去创造良好的推销成绩。而那些一旦成交、货款收讫后就“消失”的推销员，难以获得长远的成功。

（四）开拓未来

推销战略注重推销业务未来的发展，要求推销人员在推销活动中要勇于开拓，积极进取。企业推出新产品后，推销人员应采取一些战略性手段，利用各种途径进行大力宣传，在促使顾客了解、认识新产品的基础上，进一步激发他们的消费欲望和购买行为。消费者的消费心理、消费行为会随着主客观条件的变化而变化，推销人员可以抓紧时机推销，但不宜把全部注意力集中于现实的消费需求和已经出现的消费势头上，应着眼于长远的战略，谋求未来的发展。要从消费规律和消费趋势的变化出发，密切关注和科学预测消费发展的新动向，努力发现和发掘消费者的潜在需求。一方面，要积极准备推出适合顾客新的需求的产品；另一方面，又要主动创造市场与机会，率先开辟更加广阔的新的销路。在现代推销活动中，既有胆识又有一定把握的“先人为之”，常常能够获得巨大的成功。因此，推销人员应当把推销活动的立足点建立在长远发展的战略目标上。

三、动态稳定性

推销战略是统摄全局和长远发展的战略，因而必然是具有稳定性的战略，推销战略的稳定性取决于推销战略的全局性和长远性。如果战略是非稳定的，朝令夕改，也就无所谓战略了。推销战略不是静止的、绝对的稳定，而是在变化的环境中表现为一种动态的、相对的稳定。随着环境条件的改变，推销战略需要进行适时的、合理的调整，以适应推销的对象与市场。

正确理解推销战略的动态稳定性，是科学地制定和调适推销战略的一个基本前提。为此，应辩证地把握以下几点：

（一）推销战略的稳定不变性

稳定性是推销战略的基本特征之一。所谓稳定，是指推销战略的长远目标、总体规划与基本策略在其生命周期内具有确定不变的基本内容与性质。如果所制定的推销战略是科学的和正确的，在一般情况下，不会因内部和外部因素的变化或干扰而失去其整体性质。即便因需要而进行局部的改变和调整，整体性质仍然是不变的、确定的、稳定的。推销战略生命周期的终结，必须依赖于推销战略目标的最后实现。如果推销战略不稳定，就会使推销活动的全局发生混乱，推销行为无章可循，从而使企业容易在变化的环境中陷入困境，在市场竞争中被对手击败。

（二）推销战略的稳定相对性

推销战略的稳定性，只是表明其基本内容与基本性质的确定性，并不意味着绝对不变性。由于推销者的内部条件和外部条件在不断变化，尤其是市场环境和社会大环境复杂多变，甚至瞬息万变，推销战略中的不适应方面就应当相应地改变，这是发展推销业务和实现推销目标的需要。因此，推销战略的稳定是动态的、有条件的稳定，即相对的稳定。变和不变都是依据一定条件而言的。条件变了，推销战略如果依旧丝毫不变，就会陈旧、落后，难以适应和利用新的推销形势。推销战略的稳定是相对的，变化则是绝对的，但这又不是说推销战略时时都在变，变化是就一个相当长的过程而言的。在正确的推销战略的生命周期内，稳定是基本的，变化是局部的。

（三）推销战略的风险性

推销战略是根据现实的主客观条件和各种信息而制定的对推销活动未来发展的谋划。而推销领域的任何战略决策，都不可能是在信息绝对充分的条件下做出的，都是对未来所做的预计性决策，由于推销环境的复杂性和多变性，使任何推销战略都成为时间的函数，具有不确定性甚至瞬时性的一面。因此，推销战略的制定与实施，具有一定的风险性。为了保证推销战略目标稳定而顺利地得到实现，推销人员需要巧于利用时机，勇于主动出击。

（四）推销战略的应变性与调适性

由于推销战略是一种动态的、相对的稳定体系，而且具有一定的风险性，制定推销战略时就应留有余地，增强其对新情况的应变性和抗干扰能力，以维系战略体系的总体稳定。此外，当推销主体的内部条件和外部环境发生了变化以后，应在不影响和改变推销战略目标的前提下，对推销战略进行及时而合理的调整，调整不能适应推销发展需要的某个或某些部分。当推销战略从根本上不适合外部环境或内部条件时，就应慎重决策，从总体上适时地调整或改变推销战略。

了解和把握推销战略的上述三个基本特征，对于制定、实施和调整推销战略是至关重要的。推销人员无须都成为战略家，但由于推销活动是一种技巧性和战略性都很强的工作，每一个推销人员都应理解推销战略，具有一定的战略头脑和战略眼光，善于审时度势，精于策划谋略，以便出色而卓有成效地完成推销任务，干好推销事业。

同步案例

向土著居民推销鞋

在太平洋的一个小岛上，居住着很多土著居民，这里风景秀丽，盛产菠萝、香蕉、椰子、芒果。一家美国制鞋公司打算把自己的产品卖给这个小岛上的居民，于是把自己的推销员派到该岛上。一周之后，该推销员汇报："这里的居民没有一个人有鞋，这里是巨大的潜在市场，直接派公司推销团队进行产品推销即可。"

该公司又把负责推销工作的经理派去考察。两周以后，他汇报说："这里的居民不穿鞋。但他们的脚有许多伤病，可以从穿鞋中得到益处。我们还必须取得部落酋长的支持与合作。他们没有钱，但可用水果与我们交换。我测算了三年内的销售收入及成本，包括把水果卖给欧洲超级市场连锁集团的费用，回报率可达 30%。我建议公司开辟这个市场，并制定详细的市场开拓战略。"

问题：这个推销经理为什么能看出这是个巨大的潜在市场？

分析提示：优秀的推销人员不应只注重产品本身推销工作，企业应在制定营销战略的基础上制定推销战略。推销战略制定之前需要做充分的市场调研，推销战略的制定必须和营销战略保持一致。

第三节 推销战略的制定

为了使推销活动在总体目标与总体规划的指导下顺利进行，企业与推销人员应根据推销战略的基本特征，在比较充分地分析研究推销环境与推销能力的基础上，制定切合自身实际的推销战略，并具体化为阶段性计划与措施，以便在推销工作中付诸实施。因此，推销战略制定分为五个步骤：建立推销战略的原则，分析推销环境与推销能力，确定推销战略目标与战略重点，制定推销战略方案与阶段计划，实施推销战略管理。

一、建立推销战略的原则

推销战略应当是科学的、合理的，能促进推销业务发展，并在推销实践中行之有效，为此，在制定推销战略时，需遵循以下基本原则：

（一）系统性原则

这一原则要求企业与推销人员要通过系统地考察研究推销活动的各个方面、各个环节，以及影响推销活动的各种因素来制定推销战略。推销战略是全局性的谋划，不涉及局部的具体问题，但全局是由局部构成的，全局的变化发展规律只能存在于各个局部之间的相互制约和相互作用之中。因此，要把握推销工作全局的规律，需要从局部入手，分析研究推销过程中的各个局部和局部之间、局部与全局之间的相互作用关系，从这些关系中，找出影响全局的问题，揭示支配全局的规律，从而制定出具有针对性、现实性和可行性的推销战略。

（二）科学性原则

推销战略的制定不宜从个人的经验出发，而要以一定的推销理论为指导，以企业的外部环境和内部条件为依据，进行深入的探讨和周密的论证，按照科学的方法和程序来制定，使之符合推销活动的发展规律，在推销实践中切实可行。在实施过程中，还要不断对其进行检验、修正和完善。

（三）优势性原则

优势是就推销者自身而言的，是企业与推销人员相对于竞争对手的长处。推销人员的个人长处，可以从以下几个方面来认识：① 想想你的哪一处能力最突出；② 考虑一下你充满自信和具有浓厚兴趣的方面；③ 总结一下你以往运用什么方法取得的推销成果最多；④ 总结一下别人觉得难办而你干起来轻松自如的事情；⑤ 总结一下你经常受到上级、同事和顾客肯定、赞赏的方面，等等。

企业应当从以下方面分析其具备的优势：① 产品优势，包括产品的质量优势、品种优势、包装优势、更新优势等；② 资源优势，包括企业所拥有的自然资源优势、固定资产优势、资金优势等；③ 人员优势，包括推销人员的数量优势、素质优势、合理构成优势等；④ 推销策略优势；⑤ 推销渠道与手段优势。认识自己的优势，根据优势来制定推销战略，就能在实施推销战略的过程中信心倍增，得心应手，驾轻就熟，成效显著。

（四）政策性原则

该原则有以下要点：① 推销战略必须符合国家、地方的政策法令和有关规定，制定推销战略时要学习了解相关的政策知识，推销战略制定之后，应随着政府政策法令的变化而进行相应的调整；② 推销战略还要遵循企业制定的各项经营政策，与本企业的政策相一致，避免出现在本企业内自相矛盾的情况；③ 在推销战略的基础上进一步制定阐明和实施推销战略的相应的政策，建立保障推销战略顺利实现的有关制度，使推销活动的进行在总体上有章可循。

二、分析推销环境与推销能力

推销战略应当与推销实际相符合，满足推销业务发展的现实需要。这就要求制定推销战略应以分析研究推销活动的各种主客观因素和条件为前提，努力做到知己知彼，使推销战略切实可行。

（一）推销环境分析

分析推销环境是制定和实施推销战略的重要依据与条件。由于推销环境是推销活动赖以进行的外部条件，因此，在确定推销战略方向、制定推销战略目标和总体规划时，必须全面、详尽地考察和了解各种环境因素，从整体上分析研究微观环境和宏观环境与推销活动的关系，弄清楚直接环境因素和间接环境因素、主要环境因素和次要环境因素对推销活动的制约和影响，从而在不同层次和程度上将各种环境因素及其作用纳入推销战略的总体框架。

由于微观环境与推销活动直接相关，顾客需要、推销渠道和竞争对手的状况与推销者存在着密切的利害关系，因而，推销战略对外部环境的分析研究应以市场环境为核心内容。其中，需要将对推销对象的考察分析作为重点。应充分收集和积累有关商品销售、购买、消费的各种统计数据，建立和整理客户档案，分析同过去的、现在的和潜在的顾客交往的记录及他们各自的概况，了解报刊及政府部门公布的相关资料，还可通过访谈法、问卷法、抽样调查和深入现场等进行较为广泛的调研，掌握第一手材料，从而使推销战略建立在现实而可靠的基础之上。

微观环境分析固然重要，但也不能因此而忽略了对宏观环境因素的关注和重视，宏观环境中的某些因素，在一定条件下也会对推销活动产生重要影响甚至具有决定性作用。

推销战略是全局性的谋划，因此，对环境因素的研究，既要分主次轻重，又必须进行通盘考虑。

课堂活动
进行书面推销环境分析

目标：通过进行推销环境分析，考核学生推销环境分析能力。

内容：假如你准备向某所高校推销金光牌复印纸，前期需做出推销环境书面分析报告。

要求与步骤：将班级分为若干组，每组 6~8 人，每组对宏观推销环境和微观推销环境分别进行分析，并形成书面分析报告；限定完成时间为 60 分钟；报告完成后由老师当场收回，以备考核。

组织形式：在教室随堂进行。

考核要点：教师收回报告批阅，并进行考核评分。

（二）推销能力分析

分析推销能力同样是制定和实施推销战略的重要依据与条件。推销能力是指企业与推销人员进行推销活动的物质能力和主观能力，物质能力包括产品的市场辐射能力、产品的行业竞争能力、产品推销量增长能力、资金投入与使用能力、人员投入能力等。主观能力包括：对推销活动的组织管理能力，企业推销人员群体的整体素质水准，推销人员个体的思想素质、业务素质、实际能力和工作水平等。对推销能力进行周密的分析，查明推销能力的特点、长处及潜能，以使制定和实施推销战略从实际出发，同推销能力未来可能达到的水平相一致。

知识链接
推销能力测试

1. 你是否觉得把产品卖出去是件很容易的事？　A 是　B 不确定　C 否
2. 为解决问题你会不断地想，直到想出最好的方法。　A 是　B 不确定　C 否
3. 你对你的产品是否充满信心？　A 是　B 不确定　C 否
4. 通常你都能实现你想要达到的目标吗？　A 是　B 不确定　C 否
5. 对自己许下的诺言，你是否一贯恪守？　A 是　B 不确定　C 否
6. 遇到不如意的事，你是否会气馁？　A 是　B 不确定　C 否
7. 你有强烈的愿望想成为公司最好的销售员吗？　A 是　B 不确定　C 否

8. 你制订的计划能够按时按量地执行吗？ A是 B不确定 C否
9. 你常把微笑挂在脸上吗？ A是 B不确定 C否
10. 你是个让人觉得可靠的人吗？ A是 B不确定 C否
11. 你会同你认识的人经常保持联系吗？ A是 B不确定 C否
12. 碰到阻力或困难时，你是否会改变既定的主意？
A是 B不确定 C否
13. 为实现某个理想目标，你不仅不怕吃苦，反而以苦为乐吗？
A是 B不确定 C否
14. 努力学习是你的爱好吗？ A是 B不确定 C否
15. 你的细节观察能力很强吗？ A是 B不确定 C否
16. 上级交给你的销售任务，你通常都能完成吗？ A是 B不确定 C否
17. 对于销售任务，你是否总是抱着极高的热情去做？
A是 B不确定 C否
18. 你是否有自我激励的能力？ A是 B不确定 C否
19. 你能用精湛的语言介绍自己的产品吗？ A是 B不确定 C否
20. 你对自己的产品熟悉吗？ A是 B不确定 C否
21. 对手产品的优缺点你都能了如指掌吗？ A是 B不确定 C否
22. 你喜欢向比你成功的人学习吗？ A是 B不确定 C否
23. 你是否会学习新的销售技巧？ A是 B不确定 C否

测试标准：选择A得2分，选择B得1分，选择C不得分，然后将各题所得的分数相加。

测试总得分：________

测试结果：（1）总得分为41分及以上，你推销能力很强，是个优秀的销售员。

（2）总得分为20~40分，你推销能力一般，虽然很努力，但总有些地方做得不太好。

（3）总得分为19分及以下，推销能力很差，你不适合做销售员。如果经过努力还不能改善，那么另外选个职业吧。

三、确定推销战略目标与战略重点

（一）确定推销战略目标

在分析研究推销活动主客观条件的基础上，制定推销战略的第一步就是确定推销战略目标。企业领导或销售部门负责人应选择具有较好的业务素质和有一定决策能力的推销人员及有关人员，组建成推销战略决策机构，对企业与推

销人员的推销能力和外部推销环境以及推销过程中所存在的问题进行系统的调查、分析、研究和归纳概括，然后对推销工作整体的长远发展进行总体构思与策划，并经过严密、科学的推论，进而依据制定推销战略的基本原则正确地确定推销战略目标。

（二）确定推销战略重点

明确了推销战略目标之后，就要根据推销战略目标进一步确定推销战略重点。推销战略重点是实现推销战略目标的关键和突破口，在整个推销战略要素中处于更重要的地位。选择战略重点对于制定和实施推销战略具有重要的意义。如果选择得当，对完成整个推销战略任务将产生重大的推动作用。

四、制定推销战略方案与阶段计划

（一）制定推销战略方案

确定了推销战略的目标与重点，进一步的工作就是围绕推销战略目标及重点来拟订推销战略方案。在推销战略规划确定之前，应拟订两个或多个方案，以便进行比较和选择，从而有利于正确合理地决策。推销战略方案是在推销战略决策机构的成员进行反复思考、深入探讨和认真细致的可行性研究基础上，从若干个备选方案中优选出的最佳方案。推销战略方案一般应包括推销的基本内容、基本形式、总体步骤和发展阶段等。

每一个企业及其推销人员都有其推销的基本内容，推销内容规定着企业推销战略的个性特征、营销风格和总体面貌。制定推销战略方案必须充分考虑本企业推销内容的特点、种类、质量、规模和所适合的对象等，而不宜盲目照搬其他企业的推销模式。

推销形式的选择与综合运用，是一种战略考虑。推销战略应当根据本企业的实际情况和人员推销的特点，从产品、顾客与推销区域的整体出发来科学制定。

推销战略的总体步骤和发展阶段则应根据企业推销战略目标的要求予以明确划分。

（二）制订推销战略阶段计划

推销战略规划方案还是一种指导性的总体谋划，要使之能在推销实践中实施。使推销战略目标得以实现，往往需要经历一个较长的过程，需将推销战略的总目标分解成这一过程各个阶段的阶段目标，将推销战略方案具体化为循序渐进的若干个阶段计划。这样，推销战略才具有可操作性。

推销战略的阶段目标是推销战略总目标的进一步量化、层次化和时序化，主要包括每一阶段要求达到的推销规模、效率、增长率、覆盖率和效益等指标。阶段目标只有量化，才能变得明确而易于把握，才有评判的标准。

推销战略的阶段计划是根据推销战略的阶段目标制定的，是推销战略方案的细化和程序化。阶段计划主要包括推销的品种、价格、对象和任务，推销的方式、途径、措施及步骤，推销的人员安排、时间安排、奖金预算，以及推销计划的实施、调控和评估办法等。最后，要将推销战略阶段计划编写成书面报告，交领导或有关部门审批，也便于执行和事后检查。

推销战略方案与阶段计划毕竟还是纸上的蓝图，是否现实可行，尚有待于推销实践的检验。在实施推销战略方案和阶段计划的过程中，可以采取典型试验和局部试行的方法，以便发现问题并及时修正，避免造成较大损失。待推销战略方案与阶段计划的正确性得到一定程度的验证并取得一些成功的经验之后，再逐步全面实施。实施推销战略方案与阶段计划时，要做好信息的反馈工作，适时调整不适合推销业务发展和推销环境新特点的部分，使推销战略不断趋于完善。

五、实施推销战略管理

推销战略的实施管理是整体战略的重要组成部分。制定了好的推销战略方案，如果在实施过程中管理不善，也不能保证实现预期的推销战略目标。推销战略的实施主要从以下几个方面加以管理和控制：

（一）制订推销战略实施计划

对实施推销战略所需要的资源、时间、资金等做出统筹兼顾的安排。企业的推销战略，是对企业未来相当一段时间内推销活动发展的前景做出的总体规划。因此，在推销战略实施时，还必须对战略实施的全程进行周密的策划，制定实施计划，使推销战略更具有可行性。

（二）执行推销战略实施计划

首先，要把推销战略目标与任务分解和落实到各个战略阶段，对近期目标的实施做出详细的计划并付诸行动。其次，把推销战略目标与任务分解和落实到各个推销单元，并制定出保证完成推销战略目标与任务的措施；针对推销战略各个阶段的侧重点不同，给予推销战略重点相应的人力、物力和财力的支持和倾斜。再次，从整体推销战略出发，制定实施推销战略的策略。例如，以新产品或新的推销方式为主的创新推销策略，薄利多销的廉价推销策略，厚利精销的名牌推销策略，快速抢占市场策略，提供优质服务的满意推销策略和强行输入信息的广告宣传策略等，以及各种推销策略的最佳组合。最后，必须制定出推销战略实施的责任体系和考核指标体系。

（三）推销战略实施的监督和控制

推销战略方案实施后，要对实施过程进行检查和监督，分析实际执行情况与战略目标之间的差距。当出现差距时，必须采取相应的对策和措施加以控制，确保战略目标的实现。

（四）推销战略实施过程中的动态调整

在推销战略实施过程中，市场环境的各种因素总是处于不断变化之中，有些因素还具有较大的不确定性，对企业来说，它们属于不可控因素。因此，企业的推销战略具有动态性的特征，当外部的市场环境发生重大变化时，企业必须调整推销战略的方向、目标和对策，使企业的推销战略与变化的市场环境相适应。当发生突发性不可控事件时，企业必须迅速调整推销战略以应对。但是，推销战略的调整也不能朝令夕改，特别是对于企业内部的可控因素，如执行推销战略的组织机构、人事安排等就不应频繁地变更。只有保持推销战略要素的相对稳定性，才可能取得较好的推销效益。

（五）加强推销战略实施过程中的信息反馈

推销战略实施过程中，推销管理人员必须准确地收集、评估和反馈推销活动中的各种信息。积极进行市场调查、消费者偏好测验、推销研究、广告评估等工作，及时反馈推销战略实施过程中的推销额、推销成本、现金流程、存货、应收账款等信息，分析以产品、地区和推销员为基础的战略子系统的任务执行情况，及时协调推销子系统目标与总体战略目标的一致性。

同步测试

1. 选择题

（1）推销战略发挥作用需要具备一定的条件，下列不正确的是（　　）。

A. 选择一定的途径和手段　　B. 遵循一定的程序和要求

C. 合理运用推销技巧　　D. 考虑对象和环境的特殊性

（2）推销战略目标的明确不包括（　　）。

A. 内容　　B. 空间　　C. 指标　　D. 实现时间

（3）推销战略最基本、最重要的特征是（　　）。

A. 全局性　　B. 长远性

C. 动态稳定性　　D. 服务担忧

（4）推销能力是指企业与推销人员进行推销活动的物质能力和主观能力，下列不属于物质能力的是（　　）。

A. 产品的市场辐射能力　　B. 资金投入与使用能力

C. 组织管理能力　　D. 人员投入能力

（5）制定推销战略的第一步是（　　）。

A. 确定推销战略重点　　B. 确定推销战略目标

C. 确定推销战略方案　　D. 确定推销战略计划

2. 判断题

（1）积极有效的推销活动取决于科学而合理的推销战略，因此推销活动和营销战略没有关系。（　　）

（2）推销战略就是解决推销过程中实际问题的艺术、方式与办法。（　　）

（3）长远性是推销战略最重要的质的规定性，也是最基本的特征。（　　）

（4）由于推销战略的稳定不变性，因此推销战略的制定与实施不具有风险性。（　　）

（5）当明确了推销战略重点之后，就要根据战略重点进一步确定推销战略目标。（　　）

3. 简答题

（1）推销战略与营销战略的区别与联系。

（2）简述推销战略的意义。

专项模拟实训

1. 实训目标：通过撰写推销战略规划报告，掌握推销战略制定的步骤和方法。

2. 实训内容：选择一家知名企业，研究其推销战略，并根据推销战略制定的五个步骤撰写推销战略规划报告。

3. 实训背景：就近选择一家知名企业，收集营销战略、推销战略的相关资料。

4. 实训要求：课外分组，每组选择一家知名企业，认真研究其推销战略，按照推销战略五个步骤分别进行撰写，并最终形成推销战略规划报告。

5. 实训步骤：课外分组→确定所选择的企业→收集资料→撰写报告。

6. 成果评价：通过推销战略规划报告的撰写，让学生掌握推销战略制定的步骤和方法。

参考文献

[1] 吴健安 . 现代推销理论与技巧［M］. 5 版 . 北京：高等教育出版社，2024.

[2] 韩光军，周宏 . 现代推销学［M］. 7 版 . 北京：首都经济贸易大学出版社，2018.

[3] 王红，陈新武，曾春中 . 现代推销技巧［M］. 3 版 . 武汉：武汉大学出版社，2019.

[4] 胡娜 . 推销技巧［M］. 2 版 . 北京：中国人民大学出版社，2020.

[5] 樊建廷，王勤 . 商务谈判［M］. 5 版 . 大连：东北财经大学出版社，2018.

主编简介

黄金火，管理学教授，湖北经济学院工商管理学院专任教师，中国商业经济学会副秘书长，湖北省商业经济学会副会长兼秘书长，湖北省省直机关青年联合会第一、二届委员会委员，湖北经济学院第二届“学科带头人”。武汉体育学院外聘产业经济学专业硕士生导师。武汉文理学院省级一流课程“市场营销学”课程负责人。研究方向为企业营销管理、营销诊断与策划。主讲市场营销学、现代推销技术、商务谈判学、连锁经营、营销策划等课程。在《管理科学》《企业管理》《经济问题》《甘肃社会科学》等期刊公开发表专业论文40余篇；主编、参编各类教材等20余部；合著《商战中的诈骗与反诈骗》专著1部；总主编市场营销专业系列教材两套共16部。主持和参与科研教研项目近20项，并有多项成果获省级、校级奖励。

陈新武，教授，湖北经济学院实验教学中心常务副主任，华中科技大学管理科学硕士。研究方向为营销管理、实验教育。在《江汉论坛》《企业经济》等期刊发表论文38篇，主持省部级课题8项，主编教材6部，撰写专著2部。先后获得省级大学生创新创业大赛、营销策划推广大赛优秀指导教师，校级杰出教师、优秀班主任标兵等荣誉称号。获省级优秀教学成果二等奖2项；指导国家级大学生创新创业训练项目6项、学科竞赛获奖项目3项，省级优秀学士学位论文6篇、大学生创新创业训练项目11项、学科竞赛获奖项目18项。

读者意见反馈

为收集对教材的意见建议，进一步完善教材编写并做好服务工作，读者可将对本教材的意见建议通过如下渠道反馈至我社。

咨询电话　400-810-0598

反馈邮箱　gjdzfwb@pub.hep.cn

通信地址　北京市朝阳区惠新东街 4 号富盛大厦 1 座

高等教育出版社总编辑办公室

邮政编码　100029

防伪查询说明

用户购书后刮开封底防伪涂层，使用手机微信等软件扫描二维码，会跳转至防伪查询网页，获得所购图书详细信息。

防伪客服电话　（010）58582300

资源服务提示

授课教师如需获得本书配套教辅资源，请登录“高等教育出版社产品信息检索系统”（http://xuanshu.hep.com.cn/）搜索下载，首次使用本系统的用户，请先注册并完成教师资格认证。

高教社高职市场营销专业 QQ 群：20643826